U0050549

美洲史

想看的

你一定

的，把美洲史一次給理清楚！

每個事件都與中國、世界歷史對照
一目瞭然，給記憶一個重要的位置

Americas history you must know

作者／楊益

前言

　　今日的美洲大陸，相當受人關注，因為那裡有一個世界頭號強國——美國，還有一個發達國家——加拿大。然而美洲的其他國家呢？巴西除了比利、羅納度，還有什麼？阿根廷除了「上帝之手」馬拉度納、帥哥梅西，還有什麼？這些國家各自走過了怎樣的歷程，如何形成今日的民族？同在一塊大陸，為何美國能成為世界頭號強國，拉美地區卻都是未發達國家？在當代，它們各自有著怎樣的困擾；對未來，又心懷怎樣的希望？

　　美洲是一塊年輕的大陸，相較於人類在歐亞非大陸數百萬年的歷史，人類踏足美洲的歷史，一共不過數萬年而已。因此，美洲的人類文明，在生產工具尤其是軍事技術方面，遠遠落後於歐洲、亞洲和非洲。這種落後，在數萬年中被難以逾越的太平洋、大西洋所放大；然而一旦航海技術打破了隔閡，隨之而來的，便是歐洲人橫掃千軍式的征服、慘無人道的種族滅絕和毫不留情的奴役。在西班牙人的鐵製刀劍和鎧甲面前，稱霸美洲的阿茲特克帝國、印加帝國如沸湯澆雪，望風披靡。

　　於是，遼闊富饒的美洲，成為歐洲強國競相瓜分豆剖的膏腴之地。葡萄牙佔巴西；西班牙佔墨西哥、中美洲、南美洲西部和北美南部；英國佔北美東部；法國佔北美北部、中部，它們各自在美洲建立了自己的殖民王國。歐洲白種人蜂擁而來，或為尋求發財的美夢，或為逃避本國政府的管制。美洲本土的印第安人或被殺滅殆盡，或淪為奴役對象，或被迫遠走他

鄉。大批黑人則在鐐銬枷鎖下遠離故土，踏上終身為奴、子孫為奴的苦難之路。美洲也成為三大人種的熔爐。

頗具諷刺意味的是，西班牙、葡萄牙佔據的拉美地區，土壤肥沃，物產豐富，因此西班牙、葡萄牙兩國僅滿足於低層次的開礦、辦種植園，將殖民地出產的金、銀、咖啡、蔗糖源源不斷地運到歐洲，換取大筆錢財，殖民地形成了簡單粗暴的單一化經濟。英國、法國佔據的北美地區因氣候寒冷，物產較少，卻迫使兩國殖民者自耕其田，自食其力，逐漸形成了自給自足的經濟形態。

18世紀晚期到19世紀初期這半個世紀，美洲各地掀起了獨立的狂潮。其中，英屬北美殖民地的獨立阻力最為強大，因為他們要反抗的是當時的世界霸主——大英帝國。但也正因為如此，一旦經歷苦戰，轟走了英國人，這些殖民者也就建立了一個百煉成鋼的新興國度——美利堅合眾國。能掀翻英國的殖民統治，又比其他美洲國家早了半個世紀獨立，使美國具備了得天獨厚的優勢。這個優勢，使得它在19世紀獨霸美洲，在20世紀雄立世界，在21世紀更是「一超多強」的超級霸權國家。

相反，拉美各國反抗的是一個已經日薄西山的西班牙王國，即使取得了獨立戰爭的勝利，他們也面臨數不清的內部矛盾：保皇派與共和派的；聯邦派與集權派的；保守派與自由派的；白人與印第安人的；窮人與富人的；拉美國家之間的；拉美國家與歐洲強國之間的；以及拉美國家與美國之間的紛爭，結果，拉美地區紛爭不斷，戰火不息。不管各方勝敗如何，最終吃虧的只能是拉美國家，只能是下層的人民。土地分配嚴重不均、大種植園主一手遮天、經濟單一化模式的問題，始終難以解決。當美國越戰越強，邁入世界列強隊伍時，拉美各國卻被戰亂和內鬥一次次地消耗著國家元氣。近一個世紀的時間，也沒有讓它們脫離苦海。

20世紀上半葉的兩次世界大戰，削弱了歐洲各國的實力，卻讓美國得以獨步全球。而拉美各國也進一步成為美國的後院。冷戰時期，不少拉美領導人曾經有過偏左的改革嘗試，巴西的瓦爾加斯、古拉特，阿根廷的裴隆夫婦，智利的阿葉德，都曾付出過努力，取得了一定成就。然而，內有保守利益集團的撕咬，外有美國的干涉，他們最終都被武裝政變所擊敗。在美國的支持下，拉美各國紛紛建立起軍政府，民主進程倒退。

20世紀末，「華約」崩潰、蘇聯解體，美國在「冷戰」中大獲全勝，成為世界唯一超級大國。而拉丁美洲雖然推翻了軍政府統治，卻吃盡了新自由主義之苦，貧富差距加大，金融危機頻發，在全球化浪潮中輾轉反側。為了自救，不少拉美國家左翼政黨重新上台，採取了一些抑制貧富差距、提高社會福利、加強國有化的措施。拉美國家還建立了一體化組織，實行抱團取暖戰略，共同對抗歐美強國的經濟入侵。

本書試圖以通俗易懂的語言，介紹上述這數百年間發生的故事。也希望幫助讀者對美洲的歷史和現狀，有一個大致的瞭解。本書共8章，第一章講述美洲古文明，第二章講述歐洲人對美洲的入侵和征服，第三章講述的是美洲的殖民地時代，第四章敘述美洲主要國家的獨立，第五章介紹19世紀美洲國家獨立後的動盪和發展，第六章闡述兩次世界大戰前後的美洲，第七章講述「冷戰」時期的美洲，第八章講述「冷戰」後的當代美洲。同一章內各小節內容，或為承接關係，或為並行關係。需要強調的是，美洲之歷史儘管相比歐、亞、非等大洲較短，但其幅員遼闊，數百年間歷史人物、事件繁多，諸位讀者可在閱讀本書後，再根據每個人的興趣，尋找更多相關讀物進行深度拓展。

限於作者水準，本書中難免存在謬誤之處，敬請諸位讀者諒解，不勝感激。

目錄

第一章：孤島上的田園——西方人來到之前
（史前到西元15世紀）

　　美洲大陸孤懸在西半球，太平洋、大西洋將其與歐亞大陸隔開。數萬年前的古人類從東亞跨過白令海峽到達美洲，在這塊「世外桃源」建立了繁榮的印第安文明。

1. 美國　　　6. 瓜地馬拉　　11. 巴拿馬　　16. 哥倫比亞　　21. 法屬蓋亞那　　26. 阿根廷
2. 加拿大　　7. 薩爾瓦多　　12. 牙買加　　17. 厄瓜多　　　22. 巴西　　　　27. 智利
3. 墨西哥　　8. 宏都拉斯　　13. 海地　　　18. 秘魯　　　　23. 玻利維亞
4. 古巴　　　9. 尼加拉瓜　　14. 多明尼加　19. 蓋亞那　　　24. 巴拉圭
5. 伯利茲　　10. 哥斯大黎加　·15. 委內瑞拉　20. 蘇利南　　　25. 烏拉圭

征途！萬年的遷徙

拿起地球儀看看，美洲大陸（包括南美洲和北美洲）孤零零地豎立在西半球，東邊是大西洋，西邊是太平洋，兩片汪洋把美洲與亞非歐大陸遠遠隔開，只有美洲西北角的阿拉斯加與亞洲東北角隔著白令海峽遙遙相望。在南美洲和北美洲兩大塊陸地之間，由狹長的墨西哥、中美洲地峽相連接，從而在大洲東邊形成一片海域。這片海域被西印度群島分成兩片，北邊叫墨西哥灣，南邊叫加勒比海。

美洲是一片南北狹長的大陸，北到北緯71度，南達南緯54度，其緯度跨幅遠超亞非歐大陸。加之兩邊是大洋，中間又有狹長的山脈，從北美的科迪勒拉山脈、落磯山脈經墨西哥高原，再到南美的安地斯山，一脈貫穿。這種地理構造，使得美洲地形複雜，南北氣候、生態差異巨大。

美洲曾被歐洲人稱為「新大陸」，因為它在1492年才被哥倫布「發現」。但這只是從歐洲人的角度理解世界，實際上早在哥倫布到達之前，美洲大陸上已經有上千萬的原住民——印第安人。還有人考據，認為中國人在哥倫布之前也曾到過美洲。

不過從更廣泛的角度看，人類在地球上已經有了上百萬年的歷史，而人類到達美洲的歷史確實很短。大約在兩萬年前（也有人認為是四、五萬年至十萬年前），人類才從亞洲的東北角跨過冰封的白令海峽，進入阿拉斯加。然後，這些先民們四散遷徙。有的朝東部、東南進軍，分散到了北美大陸的中部和東部；有的繼續南下，穿越北美大陸西部，到

BC

— 0　耶穌基督出生

— 100

— 200

— 300
　　君士坦丁統一羅馬
　　羅馬帝國分成兩部
— 400

— 500　波斯帝國

— 600
　　　　回教建立
— 700

— 800
　　凡爾登條約
— 900
　　神聖羅馬帝國建立
— 1000

— 1100　十字軍東征

— 1200
　　蒙古第一次西征
— 1300
　　英法百年戰爭開始
— 1400

— 1500　哥倫布發現新大陸

　　英國大破無敵艦隊
— 1600

— 1700　發明蒸汽機

　　　　美國獨立
— 1800
　　美國南北戰爭開始
— 1900
　　第一次世界大戰
　　第二次世界大戰
— 2000

上古時期　　BC

漢

　　　　　 — 0

　　　　　100 —

三國
晉　　　　200 —

　　　　　300 —

南北朝　　 400 —

　　　　　500 —

隋朝　　　600 —
唐朝

　　　　　700 —

　　　　　800 —

五代十國　900 —
宋
　　　　　1000 —

　　　　　1100 —

　　　　　1200 —

元朝　　　1300 —
明朝

　　　　　1400 —

　　　　　1500 —

清朝　　　1600 —

　　　　　1700 —

　　　　　1800 —

　　　　　1900 —
中華民國

　　　　　2000 —

達墨西哥高原，再沿著狹長的墨西哥、中美洲到達南美。這麼一看，說美洲對整個人類來說算是「新大陸」倒也未嘗不可。因為最早的美洲人是從東亞過去的，所以美洲原住民印第安人和東亞人一樣，都屬於黃種人。

　　遠離歐亞大陸的長條狀的美洲，誕生了獨特的生態環境。相對來說，這裡的猛獸雖然不如歐亞大陸那麼兇猛狡猾，但是這裡的植物卻相當豐富，幾大高產作物玉米、紅薯、馬鈴薯都是美洲原生的。千里跋涉而來的人類發現，在新大陸的生存壓力，比原先那個猛獸成群的亞洲似乎要小得多。尤其在墨西哥高原和南美西部這些低緯度、高海拔地區，不需要費太多力氣就能吃飽肚子。沒有壓力就沒有動力，因為得天獨厚的優質環境，美洲人的基礎生存能力的進化步伐也就慢了下來，這重點表現在生產工具，特別是武器方面。

　　到西元10世紀左右，中國已是工商業高度發達的宋朝，歐洲幾大封建國家也已成型，非洲的大部分地區也都進入了鐵器時代，美洲的各部族卻還在「金石混用」，就是說同時使用金屬（青銅器）和石器。而且，他們的金屬器皿主要用於裝飾、生活日用，武器和勞動工具還是以石器為主。他們尚未學會使用輪子和車輛，沒有馴服多少牲畜，這些都大大阻礙了他們的生產技能，以及軍事技能的提高。不過，沒有刀槍、沒有車馬的印第安人的精神層面的發展，卻大大超出了物質層面的發展。他們對宇宙星空的觀測已經達到一個很高的水準，還有類似於籃球賽和戲劇的表演。

　　這種不太平衡的發展，在美洲本地算得上是田園牧歌的愜意，可是當外來人入侵時，這種生活方式終將給他們帶來災難。畢竟，「劇本」和「籃球」是不能保家衛國的，研究星空規律也打不贏戰爭。

美洲的劃分

美洲各地域有好幾套劃分法。最傳統的劃分是「北美洲」和「南美洲」，以巴拿馬運河為界。運河南邊的哥倫比亞、巴西、阿根廷、圭亞那、秘魯、智利等組成南美洲，運河北邊的加拿大、美國、墨西哥、中美洲地區（瓜地馬拉、薩爾瓦多、洪都拉斯等國）及加勒比諸島國組成北美洲。另一種劃分方式是「北美地區」和「拉丁美洲地區」。北美地區指美國和加拿大以及格陵蘭島（丹麥屬地），拉丁美洲地區是指美國以南的美洲地區，即南美洲、中美洲諸國、墨西哥、加勒比海諸島國等。此外，由於「拉丁美洲」的本意是「說拉丁語的美洲」，即原西班牙、葡萄牙殖民地，所以有人又在拉丁美洲的概念中把上述範圍中的非西班牙、葡萄牙語地區刨除。例如南美大陸上的圭亞那（英語）、蘇利南（荷蘭語）和法屬圭亞那（法語），按文化的定義就不屬於狹義的「拉丁美洲」，但通常在表達地域概念時還是把它們簡單歸為拉丁美洲地區。

BC

— 0　耶穌基督出生

— 100

— 200

— 300
君士坦丁統一羅馬

羅馬帝國分成兩部
— 400

— 500　波斯帝國

— 600
回教建立

— 700

— 800

凡爾登條約
— 900

神聖羅馬帝國建立
— 1000

— 1100　十字軍東征

— 1200
蒙古第一次西征

— 1300
英法百年戰爭開始

— 1400

哥倫布發現新大陸
— 1500

英國大破無敵艦隊
— 1600

發明蒸汽機
— 1700

美國獨立
— 1800

美國南北戰爭開始
— 1900
第一次世界大戰
第二次世界大戰

— 2000

上古時期　BC

漢

── 0

100 ──

200 ──
三國
晉
300 ──

南北朝
400 ──

500 ──

隋朝
600 ──
唐朝

700 ──

800 ──

五代十國
900 ──
宋
1000 ──

1100 ──

1200 ──
元朝
1300 ──
明朝
1400 ──

1500 ──

1600 ──
清朝
1700 ──

1800 ──

1900 ──
中華民國
2000 ──

神秘！瑪雅文明

　　15世紀時，美洲有兩三千萬印第安人。他們建立了形形色色的文明，比如墨西哥的「印第安文明之母」奧爾梅克文明。在美洲的諸多文明中，最著名、最具有特色的是三大文明：瑪雅文明、阿茲特克文明和印加文明。在三大文明中，最富有神秘色彩的則是瑪雅文明。

　　瑪雅文明位於今天的北美洲南端，具體位置在墨西哥南部和中美洲的瓜地馬拉、伯利茲、薩爾瓦多、洪都拉斯一帶。早在距今3000多年前，也就是中國的商朝和歐洲的古希臘早期，瑪雅文明便開始形成。到西元4世紀，也就是中國晉朝和歐洲的古羅馬帝國後期，瑪雅文明進入了它的巔峰時期，一直持續到西元10世紀。

　　雖然是「巔峰時期」，但瑪雅文明的科技力量還是比同時期的歐亞大陸要差得多。他們用石斧砍伐樹木，用削尖的木棍在地上戳出坑來下種。他們飼養的家禽家畜僅限於狗和火雞。他們沒有車輛。就連打仗，都是掄著棍子和石斧相互敲打，血腥得很。不過，靠著美洲肥沃的土壤、充足的降水，以及豐富的物產，瑪雅文明還是得以生存、發展、壯大。尤其是他們在全世界最早栽培了高產作物玉米，於是輕而易舉的填飽了肚子，人口繁衍到好幾百萬。此外，瑪雅人還從事養蜂採蜜、捕魚狩獵。他們用棉花和龍舌蘭紡織布匹，用黏土、木頭和石頭製作各種器皿。瑪雅人也是全世界最早吃巧克力的人，不過那時候還沒有成塊的巧克力，他們只是把可可豆磨成粉沖水喝。

　　相對比較落後的生產力，瑪雅人的精神文明、科學文化強大得不像

話。他們能製作精美的首飾和雕像。他們有自己的文字，一共800多個象形文字，組成2萬多個詞彙。他們的數學相當發達，已經知道使用數字「0」，比歐洲人早了幾百年，而且還發明了進位制，能用幾個簡單的符號表示巨大的數字。這個在今天不算什麼，可在當時算是相當大的一種進步。相對而言，羅馬數字最大單位符號只能表示50萬，由於沒有進位制，要表示「1億」就得寫上200個「50萬」。有趣的是，瑪雅人的數學是20進制而不是10進位制。

　　瑪雅人的曆法和天文在古代堪稱驚世駭俗。他們精確觀測出了一年是365.242天。他們觀測金星、火星的運行也異常精準。也難怪瑪雅人的數學比較發達，要計算天文學上的時間、距離，本來就需要極大的數字，都學羅馬人那種累加計數法，只怕觀測一次火星，資料得畫上一畝地的符號。古埃及、古羅馬的數學是需要計算的，都是實際生活中的兵馬錢糧、人口牲畜，一般不超過幾十萬、幾百萬，所以用比較「笨」的計量方法也夠用了。瑪雅人還利用他們的曆法來搞預言，比如他們信誓旦旦地預言2012年末地球要毀滅——前幾年大家鬧得沸沸揚揚的就是這原因，為此還拍了一部電影。因為擁有先進的精神文明，瑪雅人被稱為「美洲的希臘人」。

　　瑪雅文明的另一個奇蹟是它的建築，代表是瑪雅金字塔。瑪雅金字塔和埃及金字塔一樣，都是「下面大上面尖」的建築物，遠遠看上去像漢字中的「金」字，都是用巨大的石塊做的。不同之處在於瑪雅金字塔不是完的四棱錐，而是由一層層從大到小的正方形平台疊起來的，頂部有一個平台而不是一個塔尖（其實最早的埃及金字塔也差不多是這個樣子，但後來改進了。畢竟古埃及人的生產工具比瑪雅人要發達）。瑪雅金字塔的用途也和埃及金字塔不太一樣，埃及金字塔是法老陵墓，而瑪雅金字塔的頂上是神廟之類的建築，用以祭祀和舉行慶典。在大小上，瑪雅金字塔和埃及金字塔一樣有大有小，最大的「太陽金字塔」邊

BC

— 0　耶穌基督出生

— 100

— 200

— 300　君士坦丁統一羅馬
　　　羅馬帝國分成兩部
— 400

— 500　波斯帝國

— 600　回教建立

— 700

— 800
　　　凡爾登條約
— 900
　　　神聖羅馬帝國建立
— 1000

— 1100　十字軍東征

— 1200
　　　蒙古第一次西征

— 1300
　　　英法百年戰爭開始
— 1400

　　　哥倫布發現新大陸
— 1500

　　　英國大破無敵艦隊
— 1600

— 1700　發明蒸汽機

　　　美國獨立
— 1800

　　　美國南北戰爭開始
— 1900
　　　第一次世界大戰
　　　第二次世界大戰

— 2000

上古時期　BC

漢

— 0

100 —

三國
晉　200 —

300 —

南北朝　400 —

500 —

隋朝　600 —
唐朝

700 —

800 —

五代十國　900 —

宋　1000 —

1100 —

1200 —

元朝　1300 —

明朝　1400 —

1500 —

1600 —

清朝　1700 —

1800 —

1900 —

中華民國
2000 —

長220多公尺，和古埃及最大的胡夫金字塔基本相當；高60多公尺，是胡夫金字塔的一半左右。這麼一看，瑪雅金字塔的修建難度似乎比埃及金字塔要小。問題是，瑪雅人沒有金屬工具、沒有輪子、沒有牲畜啊！幾十噸的石塊，完全用石器和木器開採出來，然後肩扛手抬，一層一層疊起來，這情景想起來都覺得不可思議。

正是由於瑪雅人的基本生產能力如此低下，卻又產生了如此多的文明奇蹟，才在現代人面前蒙上了一層神秘的色彩。加上「水晶頭骨」之類的後來人偽造的秘寶，以及對瑪雅古跡的各種穿鑿附會的推波助瀾，於是有人說外星人曾經降臨在瑪雅人中間，留下了這些奇蹟。還有人乾脆說瑪雅人就是外星人後裔，他們已經離開了地球……種種傳奇，匪夷所思。

在瑪雅文明的巔峰時期，瑪雅人佔據了中美洲的大片領土，形成了100多個城邦。其中最強大的是位於瓜地馬拉的笛卡爾，估計有四、五萬居民，修了大大小小幾百座金字塔。受到這個國家影響的可能有幾百萬人；但是，也僅此而已。瑪雅文明始終沒有形成一個統一的帝國。在瑪雅文明的覆蓋區域內，城邦割據，每個城市都有自己的國王。

瑪雅人生活的區域面積並不大，而瑪雅人的生產方式還停留在刀耕火種階段，故而造成土地利用率低，容納的人口有限。到西元900年左右，因為人口增長帶來的環境破壞，使瑪雅人陷入了困境。他們只好背井離鄉，往北遷徙。這樣，南部的許多城市都被廢棄了。瑪雅人搬到了墨西哥猶加敦半島的低地平原。

這之後的時期，被稱為瑪雅文明的「後古典時代」。10世紀時，北方的托爾特克人南下入侵。托爾特克人名氣沒瑪雅人大，但也是歷史悠久的美洲部族。最關鍵的是，他們已經進入了青銅器時代。掄著青銅器的托爾特克人對抗起只有石器和木器的瑪雅人來，那叫一個俐落。很快，托爾特克人佔領了契琴伊薩城（在猶加敦半島南部）。不過，他們

並沒有統一瑪雅。在抵抗南下入侵者的過程中，瑪雅人也學會了鑄造銅器，雙方你打過來，我殺過去，打了幾百年，誰也滅不掉誰，托爾特克人反而漸漸和瑪雅人同化了。

同化歸同化，內戰卻不停息。邦國之間的戰爭繼續熱火朝天地進行，還有受不了國王和權貴壓迫的老百姓也揭竿而起。曠日持久的戰亂，導致田地荒蕪，瘟疫流行，瑪雅文明也就漸漸衰落下去了。等到16世紀初西班牙人來到美洲時，曾經輝煌千年的瑪雅文明已經衰落。不過，所謂百足之蟲死而不僵，當時在墨西哥南部和中美洲依然有大批瑪雅人部族，是一股不可小看的力量。直到如今，在美洲還有幾百萬瑪雅人的後裔。

印第安文明之母

奧爾梅克文明位於今天墨西哥東南地區，該地區在距今3000年前已經形成了較大規模的市鎮，人們種植玉米、南瓜、豆類，還創造了曆法和計數符號。他們信奉半人半美洲虎的神，石雕藝術較發達，最有代表性的是用天然的球形巨石刻成的頭像，大的有2、3公尺高，20噸重。奧爾梅克文明影響了後來的瑪雅和阿茲特克文明。

BC

— 0   耶穌基督出生

— 100

— 200

— 300   君士坦丁統一羅馬
        羅馬帝國分成兩部
— 400

— 500   波斯帝國

— 600   回教建立

— 700

— 800

        凡爾登條約
— 900
        神聖羅馬帝國建立
— 1000

— 1100   十字軍東征

— 1200
        蒙古第一次西征
— 1300
        英法百年戰爭開始
— 1400

        哥倫布發現新大陸
— 1500

        英國大破無敵艦隊
— 1600

— 1700   發明蒸汽機

        美國獨立
— 1800
        美國南北戰爭開始
— 1900
        第一次世界大戰
        第二次世界大戰
— 2000

上古時期　BC

漢

— 0

100 —

三國
晉　　 200 —

300 —

南北朝　400 —

500 —

隋朝　　600 —
唐朝

700 —

800 —

五代十國 900 —

宋　　 1000 —

1100 —

1200 —

元朝　 1300 —

明朝　 1400 —

1500 —

1600 —

清朝　 1700 —

1800 —

1900 —
中華民國

2000 —

血祭！阿茲特克

　　瑪雅文明衰敗的同時，在墨西哥又崛起了阿茲特克帝國。阿茲特克原本是一個小部族，來自北方一個叫阿茲特蘭的地方。傳說，他們的首領得到神的指示，你們一直往南走，如果看到一隻鷹叼著一條蛇站在仙人掌上，那裡就是你們的新家園。11世紀時，阿茲特克人在首領墨西的率領下南下遷徙。經過二、三百年的跋涉，在14世紀初，他們來到今天墨西哥城附近的特斯科科湖。這個湖現在已經只剩一汪殘水，當時還是個很壯觀的大湖泊。阿茲特克人到達湖邊時，居然真發現一隻鷹叼著一條蛇站在仙人掌上的奇特景觀。於是，他們便在這裡定居。為了紀念這次長征的首領墨西，他們把這塊地方叫作墨西哥。至今墨西哥的國旗上還有鷹叼蛇站在仙人掌上的圖案。

　　14世紀的阿茲特克，還只是湖畔邊的一個小王國，初來乍到，周圍有不少部族都比他們強大。阿茲特克人被迫臣服於當地大國阿茲賈波扎爾科。後來阿茲特克出了好幾位厲害的國王，都很善於搞外交。在他們的領導下，阿茲特克逐漸強大，並且透過與鄰國結盟、聯姻，獲得了鄰國的有力支持。

　　15世紀30年代，阿茲特克聯合其他王國，推翻了騎在自己脖子上百餘年的宗主國阿茲賈波扎爾科，然後開始對外擴張。到15世紀晚期，阿茲特克人南征北戰，征服了一個又一個部族，到16世紀初已經佔領了墨西哥中南部的大片領土，人口發展到幾百萬，成為雄霸北美洲的印第安帝國。

阿茲特克文明和瑪雅文明的區域挨在一起,所以阿茲特克人和瑪雅人也有很多相似之處。比如象形文字、金字塔、曆法、種玉米等。阿茲特克人在建築方面甚至超過瑪雅人。他們根據「神諭」,要在特斯科科湖上定都建城,首都叫作特諾奇提特蘭。湖上原本有島,可以蓋房子。他們先在島的中心制高點上修築以大廟為主的建築群,然後以大廟為中心,建了十字形的中央大道。他們在湖上修了用3座石頭做成的長堤,有10米寬,人可以直接從島上走到岸上。但是這樣一來,湖面不是被分割成4塊了嗎?沒問題,阿茲特克人又在每條長堤上都開了不少缺口,每處缺口都有吊橋。4片湖水透過這些缺口連通,船隻也能夠自由往來。自己人上島走長堤時,經過缺口,只要放下吊橋就可以跨過去;如果外敵入侵,把吊橋拉起來就能防禦。

島的面積有限,沒多久因為人太多就住不下了,阿茲特克人便又開始擴建島嶼。他們先在湖裡打上木樁子,然後在木樁子上架木板,在木板上堆積厚厚的泥土,這樣就形成了人工島嶼,在上面修路蓋屋。經過200年的營建,特諾奇提特蘭已經很宏大了,其面積達13平方公里,內有6萬個房屋,居住著20多萬人。論氣派比起義大利的水都威尼斯也毫不遜色。他們還能夠鑄造銅器,製作金器。後來,阿茲特克皇帝送給西班牙國王的金銀器具,連歐洲的能工巧匠都為之讚歎不已。

阿茲特克帝國的社會制度也比瑪雅人更加完善,他們設立了各級學校,部族成員都要接受數年教育。他們有專門的集市,除了以物易物之外,還用人見人愛的可可豆作為統一的「貨幣」。他們開挖了不少運河,聯結特諾奇提特蘭和其他湖泊,這樣從首都出發的船隻便可以暢行無阻。他們在陸地上修建了不少道路,沿著道路還建立了驛站,供路人休息。驛站還有專職的信使,負責傳遞消息或搬運貴重物品。因為阿茲特克人既沒有馬匹也沒有車輛,步行是很累的,所以驛站每10公里就有一處。阿茲特克皇帝每天的餐桌上都少不了海邊來的新鮮魚蝦,這全靠

BC

—0 耶穌基督出生

—100

—200

—300
君士坦丁統一羅馬

羅馬帝國分成兩部
—400

—500 波斯帝國

—600 回教建立

—700

—800

凡爾登條約
—900

神聖羅馬帝國建立
—1000

—1100 十字軍東征

—1200
蒙古第一次西征

—1300
英法百年戰爭開始

—1400

哥倫布發現新大陸
—1500

英國大破無敵艦隊
—1600

—1700 發明蒸汽機

—1800 美國獨立

美國南北戰爭開始
—1900
第一次世界大戰
第二次世界大戰

—2000

上古時期　BC

漢

　── 0

100 ──

三國
晉　　200 ──

300 ──

南北朝　400 ──

500 ──

隋朝　600 ──
唐朝

700 ──

800 ──

五代十國　900 ──
宋

1000 ──

1100 ──

1200 ──

元朝　1300 ──

明朝
1400 ──

1500 ──

清朝　1600 ──

1700 ──

1800 ──

1900 ──
中華民國

2000 ──

這些信使們奔跑傳遞，想想也是蠻辛苦的。阿茲特克皇帝非常喜歡巧克力，認為這又黑又苦的東西能強身健體、滋陰壯陽。

不過，阿茲特克最著名的特色，是他們血腥的祭祀，就是殺活人祭神。被殺的人，有時候是戰場上的俘虜，有時候是其他被征服部族進貢的青年，也有時候是奴隸。這些可憐的祭品被石刀挖出心臟，或者砍掉腦袋，或者用箭射死。殺人祭神的傳統在古代社會許多國家和地方都有，問題在於阿茲特克人對血祭太情有獨鍾了。他們的血祭頻率高、規模大。1487年的一次血祭，竟然持續了20天，每天殺上千人，一共有2萬多名「祭品」被殺。為了抓到足夠的祭品敬神，阿茲特克人甚至主動發動戰爭，並且強迫被征服的部族進獻犧牲品。

據考證，阿茲特克人本身對於殺人敬神是非常尊重虔誠的，認為祭品的靈魂可以上天堂。儘管據考證，阿茲特克人對於被獻祭的敵國武士非常尊重，祭祀之前不但沒有虐待，甚至將他們視如兄弟。然而不管如何，一個帝國持續不斷地以活人作為祭品，甚至把它作為帝國的精神文明支柱，也就決定了這個帝國是黑暗和恐怖的。同時，不管獻祭者被冠以多麼榮耀的光輝，也沒人願意平白無故地被抓、被殺掉。所以，阿茲特克儘管擁有強大的軍隊，但周圍部族的反抗從來沒有停止過。一般每次阿茲特克新皇繼位，便會引發動盪，甚至出現暴動，需要帝國軍隊費勁地去鎮壓。在帝國周邊還有不少一直不肯服從它的領導的部族和國家，與阿茲特克人常年戰爭。

阿茲特蘭

阿茲特蘭是傳說中阿茲特克人的故鄉，到底在哪裡並無定論。墨西哥建立後，以阿茲特克人作為自己的祖先。在1848年美墨戰爭中，墨西哥北部的大片領土被割讓給美國。於是在不少墨西哥人心中，那裡就是阿茲特蘭。對阿茲特蘭的呼喚，成為墨西哥民族主義的象徵。

富足！印加帝國

幾乎就在阿茲特克於墨西哥崛起的同一時期，南美洲也產生了一個強大的印第安帝國，就是印加帝國。這個國家發源於庫斯科一帶（今秘魯南部），早在11世紀時已建立了國家，比阿茲特克要早不少年。300多年裡，印加王國只是一個巴掌大的地方小王國。到14世紀末，印加開始逐漸對外擴張，不過成效有限，幾十年裡也沒佔多少領土。到1438年，印加的第九代國王帕查庫特克（1438—1471年在位）繼位，在他的率領下印加戰士開始大踏步四面出擊，擊敗了許多敵對部族。還有不少部族畏懼印加的雄威，主動前來請求結盟。帕查庫特克也很大度，只要你願意，就可以加入印加，成為印加的一個「加盟城邦」。如此恩威並舉，臣服於印加的部族、邦國就越來越多，印加也就成了南美一霸。

當時只有西北邊強大的奇姆王國堪稱印加的對手。帕查庫特克派他的兒子圖帕克率領大軍，向奇姆王國發動進攻。圖帕克出其不意，迂迴到奇姆王國北面，殺得奇姆軍措手不及。但奇姆王國畢竟也是南美強國，緩過勁來後，全國不分老少一起上陣和印加軍玩命。圖帕克一面不斷調集援軍投入戰鬥，一面對奇姆國王和貴族加以懷柔拉攏。胡蘿蔔加大棒，終於使奇姆王國也臣服於印加。這樣，印加帝國打垮了南美洲最強的對手之後再對付剩下的那些小國，就如同秋風掃落葉了。帕查庫特克一路朝北擴張，直達今天的厄瓜多的北部。圖帕克（1471—1493年在位）繼位後，掉頭南下，又接連征服了今天玻利維亞西部、智利和阿根廷中北部的大片領土。到下一任君主瓦伊納·卡帕克（1493—1527年在

BC

— 0　耶穌基督出生

— 100

— 200

— 300　君士坦丁統一羅馬
　　　羅馬帝國分成兩部
— 400

— 500　波斯帝國

— 600　回教建立

— 700

— 800

　　　凡爾登條約
— 900

　　　神聖羅馬帝國建立
— 1000

— 1100　十字軍東征

— 1200
　　　蒙古第一次西征

— 1300
　　　英法百年戰爭開始

— 1400

　　　哥倫布發現新大陸
— 1500

　　　英國大破無敵艦隊
— 1600

　　　發明蒸汽機
— 1700

　　　美國獨立
— 1800
　　　美國南北戰爭開始
— 1900
　　　第一次世界大戰
　　　第二次世界大戰
— 2000

太古時期　BC

三國
晉

南北朝

隋朝
唐朝

五代十國
宋

元朝
明朝

清朝

中華民國

— 0
100 —
200 —
300 —
400 —
500 —
600 —
700 —
800 —
900 —
1000 —
1100 —
1200 —
1300 —
1400 —
1500 —
1600 —
1700 —
1800 —
1900 —
2000 —

位）上任，又打敗了附近幾個不肯服從的部落。至此，立國500年的印加成為一個強盛帝國。它的領土在南美洲西海岸狹長的豎條狀地帶上，從北到南長達3000英里，人口600萬。由於擁有眾多部族、國家加盟，印加人被稱為「美洲的羅馬人」。

印加文明也保持了美洲風格。他們的工具既有青銅器，也有石器；但他們沒有學會冶鐵，也沒有造出輪子。他們依靠美洲豐富的植物，發展了農業，種植馬鈴薯、木瓜、番茄等。他們在山地上開闢了層層梯田。相比北邊的兩大文明區，他們多養殖了一種牲畜，這就是南美原產的羊駝。大羊駝可以馱運貨物，小羊駝可以提供毛紡原料。這在美洲也算相當了不起的成就了。

過去大家認為，印加帝國是沒有文字的，普遍採用「結繩記事」。他們的結繩記事比較複雜，用不同顏色的絲線，在不同的位置打上不同的結，表示不同的意思。問題是，再複雜的結，它也終究是結啊。靠著結繩記事的方法來傳遞文化，效率還是低了些。近來又有科學家研究發現，印加其實也是有文字的，但這種文字沒有得到普遍推廣應用，而是用作藝術創作。這方面，是印加文明相對瑪雅和阿茲特克兩種文明的薄弱環節。

雖然文化方面比不上瑪雅，印加的國力卻比瑪雅強大，而與阿茲特克相比則各有千秋。阿茲特克人會在水上建城，印加人則會修路，而且修路的水準比阿茲特克人更好。他們在狹長的國土上修了兩條貫穿南北的大道。一條是高原道路，從今天的哥倫比亞經過厄瓜多、秘魯、玻利維亞、阿根廷到智利，全長5600公里。另一條是沿海的低地道路，從厄瓜多、秘魯到智利，長約4000公里。這兩條路都有5～8公尺寬，以今天來看雙向會車也沒問題。所到之處，逢山穿隧，遇水架橋。

在路上，不但和阿茲特克人一樣，有專門的驛卒負責跑腿送信，有驛站供公務員居住，還給皇帝和大官修築了高級招待所，並且有專門的

養路隊駐紮。直到近代，歐洲的大員們到南美考察，都誇讚印加的大道是「人類最偉大的工程之一」「足以嚇退現代的工程師」。

印加人不但會修路，他們的社會制度建設也相當好。印加帝國的土地分為4種，一種是屬於神廟的太陽田；一種是屬於皇帝和王室的印加田；一種是屬於全體人民的公社田；此外部分富人權貴還有自己的私田。普通老百姓按人頭分到一塊約64公畝的公社田，但分給你的田並不是屬於你的，你只能耕種收穫，不能轉讓，不能買賣。種植的東西歸自己所有，條件是必須先無償耕種太陽田，替皇上耕種印加田。至於私人擁有的田地，你可以愛怎麼處置就怎麼處置，自己種也好，僱人來種也好，拋荒了長草也隨意，但不管怎樣都要繳稅。

此外，印加人的婚姻既不是自由戀愛，也不是父母之命媒妁之言，而是政府包辦。每隔一段時間，地方官會把所有年滿24歲的男人和滿18歲的女人召集起來，將他們配為一對對夫妻。原則只有一條：一男配一女。其他的就由地方官決定了。印加普通老百姓被強制勞動，壯丁從事重活，少年、兒童從事輕活，但50歲以上的老人和病人則可以退休由國家供養。

相較瑪雅和阿茲特克，印加帝國皇帝的權力更大，管理國家的制度也更科學。整個印加被分為4個省（蘇尤），每個省份有若干個郡（庫卡拉）。每個郡有幾萬戶人家，下面又分若干個縣（瑪律卡）。在4個省份拱衛下的中間位置，便是首都庫斯科。印加的4個省，都是由大貴族擔任總督，但總督並不世襲，而是由皇帝任命，而且每隔一段時間，總督必須到首都向皇帝彙報工作。

皇帝自己也經常親自到四方巡視，傾聽民眾的訴說。印加皇帝和許多東方帝王一樣，後宮有上百的佳麗，常常生下數以百計的子女。但是，皇帝只有一位正妻，而繼承皇位的，必須是正妻所生的嫡子。這些風格，和東亞的中央集權帝國頗為類似。皇帝高坐在帝國權力的巔峰，

BC

— 0　耶穌基督出生

— 100

— 200

— 300
　　君士坦丁統一羅馬
　　羅馬帝國分成兩部
— 400

— 500　波斯帝國

— 600　回教建立

— 700

— 800

　　凡爾登條約
— 900
　　神聖羅馬帝國建立
— 1000

— 1100　十字軍東征

— 1200
　　蒙古第一次西征
— 1300
　　英法百年戰爭開始
— 1400

　　哥倫布發現新大陸
— 1500

　　英國大破無敵艦隊
— 1600

— 1700　發明蒸汽機

　　美國獨立
— 1800
　　美國南北戰爭開始
— 1900
　　第一次世界大戰
　　第二次世界大戰
— 2000

上古時期　　BC

漢

— 0

100 —

200 —

三國
晉
300 —

400 —
南北朝

500 —

隋朝
600 —
唐朝

700 —

800 —

五代十國
900 —
宋
1000 —

1100 —

1200 —

元朝
1300 —

明朝
1400 —

1500 —

1600 —
清朝

1700 —

1800 —

1900 —
中華民國

2000 —

手握大權，不但是萬民之父，還是天神之子。貴族和老百姓對皇帝都是從骨子裡愛戴敬畏。這種制度有一個好處，就是能穩固皇帝的統治，減少造反的風險。但壞處也是有的：一旦皇帝被人控制，整個帝國就散了架。不幸的是，這種風險很快就變成了現實。

荒原！北美大陸

15世紀末，美洲最典型的三大文明呈南北向，一字排開。墨西哥中部是如日中天的阿茲特克，墨西哥南部和中美洲北部是日薄西山的瑪雅，南美洲西部是皇權獨大的印加。除此之外，美洲其他地區還有不少印第安部族。不過，中美洲和南美西部的其他部族受到阿茲特克和印加兩大帝國的壓制，成不了什麼大氣候。

印加帝國雖然只佔了南美洲西部的長條地帶，但這也是南美洲最適合建立文明國家的地區了。再往南的地方太冷，往東則是亞馬遜熱帶叢林地區，暴雨連綿，毒蟲出沒，都不適宜農耕文明在那裡建國。因此，在那裡生活的往往只有一些規模較小的部族，以捕魚、狩獵、採集等為生。在加勒比海的西印度群島上，也有大批印第安人。比如古巴島、伊斯帕尼奧拉島（即今天的海地和多明尼加）這些大島，上面的印第安人甚至多達百萬。

上面說的這些印第安部族和國家，都是位於今天的拉丁美洲地區。那麼，北美地區情況又如何呢？如今的北美有世界頭號強國美國，還有另一個資源豐富的發達國家加拿大，但在幾百年前那裡還是一片荒原。相比拉丁美洲，北美地區太冷，土壤也不夠肥沃，不太適合發展農業文明。所以，北美地區的人口遠遠少於拉丁美洲，大約只佔整個美洲人口的10%不到。

北美地區的印第安人不但總人數較少，而且分屬於幾百個不同的部族，人口有幾萬的部族就算是大的了。在廣袤的北美大陸上，這些印第

BC

— 0　耶穌基督出生

— 100

— 200

— 300
君士坦丁統一羅馬

羅馬帝國分成兩部
— 400

— 500　波斯帝國

— 600
回教建立

— 700

— 800

凡爾登條約
— 900

神聖羅馬帝國建立
— 1000

— 1100　十字軍東征

— 1200
蒙古第一次西征

— 1300
英法百年戰爭開始

— 1400

哥倫布發現新大陸
— 1500

英國大破無敵艦隊
— 1600

— 1700　發明蒸汽機

美國獨立
— 1800

美國南北戰爭開始
— 1900
第一次世界大戰
第二次世界大戰
— 2000

安部族分別從事不同的行業。中西部草原的部族如蘇人，主要靠狩獵野牛為生。東部大西洋沿岸的部族，有的以捕魚為生，有的靠農業種植為生。東南、西南地區的印第安人也是種地。而靠近北極地區的因紐特人（即愛斯基摩人）和阿留申人等，則是靠捕獵海象、海豹、魚類和北極熊等為生。整體來說，北美地區的印第安人分佈也相當不均勻，其中大部分居住在今天的美國境內，尤其是靠近墨西哥的南部地區，那裡比較溫暖適宜生存。至於北邊的加拿大則實在太冷了，那裡的原住民人口也更加稀少。

　　由於北美地區缺少拉丁美洲那種較為優厚的自然條件，北美印第安人不能像拉美的印第安人那樣，隨便種點玉米、紅薯就能全年不愁吃。他們的生存要艱難得多，人口增長也緩慢；由於人口密度小，也很難形成拉美那種龐大的帝國。

　　試想沒有足夠的食物，能搞什麼遠征？路上都餓死了，還是就在家門口跟鄰居打個群架，搶搶土地、獵物吧。所以，北美印第安人的社會發展程度也比拉丁美洲落後，多數還處在父系氏族或母系氏族社會。這也是個很無奈的事。印第安人在美洲本是從北往南遷移的，結果反而是最早停下來的部族，文明發展得最落後。但是，同樣因為環境艱苦，北美印第安人在反抗入侵的意志方面，卻遠遠超過拉美原住民。他們的學習能力也很強。

美洲原住民人口

　　對於歐洲人到來前的整個美洲原住民人口，各種考據資料出入很大，有的說高達1億，有的說不到1000萬。總人口的估算差異巨大，其中各個地區的人口推測也是一樣差距懸殊。比如印加帝國的人口，從二、三百萬到三、四千萬的估計都有。而對北美地區（今美國、加拿大）的印第安人口估計，也從100餘萬到1000餘萬不等。

第二章：鐵與火的入侵——歐洲人征服時代
（西元15世紀到16世紀）

　　哥倫布為了到達亞洲向西航行，卻誤打誤撞發現了美洲。懷揣「黃金夢」的歐洲殖民者隨後蜂擁而來，火繩槍、鐵製刀劍、鎧甲和戰馬碾碎了印第安文明的脆弱武裝，在美洲建立起龐大的殖民帝國。

1. 美國	6. 瓜地馬拉	11. 巴拿馬	16. 哥倫比亞	21. 法屬蓋亞那	26. 阿根廷
2. 加拿大	7. 薩爾瓦多	12. 牙買加	17. 厄瓜多	22. 巴西	27. 智利
3. 墨西哥	8. 宏都拉斯	13. 海地	18. 秘魯	23. 玻利維亞	
4. 古巴	9. 尼加拉瓜	14. 多明尼加	19. 蓋亞那	24. 巴拉圭	
5. 伯利茲	10. 哥斯大黎加	15. 委內瑞拉	20. 蘇利南	25. 烏拉圭	

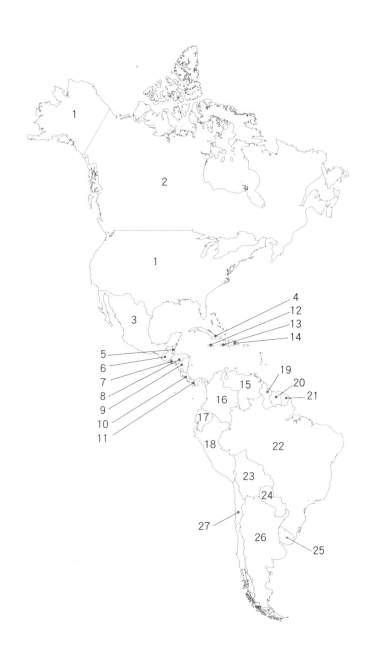

運氣！哥倫布的錯誤

明朝

哥倫布發現新大陸
— 1500

— 1600
清朝　五月花公約

— 1700

美國獨立
— 1800

門羅主義

美墨戰爭
— 1850
日本黑船事件

中美天津條約

南北戰爭

購買阿拉斯加

美西戰爭
「門戶開放」政策
— 1900

中華民國

經濟大蕭條

日本偷襲珍珠港
— 1950　韓戰

甘迺迪遇刺

911事件
— 2000

正當美洲大陸的印第安人埋頭從原始社會向奴隸社會跨越時，東方出現了綽約帆影，原來歐洲人來了。這一來，天崩地裂，乾坤倒轉，整個美洲的命運徹底被改變。

美洲的發現完全源自一個錯誤。

15世紀時，歐洲各國的商業已經非常發達。大家爭著走出國門做生意。尤其是從東方（中國、印度）販賣來的諸如香料、瓷器、茶葉、絲織品等商品，都是歐洲市場上的搶手貨。幾經轉手賣到歐洲，起碼是5倍、10倍的毛利潤。不但商人們賺得盆滿缽滿，國家的財政收入也很大程度上仰賴這種貿易。所以幾百年來，從東亞經中亞、西亞到歐洲的絲綢之路非常熱鬧，商隊往來不絕。商人們千辛萬苦，哪怕累得形銷骨立，也要掙扎著從這趟生意上撈錢。

不幸的是，後來在這條路上崛起了一個龐然大物，那就是突厥人建立的鄂圖曼土耳其帝國。鄂圖曼帝國的歷代皇帝雄心壯志，與基督教的歐洲列強有不共戴天之仇。雙方常年征戰，殺得屍山血海。到15世紀中葉，鄂圖曼帝國達到鼎盛，不但地跨歐、亞、非三洲，而且攻佔了君士坦丁堡，把傳承千年的拜占庭帝國（東羅馬帝國）給滅了。對歐洲各國來說，東羅馬滅亡事小，嚴重的是，絲綢之路的東西貿易完全被鄂圖曼帝國給壟斷了。這可怎麼辦？歐洲人不屈不撓：你鄂圖曼人能截斷陸上交通，沒關係，我們想辦法走海路！於是乎，各大強國紛紛打造船隻，組建艦隊，進行遠洋探索，歐洲進入了「大航海時代」。而引領大航海

時代潮流的,則是歐洲西南角的伊比利半島上的兩個國家——西班牙和葡萄牙。

說起來,西、葡這兩國當時在歐洲都稱不上一流強國。伊比利半島從8世紀初就被亞洲和非洲來的人佔領,當地人與之進行了長達幾個世紀的戰爭,史稱「收復失地運動」。經過反覆拉鋸,到1492年才徹底消滅了外來戶。在這兩個飽經滄桑的國家中,葡萄牙建國較早(1179年),但因它只是個彈丸之地,本土面積只有9萬多平方公里,當時人口不過百萬。而西班牙雖然面積較大,人口較多,但它建國時間卻很晚,到15世紀晚期才建國。卡斯蒂亞王國的公主伊莎貝拉和亞拉岡王國的王子斐迪南喜結良緣後,分別在1474年和1479年繼承了各自國家的君主寶座,之後,兩國便逐漸合併為西班牙王國。

然而另一方面,正因為西班牙和葡萄牙長期與外來人交戰,他們對天主教的信仰也更為虔誠。數百年的戰爭,伊比利半島人養成了彪悍好鬥、勇於進取的精神。再加上,他們兩國被海洋半包圍,有著進行航海探索的天然的有利要素。三種因素加在一起,西、葡兩國湧現出大批狂熱的航海家。這些航海家未必都是本地人,也有不少外國人,他們在西班牙、葡萄牙王室貴族的率領和支持下揚帆起航,乘風破浪,朝著茫茫未知世界勇往直前。一路上,不少人死在風暴、饑餓、壞血病和原住民的反抗下,但剩下的人仍勇敢地繼續前行,終於驅散了「地圖陰影」,將整個地球呈現在世人眼前。

當然,西、葡兩國搞大航海,最直接的目的還是賺錢。他們想去東方,到中國去尋找香料、瓷器、紡織物,還有《馬可·波羅遊記》記載的遍地黃金。葡萄牙人因為先建國,所以出發得也比較早。他們選擇的路線比較繞遠迂迴:從半島出發,沿著非洲大陸的海岸線一路航行,先向南到達好望角,然後折向北、向東,穿越印度洋,最終到達印度和中國。15世紀末,達伽馬成功到達印度。葡萄牙海軍也在非洲沿岸修築要

塞、建立補給點、搶佔港口，建立起一個龐大的殖民帝國。

　　而西班牙呢，因為自己的國內事情多，航海起步比葡萄牙人晚了一步。等他們建國成功，開始騰出手來準備航海時，非洲這條路已經被葡萄牙人搶佔了。西班牙人要再湊過去，就得跟鄰居開戰。除此之外，還有別的辦法嗎？這時，一個膽大包天的人找上門來，他就是著名的航海家克里斯多福‧哥倫布（1451—1506年）。哥倫布是義大利熱那亞人，自幼熱愛航海。他成年後，正趕上歐洲各國為「絲綢之路」被鄂圖曼帝國攔截而痛苦萬分之時。而哥倫布自己呢，他看了《馬可‧波羅遊記》，也夢想著航海到中國去，建功立業，順便發一筆洋財。可是，陸路有鄂圖曼帝國攔路搶劫，海路有葡萄牙捷足先登，還能怎麼去呢？哥倫布靈機一動：對了，據專家們最新研究，地球不是圓的嗎？東邊路被截斷了，我們何不向西邊航行，一定能到達中國。這樣不但發了財，順便還證明了地球是圓的，一舉兩得呀。於是哥倫布就到處遊說歐洲各國君主，希望他們贊助自己向西航行。他先後到過英國、法國和葡萄牙等，但君主們要嘛覺得這個想法不可靠，太冒險，要嘛嫌哥倫布要價太高，都不肯幫助他。最後哥倫布到了西班牙，開始說服女王伊莎貝拉，經過長達六年地說服，女王終於相信了哥倫布，同意出錢贊助這次遠征。除了王室投資外，哥倫布得到了以下資源：他被任命為海軍上將；佔領的新領土，由他擔任總督；從新領土弄到的金銀財寶和其他值錢的物品，哥倫布可以分成10%；哥倫布可以對船隊投資1/8並參與分紅。

　　1492年8月3日，西班牙海軍上將哥倫布率領由3艘船和百餘名水手組成的「龐大艦隊」，浩浩蕩蕩地開始了「從西邊到達中國」的環球大遠征。哥倫布想得很簡單：地球是圓的嘛，只要一直往西，總能到達亞洲！至於要走多久呢？哥倫布對地球的周長完全沒有概念，他覺得，一、兩個月也就差不多到了吧？

　　於是船隊一路往西，走了兩個月，連陸地的影子都沒見到。這下水

明朝

哥倫布發現新大陸
— 1500

— 1600
清朝　　五月花公約
— 1700

美國獨立
— 1800

門羅主義

美墨戰爭
— 1850
日本黑船事件

中美天津條約

南北戰爭

購買阿拉斯加

美西戰爭
「門戶開放」政策
— 1900

中華民國

經濟大蕭條

日本偷襲珍珠港
— 1950　　韓戰

甘迺迪遇刺

911事件
— 2000

歐洲文藝復興運動

拜占庭帝國滅亡
1500—

1600—

1700—
工業革命

法國大革命
1800—

共產黨宣言
1850—

日本明治維新

普法戰爭

1900—

中華民國
第一次世界大戰

第二次世界大戰

1950—

越戰爆發

兩伊戰爭

東西德統一

2000—

手們不幹了。這樣下去別死在海上啊。再說，你哥倫布說地球是圓的，你親自量過？萬一這幫專家是胡扯，世界其實還是平的，那大夥兒豈不是要糊裡糊塗地掉進世界邊緣的深淵嗎？畢竟保命要緊，他們起來譁變，要求上將立刻返航。哥倫布好說歹說，安撫他們：再走5天！5天見不到陸地，大家一起返航！結果也是哥倫布運氣好，到最後一天，也就是10月12日，他們發現了一座面積達100多平方公里的島嶼！哥倫布和水手們都驚喜萬分：到亞洲了！到亞洲了！

　　這幫歐洲人懷揣著黃金夢，趕緊登上島嶼，看見海岸邊有一群深黃色皮膚的人，正在探頭探腦地打量這遠方來的龐然大物。哥倫布指著那些人道：「快來看啊，這麼多印度人！」於是乎，整個美洲原住民就這樣被哥倫布上將安上了「印度人」的名字。所以在西方語言中「印度人」和「印第安人」是同一個詞，而中國為了便於區分，做了不同的翻譯而已。加勒比海的這一大片島嶼，也被叫作「西印度群島」。哥倫布認為他自己登上的這個島是日本群島中的一個，其實是今天的巴哈馬群島中的聖薩爾瓦多島。發現了島嶼，哥倫布艦隊士氣大振。他們補充了淡水，繼續前進，又陸續發現好幾個小島，在10月28日到達今天的古巴。古巴是個大島，面積有10萬平方公里。哥倫布看見這一大片陸地，大喜：「這不，到亞洲大陸了！」懷揣著發現黃金國的激動，哥倫布上將麾下「大軍」橫掃西印度群島，12月又到達伊斯帕尼奧拉島（今海地和多明尼加），並留下一部分船員，建立了在美洲的第一個殖民點。次年1月，船隊返航，3月「凱旋」，這就是史上著名的「哥倫布發現新大陸」。這一趟遠航，前後歷時半年多，對於全世界都具有劃時代的意義。一片廣闊的大陸被歐洲人發現，由此帶來了數百年的殖民運動，它不但極大地促進了歐洲的經濟發展，更建立了幾十個新的國家，其中還有一個是今日的世界頭號強國。可以說哥倫布的這次尋找黃金之旅，意義重大。當然，對於美洲本土印第安人來說，這種改變卻是要命的。而

且，從文明史來看也是人類的一次恥辱。

　　哥倫布呢，他可不認為自己發現了新大陸。他堅持認為，自己發現的是日本和印度。因此，哥倫布在1493年、1498年和1502年，又3次航行到達美洲（他心中的亞洲）。第一次航行前後只花了大半年，後3次每次都是出海兩、三年。第二次，他是來殖民的，帶了1000多人，並且在伊斯帕尼奧拉島上建立了第一個永久殖民定居點。可惜因為糧食不夠，大部分人中途就折返了。第三次，他是按照約定來當伊斯帕尼奧拉島總督的。為了搜尋黃金，這次他又帶著船來到加勒比海一帶，順道還發現了南美大陸。可惜總督沒當兩年，就因為當得實在太差，被西班牙國王抓了回去。第四次，則是因為有人指責他發現的不是亞洲，惹得哥倫布興起，帶著船隻親自來勘探，發誓一定要找到遍地黃金的印度，可惜最終還是無功而返。

　　哥倫布作為大航海時代的先驅，在他身上濃縮了那個時代歐洲人的特點：膽大包天、勇於開拓進取、敢於實踐。同時，還有唯利是圖和貪婪冷血。他的第一次航行，就對熱情接待他的美洲原住民大動干戈，不但搶劫金銀，還強姦未成年的印第安少女，並把島民擄為奴隸。所有敢於反抗的印第安人，都遭到了西班牙人的屠殺。在此後幾次航海中，哥倫布上將更是大殺四方，雙手沾滿鮮血。尤其他擔任總督的時候，玩命地對印第安人橫徵暴斂。他不會從事基礎建設，也不懂收買人心，只知道一味暴力威脅，天天逼著印第安人繳納金銀，交不出就砍手。可是當地島民真得沒那麼多金銀啊，哥倫布總督就不停地砍手，不停地殺人。這麼殺雞取卵，連西班牙國王都看不下去了，這才派人把哥倫布抓回歐洲，免得他把好不容易建立的殖民地給糟蹋了。

　　當然，哥倫布的罪狀主要是有勇無謀、統治無方，他為西班牙開疆拓土的功績，國王是不會抹殺的。因此，哥倫布在人生的最後幾年裡日子過得還不錯，還曾奉命第四次航行。1506年，哥倫布去世。

明朝

哥倫布發現新大陸
— 1500

— 1600
清朝　五月花公約
— 1700

美國獨立
— 1800
門羅主義

美墨戰爭
— 1850
日本黑船事件

中美天津條約

南北戰爭

購買阿拉斯加

美西戰爭
「門戶開放」政策
— 1900

中華民國

經濟大蕭條

日本偷襲珍珠港
— 1950　韓戰

甘迺迪遇刺

911事件
— 2000

歐洲文藝復興運動

拜占庭帝國滅亡
1500—

1600—

1700—
工業革命
法國大革命
1800—

共產黨宣言 1850—

日本明治維新

普法戰爭

1900—

中華民國
第一次世界大戰

第二次世界大戰

1950—

越戰爆發

兩伊戰爭

東西德統一

2000—

進擊！探索與殖民

　　哥倫布到死都堅持自己到達的是亞洲，但總不能一輩子瞞住別人。

　　就在哥倫布臨死之前，另一位義大利航海家亞美利哥・維斯普奇也數次航行到美洲，並且發現了北美大陸。亞美利哥多次宣稱，哥倫布是個騙子，他到達的根本不是亞洲，而是一片「新大陸」。1507年，也就是哥倫布病死的次年，德國人馬丁・瓦爾德塞米勒的《世界地理概論》出版，書中正式納入了亞美利哥說的這片「新大陸」，並且用亞美利哥的名字，命名為「亞美利加」，也就是美洲。可憐的哥倫布，明明是自己發現的大洲，命名權卻被別人取得了。

　　哥倫布的發現在歐洲似扔出一顆炸彈。西班牙和葡萄牙為了爭奪地盤，頓時展開了文攻武衛。最後請教皇出面調停，在地圖上劃了一條「教皇子午線」，就此達成了瓜分地球的協定。

　　哥倫布也好，那時候的其他航海家也好，他們的航海目的並不是發現什麼美洲，而是要到亞洲去找黃金。哥倫布到了西印度群島後，發現這裡的黃金沒想像得多，他就斷定這是亞洲東部的島嶼，所以比較荒蕪，富饒的亞洲大陸還要繼續往西走！可是穿過西印度群島後，他卻被中美洲地峽擋住了去路，怎麼繞也繞不過去。他後面的歐洲航海家們，逐漸認識到眼前這個龐然大物是一塊新的大陸。但新大陸有什麼用啊？我們是要去亞洲找黃金。眼前這塊大陸太討厭了，大家玩了命地駕船往北、往南想繞過這塊大陸。結果很不幸，現在我們知道美洲大陸是地球上最瘦長的大陸，南北上萬公里，把這些黃金愛好者們的西進去路堵了

個結結實實。

　　此後的幾十年間，歐洲航海家們狂熱地沿著美洲東岸航行。往北航行的人一步一步地把西印度群島都探索了個遍，把墨西哥灣摸了個清楚，又到達了北美洲東南的佛羅里達一帶；往南航行的人把南美洲東岸也逐漸摸清了。其實，中美洲本來就狹窄，他們登陸後很容易橫穿地峽，一直前進到太平洋沿岸，發現原來西邊也有一大片海，就是不知道該怎麼過去。到1519年，又出了一位航海家麥哲倫。他在西班牙國王卡洛斯一世（即神聖羅馬帝國皇帝查理五世）的支持下，決心繼續哥倫布未竟的事業，真正實現「向西出發，從東回來」的環球旅行。可是要環球旅行，就必須繞過美洲大陸。麥哲倫從歐洲出發到美洲後，便沿著南美大陸東岸一路南行。10月20日，當船隊進入一個海峽內躲避風浪時，麥哲倫發現這個海峽似乎很深邃。他帶領船隊曲曲折折一路向西沿著海峽深入，幾天後，眼前豁然開朗，出現一片遼闊的海面。麥哲倫頓時熱淚盈眶：「上帝保佑，美洲大陸這個攔路石終於被我們繞過去了！」這就是著名的麥哲倫海峽（在南美大陸和火地島之間）。此後，麥哲倫的船隊繼續向西，穿越浩瀚的太平洋到達亞洲，然後再橫穿印度洋，最後終於回到西班牙，實現了環球航行。可惜麥哲倫本人和哥倫布一樣作惡多端，一路燒殺搶掠，最後在亞洲被菲律賓的原住民殺死了，沒能挨到這光榮的一刻。

　　雖然美洲不是傳說中「遍地黃金」的亞洲，但畢竟好大的一塊地盤，總不能荒著吧。而且，美洲印第安人手中多少也有些金銀，還有各種神奇的植物，總要加以利用。於是西班牙人開始建立殖民地。西班牙政府對此大力支持，規定只要肯到美洲的西班牙人，不但可以分得大片土地，還能分一群印第安人給他們「監護」。所謂監護，是說西班牙「監護人」只要繳納給總督少量賦稅，就可以隨意處置分配到他們名下的印第安人，想打就打，想殺就殺，怎麼壓榨都可以。這樣，本土的殖

民者懷揣著發財的美夢，跨過大西洋，紛紛到達美洲。他們在美洲到處圈地修房，建立了許多殖民點。最先是在西印度群島上。哥倫布死後沒幾年，單是伊斯帕尼奧拉島上就已經有了1萬多名西班牙人，古巴也有大批西班牙人到達。此後，西班牙人的殖民點又從島上拓展到大陸，在中美洲的巴拿馬也修建了基地。

西班牙人的到來，對於當地可憐的印第安人來說是滅頂之災。他們有的在殘酷壓榨下饑疲而死，有的因為違反了「法律」被酷刑折磨而死，有的因為反抗而遭到集體屠殺。同時，美洲和歐亞大陸隔絕時間太久了，歐亞大陸流行的病毒，在歐亞人身上經過了上千代的更新換代，歐亞人體內早就形成了抗體，而對印第安人來說卻是禍從天降，對其毫無抵抗能力。

因此有些印第安人被歐洲人身上攜帶的天花病毒殺死。伊斯帕尼奧拉島上原本有上百萬個印第安人，不到20年就只剩下了1萬多。到16世紀末，整個加勒比地區的印第安人基本上已滅絕了。

西班牙人幹的壞事讓很多歐洲人都為之憤慨。比如有位教士德拉斯卡薩斯，擔任殖民地主教，對印第安人慘遭奴役和屠殺的情形深表同情，強烈譴責同胞們的殘暴行為，多次跑回歐洲，向國王和教皇控訴這種罪行。當然，這種控訴半點用都沒有。為此，有些殖民者叛逃到印第安人那邊，帶領他們反抗白人的奴役。殖民頭目彼此之間也是爭權奪利、相互拆台，彼此間紛爭不斷。

此時，西班牙人在征服中遭遇到的都是處於原始氏族社會的印第安人，抵抗不算強烈。雖然印第安人的毒箭和石頭、刀、斧也能殺死若干西班牙人，但整體來說，只有任人宰割的份。接下來，日趨擴張的殖民者們將要遭遇美洲最發達的三大文明。歐洲近代文明與美洲古文明之間的血戰將要展開，而梟雄將橫空出世。

教皇子午線

　　哥倫布向西發現「印度」之後，西班牙立刻找到羅馬教皇，要教皇確認他們對新大陸的所有權。葡萄牙其後也要求有自己的利益。1493年，教皇亞歷山大六世在地圖上畫了一道子午線，即西經38度線，規定這條線東邊的未開化地盤歸葡萄牙，西邊的歸西班牙。1494年，因為葡萄牙要求，這條線又往西邊移動了一截，到西經46度線。對葡萄牙人來說這很重要，因為巴西被劃進來了。這條線劃定後，兩國都自以為計謀得逞。葡萄牙想，非洲和亞洲都在東邊，你西班牙就去佔大西洋島嶼吧。而西班牙呢，以為哥倫布到達的是亞洲，心想我從西邊到亞洲比你近，亞洲是我的了。後來，麥哲倫實現了第一次環球航行，大家才確認地球是圓的。於是1529年，西班牙和葡萄牙又在東經142度劃了一條子午線，實現對東半球的殖民地劃分。這麼一來，西班牙和葡萄牙就瓜分了整個世界。其中西班牙分到了包括美洲大部、太平洋大部和澳洲東部、亞洲東部一帶；葡萄牙則分到了包括整個非洲、亞洲大部、南美的巴西和印度洋全部。當然，這種劃分連西、葡兩國都沒有嚴格遵守，後面新興的英、法、荷等海洋強國更是不會理睬。

明朝

哥倫布發現新大陸
— 1500

— 1600
清朝　　五月花公約

— 1700

美國獨立
— 1800

門羅主義

美墨戰爭
— 1850
日本黑船事件

中美天津條約

南北戰爭

購買阿拉斯加

美西戰爭
「門戶開放」政策
— 1900

中華民國

經濟大蕭條

日本偷襲珍珠港

— 1950　　韓戰

甘迺迪遇刺

911事件

— 2000

歐洲文藝復興運動

拜占庭帝國滅亡
1500—

1600—

1700—
工業革命

法國大革命
1800—

共產黨宣言 1850—

日本明治維新

普法戰爭

1900—

中華民國
第一次世界大戰

第二次世界大戰

1950—

越戰爆發

兩伊戰爭

東西德統一

2000—

血戰！墨西哥城

　　1517年，古巴的西班牙殖民者在猶加敦半島登陸，遭遇了已經衰敗的瑪雅文明。瑪雅文明雖已衰落，然畢竟是美洲三大文明之首，其戰鬥力比加勒比海上的印第安兄弟還是強大不少，消滅了若干西班牙強盜。但西班牙人也有收穫，他們從瑪雅人那裡搶來了不少黃金，西班牙人還聽說在更西邊的地方有一個強大的帝國，黃金遍地！

　　古巴的西班牙總督聽說這件事，派大法官埃爾南‧科爾特斯（1485—1540年）率隊出發。科爾特斯是西班牙軍人世家出身，又曾在大學修習古拉丁文和法律，稱得上文武雙全。科爾特斯骨子裡流淌著冒險的精神，早在1504年便參與了伊斯帕尼奧拉島（海地）的開發，後來又參與了對古巴的征服，是一個老牌殖民者，又是一員悍將，他來負責這件事，那是再合適不過了。

　　督軍一開始也挺高興，便委託他全權組織「探險隊」。科爾特斯趕緊招兵買馬，磨刀鑄劍。可是回頭有人對督軍說，您讓他去探險，要是敗了，徒傷國家元氣，萬一成功了，只怕他爬到您頭上，不會再服管教啊。總督一聽沒錯，趕緊撤銷命令，不許科爾特斯出海。

　　科爾特斯大怒，他違抗總督命令，帶領本部人馬強行登船，衝出港口，向西而去。這回，他的探險行為堪稱是背水一戰，除了成功，別無退路。他率領的人馬，共有12艘船、600多名西班牙人、200多名印第安人，還有一些黑奴、10多門炮和10多匹馬。這是發生在1518年年底的事，基本上和麥哲倫開始環球航行在同一時期。

科爾特斯離開古巴後，先在科蘇梅爾島登陸，在當地的瑪雅人村落中發現一個西班牙人阿格拉。此人幾年前參加了探險隊，與隊友失散，跑到這兒來已經多年。科爾特斯帶上他繼續向前，又在塔巴斯科河河口登陸。在這裡，科爾特斯擺開陣勢，和瑪雅人大戰一場。畢竟，好幾百名西班牙人也算是一支強大力量，科爾特斯打敗了當地人，逼迫他們宣誓效忠西班牙國王，並向探險隊進貢。

在貢品中，有20個印第安女奴。其中一個叫瑪麗娜的女奴，天資聰明，既會瑪雅語，也會阿茲特克語。此後，她又學會了西班牙語。她本身又是墨西哥人，對當地非常熟悉。科爾特斯對這位天降的女翻譯非常喜歡，還和她生了個孩子，又把她嫁給了自己的一個部下。而瑪麗娜呢，科爾特斯把她從奴隸生活中解救出來，給了她尊重與溫情，她也就死心塌地地幫著科爾特斯進行開疆拓土的大業了。

從瑪麗娜和其他印第安人口中，科爾特斯瞭解到西邊真有一個強大的印第安帝國——阿茲特克。其地域廣闊，人口眾多，還有龐大的軍隊，遠不是之前加勒比海的那些小部族可以相比。自己的這幾百號人馬，真要和其硬拚，只怕是死路一條。

幸好，科爾特斯又得知，阿茲特克的霸權地位是靠武力鎮壓其他部族反抗打出來的。阿茲特克皇帝歷來愛搞血腥的人祭，被征服的部族多數都對阿茲特克陽奉陰違。而且，現在還有兩個大部族沒有屈服阿茲特克。一個就是海邊的特特納斯，還有一個是山區的特拉斯卡拉。

科爾特斯立刻想出了對策：既然如此，我們就拉攏其他部族一起對付阿茲特克好了。等擺平了阿茲特克，還怕其他部族不乖乖就範？於是，科爾特斯先去和海邊的特特納斯部族聊天。這時候，他的印第安情婦兼翻譯瑪麗娜的價值就突顯出來了。靠著瑪麗娜牽線搭橋，加上目睹了西班牙人的堅船利炮如此威猛，特特納斯的酋長們很快投向了西班牙人一邊。

明朝

哥倫布發現新大陸
—1500

—1600
清朝　五月花公約

—1700

美國獨立
—1800

門羅主義

美墨戰爭
—1850
日本黑船事件

中美天津條約

南北戰爭

購買阿拉斯加

美西戰爭
「門戶開放」政策
—1900

中華民國

經濟大蕭條

日本偷襲珍珠港

—1950　韓戰

甘迺迪遇刺

911事件

—2000

歐洲文藝復興運動

拜占庭帝國滅亡
1500—

1600—

1700—
工業革命

法國大革命
1800—

共產黨宣言
1850—

日本明治維新

普法戰爭

1900—

中華民國
第一次世界大戰

第二次世界大戰

1950—

越戰爆發

兩伊戰爭

東西德統一

2000—

這時，阿茲特克皇帝蒙特祖馬二世也聽說白人到來的消息，還聽說這幫白人手中的「燒火棍」煞是厲害，能放出雷電。這位皇帝還要和山區的彪悍對手——特拉斯卡拉人糾纏，實在不想再平添這麼一隊強敵。因此他派使者送給西班牙人許多禮物，希望這些白人拿了禮物就趕緊離開，別摻和墨西哥的事兒。

這些禮物包括：許多精美的衣服、羽毛製品；許多珍珠、寶石；滿滿一頭盔的黃金顆粒；20隻黃金鴨子；還有兩個車輪一般大小的圓盤，一個是黃金的，一個是白銀的。

科爾特斯對羽毛、衣服什麼的沒好感，可是看到黃金白銀，他的眼珠子一下子瞪圓了。老天爺，瑪雅人沒說謊，阿茲特克果然是個黃金之國啊！發財了，這下發財了！

嚥了一口唾沫，科爾特斯裝模作樣地對阿茲特克使者說：「謝謝陛下送來的禮物，為了表示謝意，我們希望親自覲見陛下，然後再離開。」傻乎乎的蒙特祖馬二世啊，他以為送上厚禮就能滿足西班牙人的貪欲，讓他們乖乖離開，誰知道這份禮物如同滴到鯊魚嘴中的鮮血，只能刺激對方的胃口！

送走使者，科爾特斯立刻決定：全力以赴，征服阿茲特克，搶奪金子和銀子！很多部下都覺得老大是不是瘋了，我們這幾百人，去和人家幾百萬人的帝國鬥？可是科爾特斯一意孤行，還下令焚毀船隻，來個「破釜沉舟」。他在海邊建立了第一個殖民點維拉克魯斯，作為進攻阿茲特克的基地。他還把禮物送給西班牙政府，表示自己打下這塊地後，希望直接當國王手下的總督，不願意聽在古巴的那個昏官的命令了。

1519年8月，科爾特斯率領主力部隊向西進發。維拉克魯斯距離阿茲特克首都特諾奇提特蘭（墨西哥城）直線距離才幾百公里，科爾特斯孤注一擲，大膽前進。半路上，他遇上了阿茲特克的死敵特拉斯卡拉部族。科爾特斯試圖拉攏特拉斯卡拉人，說我們都討厭阿茲特克人，不如

結盟共同對抗他們。可是特拉斯卡拉人不買他的帳，你誰啊，憑什麼和我們結盟？先打打看吧！於是兩方擺開了陣勢。彪悍的特拉斯卡拉人潮水般向著西班牙人猛衝過來，科爾特斯把隊伍擺成陣勢，前排的用長矛、刀劍硬抗，後排的用火槍、大炮射擊。那時候西班牙人的槍炮還很差勁，命中率低，威力也不大。但這連番的巨響加上百步殺人的效果，對印第安人還是很有震撼力的。而且，墨西哥印第安人還處在青銅器時代，他們的青銅斧頭和木棍很難穿透西班牙人的鎧甲，而西班牙人的鐵製刀劍則是一戳一個血洞，一砍一道血溝。雙方一場血戰，特拉斯卡拉人傷亡慘重，可是西班牙人也死了十幾個，傷了好幾十人。科爾特斯正膽戰心驚之時，卻見特拉斯卡拉的首領過來和談了。原來特拉斯卡拉人見西班牙人這般厲害，夠分量和他們同盟。於是兩方歃血為盟，約定共滅阿茲特克。其他一些仇視阿茲特克的印第安部族，眼看特拉斯卡拉人都過去了，也紛紛前來加入科爾特斯陣營。科爾特斯雖然傷亡了幾十人，卻得到了一個強大的盟友。

　　隨後，科爾特斯率領的西班牙人，與特拉斯卡拉等印第安盟友的大軍一起翻越東馬德雷山，逼近了特諾奇提特蘭城。阿茲特克皇帝蒙特祖馬二世聞訊，驚得頭皮發麻。他聽說科爾特斯的手下個個都是張口能放雷，抬手能開山的狠人，實在不想和這些怪物交戰，決定還是和談，爭取再割點肉把瘟神打發走。於是，1519年11月8日，科爾特斯的隊伍進入了建立在水上的特諾奇提特蘭城。

　　蒙特祖馬二世前去會見科爾特斯，想和這個西班牙將軍談談他到底要多少金銀才肯走人。結果，科爾特斯來個「擒賊先擒王」，直接把阿茲特克皇帝給抓住了。威震墨西哥的蒙特祖馬二世，在不按常理出牌的科爾特斯面前，再無一絲尊嚴霸氣。他向侵略者苦苦哀求饒命，西班牙人要什麼他給什麼。科爾特斯儼然功成名就，成了阿茲特克的「太上皇」。西班牙人在城中肆意妄為，搜刮了大批黃金，裝滿了腰包。

明朝

哥倫布發現新大陸
— 1500

— 1600
清朝　五月花公約

— 1700

美國獨立
— 1800

門羅主義

美墨戰爭
— 1850
日本黑船事件

中美天津條約

南北戰爭

購買阿拉斯加

美西戰爭
「門戶開放」政策
— 1900

中華民國

經濟大蕭條

日本偷襲珍珠港

— 1950　韓戰

甘迺迪遇刺

911事件

— 2000

歐洲文藝復興運動

拜占庭帝國滅亡
1500—

1600—

1700—
工業革命
法國大革命
1800—

共產黨宣言
1850—

日本明治維新

普法戰爭

1900—
中華民國
第一次世界大戰

第二次世界大戰

1950—
越戰爆發

兩伊戰爭

東西德統一

2000—

好日子沒過多久，1520年4月，已經和科爾特斯翻臉的古巴督軍，聽說科爾特斯打下了這偌大的江山，真是羨慕嫉妒恨。他派出上千人馬登陸墨西哥，要逮捕擅自出征的科爾特斯。科爾特斯火冒三丈，老子在前面開疆拓土，你這昏官在背後捅刀子，是可忍，孰不可忍！他親率200精兵，趁大雨突襲古巴來的官兵，直搗黃龍，生擒了帶頭的將軍。官兵群龍無首，都投降了。科爾特斯又對俘虜們甜言蜜語，我這裡已經征服了一個龐大帝國，黃金白銀拿都拿不動，你們要不要跟著我，還是回古巴去挨昏官的臭罵？於是乎，絕大部分官兵都紛紛站到了科爾特斯一邊。

科爾特斯收編了古巴來的官兵，實力大增。可這時特諾奇提特蘭又出事了。原來阿茲特克皇帝蒙特祖馬二世被西班牙人抓住後，奴顏婢膝，事事順從，討好了西班牙人，卻得罪了自己的臣民。阿茲特克又不是那種皇權高度集中的國家，他們有自己的貴族議會，目睹皇帝成為傀儡，自然會另想辦法。於是，科爾特斯手中的這位人質漸漸不管用了。雪上加霜的是，科爾特斯的一個部下神經過敏，擔心被印第安人滅掉，竟然先下手為強，屠殺了數千名阿茲特克貴族子弟。

這下子可捅了馬蜂窩，阿茲特克人群情激昂，在全城揭竿而起，圍攻西班牙人。科爾特斯趕緊讓傀儡皇帝蒙特祖馬二世出來勸退群眾，結果當了「墨奸」的皇帝被憤怒的臣民用石頭當場砸死了。最後的擋箭牌也失效了，科爾特斯只得率眾突圍。可是特諾奇提特蘭城是建在水上的，要出城只能走3座陸橋，突圍談何容易？6月30日，西班牙人惶惶如喪家之犬，在20萬阿茲特克人的圍攻中，落魂奔命。經過一夜浴血廝殺，科爾特斯只帶著200多名殘兵敗將逃了出來，約800名西班牙人死於亂軍之中，或者在被俘後祭神。這一晚，被西班牙人稱作「悲傷之夜」。

科爾特斯慘敗之後，餘部也不過四、五百人。但他打算繼續侵略

阿茲特克。自己兵少，他就又去找印第安盟友。畢竟西班牙人這大半年來，殺死了阿茲特克部族的幾千個貴族子弟，也讓阿茲特克大傷元氣，其他印第安部族頗受激勵。科爾特斯又是一位頭腦靈活的劊子手。他先做小，尊奉特拉斯卡拉的國王為盟主，拉攏了幾萬盟軍，然後先不忙進攻阿茲特克首都，而是打擊阿茲特克的盟邦和周邊城鎮。西班牙人人數雖少，畢竟裝備精良，這麼一刀刀割肉，逐漸把阿茲特克帝國的羽翼都削掉了，且有越來越多的印第安部族加入了他的聯軍。隨著科爾特斯的戰績越來越顯著，他的地位也越來越高。西班牙方面又給他派來了兩、三百援軍，加強了他的核心部隊實力。這樣，科爾特斯又重新成為盟主。

另一方面，阿茲特克雖然打了一次勝仗，卻是慘澹得很。歐洲人帶來的天花病開始流行。特諾奇提特蘭城有20多萬人口，屋簷挨著屋簷，簡直給病毒提供了最好的肆虐空間。沒多久，阿茲特克首都哀鴻遍野，就連繼任的皇帝庫伊德拉瓦克都因感染天花而死。新上任的皇帝是蒙特祖馬二世的侄兒兼女婿庫奧赫特莫克。這位末代皇帝不但長相英俊，而且勇氣過人，與他的叔父兼岳父截然不同。面對西班牙人及敵對部族咄咄逼人的氣勢，庫奧赫特莫克數次與他們出兵交戰，雙方互有勝敗。但阿茲特克周邊的據點，還是一個接一個地被西班牙人拔掉了。

到1521年夏天，科爾特斯發動總攻擊。他深知阿茲特克都城建在湖面上，純用陸軍難以攻下，於是決定先用水軍控制湖面，再發動進攻。他命人打造了12艘雙桅大船，又讓印第安盟友挖掘了大水渠，將船隻引到湖區。隨後，科爾特斯率領西班牙步騎兵600餘人、印第安盟友20餘萬，向特諾奇提特蘭的3座陸橋發動大舉進攻。12艘雙桅大船在湖上耀武揚威，將阿茲特克人的小船撞得紛紛傾覆。阿茲特克皇帝庫奧赫特莫克率領臣民將士，與武裝的侵略軍殊死戰鬥。西班牙人有騎兵，他們就特製了長矛，專門刺殺馬匹，然後擒殺落馬的敵兵。西班牙人的雙桅大

明朝

哥倫布發現新大陸
— 1500

— 1600
清朝　五月花公約
— 1700

美國獨立
— 1800
門羅主義

美墨戰爭
— 1850
日本黑船事件
中美天津條約
南北戰爭
購買阿拉斯加

美西戰爭
「門戶開放」政策
— 1900

中華民國

經濟大蕭條

日本偷襲珍珠港
— 1950　韓戰

甘迺迪遇刺

911事件
— 2000

船厲害，他們就在湖中打下了大量的木樁，使得大船擱淺，然後從獨木舟和屋頂上射箭殺傷船上的敵兵。西班牙人鎧甲堅固、刀劍鋒利，他們就拿自己的性命去抵擋，玩命地抵抗。戰爭中擒到敵兵後，就大張旗鼓地押到全城最高處的神廟，當眾挖心砍四肢，以震懾敵人。庫奧赫特莫克還會用計，某次激戰中詐敗佯輸，引誘科爾特斯帶兵追了上來，然後突然發動反衝鋒，伏兵截斷了敵人歸路。結果，科爾特斯拚了老命才殺開了一條血路得以逃脫，部下60多個西班牙人卻被包圍活捉，全部上了祭台。阿茲特克人雖然勇敢，西班牙人及其印第安盟軍也是拎著腦袋上陣。

　　雙方大戰了兩、三個月，各自死傷無數，阿茲特克人還是被迫一步一步後退。科爾特斯的水軍經過長期摸索，發現戰船如果加速艦行就可以撞斷阿茲特克人的木樁。這樣，湖面控制權漸漸落入西班牙人手中。特諾奇提特蘭城對外的通道，除了3條陸橋就是水路，現在陸橋雙方在廝殺，而湖面被西班牙人控制，城中便再也無法獲得外界糧食補給。加上人口密集，戰爭殺傷帶來的疫病，阿茲特克人漸漸支撐不住了。7月，西班牙及其盟軍攻入城中，庫奧赫特莫克率眾與敵人展開巷戰，老幼婦孺紛紛上陣，同時也紛紛遭到殺戮。又經過一個月的血戰，所有的抵抗都被消滅，庫奧赫特莫克被俘。立國數百年，稱霸墨西哥的阿茲特克帝國就此滅亡。

　　庫奧赫特莫克被俘後，科爾特斯對這位勇敢頑強的對手也不禁敬佩，給予了他一定的禮遇。可是科爾特斯手下的那群西班牙亡命之徒卻沒這份紳士風度。他們對庫奧赫特莫克嚴刑拷打，用滾熱的油燙他的腳。庫奧赫特莫克身受酷刑，卻堅貞不屈，打死也不肯吐露藏寶地點。幾年後，他與一些阿茲特克遺民秘密商量起義復國的事，不幸洩密，被科爾特斯絞死。庫奧赫特莫克無愧是古代美洲的一位頂天立地的英雄人物。

滅掉阿茲特克之後，科爾特斯在其都城廢墟上建立起一座新城——墨西哥城。此後的10多年裡，他以阿茲特克帝國為基地，四面出兵，東進征服了中美洲的瓜地馬拉、洪都拉斯、薩爾瓦多等地區；向西面和北面征服了墨西哥的其他地方，侵略到今天的美國西南的加利福尼亞州。再加上同期其他西班牙人的侵略，今天的中美洲、墨西哥直到美國南部的廣大區域都成了西班牙的殖民地。

值得稱道的是，科爾特斯並非和他的同胞那樣是個只會打仗和屠殺的莽夫，他還知道尊重並保護印第安人。比如在滅亡阿茲特克時的頭號盟友特拉斯卡拉人，他給予了他們和西班牙人一樣的自由，不受奴役、免除苛捐雜稅。即使對其他印第安部族，科爾特斯也給予部分保護。比如，禁止地方法院以「監護」為名對他們過分虐待，禁止傳教士之外的人跑到印第安城鎮去偷雞摸狗。這些舉措，相比加勒比海島嶼上那些西班牙人的橫徵濫殺，已經很寬容了。對這個「大功臣」，西班牙國王卡洛斯既給予了高官厚祿，同時又加以限制。後來更另派別人擔任總督，迫使科爾特斯退休回國。1547年，科爾特斯抱憾去世。

瑪雅人的覆滅

阿茲特克滅亡後，南邊的瑪雅人也隨後遭遇了厄運。西班牙人以阿茲特克舊地為根據地，向他們發動進攻。1527年，西班牙軍隊再度入侵猶加敦半島。瑪雅人頑強抵抗，一度將敵人趕出半島，但最終在源源不斷的西班牙軍隊面前，抵抗力量被粉碎了。1542年，梅里達殖民地的建立，標誌著西班牙人在半島站穩了腳跟。此後，瑪雅人又打了數十年的游擊戰，直到1597年，最後一個瑪雅城鎮才被滅掉。

明朝

哥倫布發現新大陸
— 1500

— 1600
清朝　五月花公約
— 1700
美國獨立
— 1800
門羅主義

美墨戰爭
— 1850
日本黑船事件

中美天津條約

南北戰爭

購買阿拉斯加

美西戰爭
「門戶開放」政策
— 1900

中華民國

經濟大蕭條

日本偷襲珍珠港
— 1950　韓戰

甘迺迪遇刺

911事件
— 2000

歐洲文藝復興運動

拜占庭帝國滅亡
1500—

1600—

1700—
工業革命
法國大革命
1800—

共產黨宣言
1850—

日本明治維新
普法戰爭

1900—
中華民國
第一次世界大戰

第二次世界大戰

1950—
越戰爆發

兩伊戰爭

東西德統一
2000—

罪孽！摧毀印加

　　西班牙依靠科爾特斯，打垮了美洲三大文明中的阿茲特克帝國，順道收拾了瑪雅人，佔領了中美洲、墨西哥一帶。那麼，南美洲大陸呢？當然也不能放過。侵略南美洲的先鋒就是法蘭西斯克・皮薩羅（1475—1541年）。

　　皮薩羅是科爾特斯的同鄉，而且也出生在軍人世家，父親是一位上校。但他的身份卻挺難堪——他是一個私生子。所以，皮薩羅從小吃盡苦頭，靠放豬為生，也沒讀過書，是個徹底的文盲。但是，他膽略過人，身體裡同樣流淌著狂躁的血液，因此便跟隨著殖民者隊伍到了美洲，多次參與侵略探險。1509年，他跟隨奧赫達到了南美洲北部的哥倫比亞、委內瑞拉一帶探險。探險遭到挫折時，他奉命帶60個人留守據點，堅守達半年之久，損兵半數，才被援軍救回來。此後他又參加了到太平洋海岸的探險，稱得上是探險經驗豐富。依靠這些英勇表現，皮薩羅在早期探險中分了不少紅利，成為巴拿馬殖民地的一位種植園主，也算是進入「統治階級」了。

　　如果他滿足於喝酒吃肉的愜意日子，現在也夠了。1521年，科爾特斯征服了阿茲特克帝國，掠奪了大批黃金。這個功績刺激了皮薩羅。他科爾特斯能立下偌大功業，我皮薩羅莫非辦不到？

　　正巧，第二年巴拿馬督軍派安達戈雅帶隊再到南美洲大陸探險，他們在叢林裡碰上一些印第安人，渾身都是黃金飾品。安達戈雅顫抖著問：「這些黃澄澄的玩意哪來的？」印第安人老實地回答：「是南方來

的。那裡有一個大帝國，遍地黃金。」

安達戈雅把消息帶回巴拿馬，皮薩羅再也忍不住了。他找了兩個合夥人，一個是神父魯克，一個是軍人阿爾馬格羅，糾集了約110人，在1524年出海南下，進軍南美。結果初戰失利，他們被叢林裡的印第安人打得大敗而歸，損失了不少人馬。好在這一趟還搶了些黃金，總算沒白跑一趟。

一次失敗不算什麼，皮薩羅把搶來的黃金變賣了，再次招兵買馬。

1526年，又帶著約160人再度出發，於厄瓜多登陸。這次和上次一樣，他們又被印第安人打得丟盔棄甲，阿爾馬格羅的一隻眼睛都被射瞎了。無奈之下，皮薩羅在加略島紮營，派阿爾馬格羅回巴拿馬去求援。結果來的不是援軍，而是噩耗：新任督軍覺得皮薩羅這幫人的探險純粹是瞎胡鬧，白白折損兵力，要取消他們的探險！

這可是要了皮薩羅的命了。他想學習科爾特斯，頂風抗命繼續幹，但手下人呢？絕望之下，皮薩羅把他們召集起來，用劍在地上畫了一條線，然後大聲道：「弟兄們！回北方，有安逸的生活；去南方，將遭受饑餓和死亡！但是，北方只有貧困，受人輕視；而南方有財寶，出人頭地，光宗耀祖！你們自己選擇吧，我選南方！」結果，只有13個人跨過這條線，跟隨皮薩羅。他們被稱為「加略島十三勇士」。皮薩羅帶著這13個人，繼續南下，終於到達了印加帝國的通貝斯港。這下，西班牙人的眼睛都花了。但見舟船往來頻繁，人口密集，更重要的是印第安人戴的飾品都是黃金製作！好客的印加人看見這13個衣衫襤褸的西班牙人，非常友善，不但給吃給喝，還送了他們不少衣服和金銀製品。皮薩羅心花怒放，但他心知憑自己這13個人絕不能輕舉妄動，於是竭力裝出一副極其友善的模樣，帶著人家送的黃金起航北返。

1527年底，皮薩羅回到巴拿馬。這次他充滿信心，自己確實已經發現了傳說中的黃金國，但督軍對他的豪情壯志不屑一顧。於是，皮薩羅

明朝

哥倫布發現新大陸
— 1500

— 1600
清朝　五月花公約

— 1700

美國獨立
— 1800

門羅主義

美墨戰爭
— 1850
日本黑船事件

中美天津條約

南北戰爭

購買阿拉斯加

美西戰爭
「門戶開放」政策
— 1900

中華民國

經濟大蕭條

日本偷襲珍珠港
— 1950　韓戰

甘迺迪遇刺

911事件

— 2000

歐洲文藝復興運動

拜占庭帝國滅亡
1500—

1600—

1700—
工業革命
法國大革命
1800—

共產黨宣言
1850—

日本明治維新
普法戰爭

1900—

中華民國
第一次世界大戰

第二次世界大戰

1950—

越戰爆發

兩伊戰爭

東西德統一

2000—

乾脆繞過督軍，直接向西班牙國王請示。西班牙國王卡洛斯本是一代雄主，對皮薩羅描繪的藍圖大為讚賞。加上皮薩羅的老鄉，已經立下功勞的科爾特斯幫忙說項，卡洛斯就任命皮薩羅為南美秘魯地區先鋒將軍、司令，魯克為通貝斯主教，阿爾馬格羅為貴族和瓜亞基爾海灣炮台司令。當然，這些地方現在都還不歸西班牙管，你皮薩羅有本事就自己打下地盤當官，沒本事也怪不得國王陛下小氣了。

別看是個空頭支票，皮薩羅要的就是這個。他興致勃勃地在西班牙招兵買馬，又回巴拿馬招了一部分人，拿出國王的詔書在督軍眼前晃悠：看吧，我現在是國王直接任命的大將，不受你的窩囊氣了！他還從老家把幾個兄弟（跟他一樣都是私生子）也帶來，打虎親兄弟嘛，這回隊伍的力量更強大了。

1530年底，皮薩羅帶領約180人再次揚帆出發，在今天厄瓜多的瓜亞基爾海灣登陸。登陸之後，皮薩羅迅速打敗了當地的印第安部族，搶到了第一批金銀財寶。皮薩羅雖然是文盲，卻也懂得可持續發展的道理。他沒有把這些財寶裝進腰包，而是派人運回巴拿馬作為賞金，用以招募更多的人參加後續遠征隊。隨後，皮薩羅帶領隊伍在1532年再次到達通貝斯港。途中，又有100餘名殖民者被金銀吸引，從巴拿馬趕來和他會合。

在這裡，皮薩羅聽到一個絕好消息：印加帝國的內戰爆發了。原來就在皮薩羅等人第一次離開印加後不久，印加帝國國內爆發了大規模的天花，民眾死亡數十萬，皇帝卡帕克也一命嗚呼。他臨終前居然違反帝國繼承法，把帝國一分為二，南邊讓皇后生的嫡子瓦斯卡爾為帝，北邊讓寵妃生的愛子阿塔瓦爾帕稱尊，而且他還把大批精兵都交給了阿塔瓦爾帕。兩位繼承人頓時大打出手，整個帝國陷入內戰。短短三、四個月，又有數十萬印加人死在戰火中，很多老幼婦孺也被敵對方的軍隊屠殺一空。最後，阿塔瓦爾帕抓住嫡兄，在一片廢墟上篡奪了印加帝國的

皇位。由於戰亂加疫病，印加帝國元氣大傷，秩序混亂。

皮薩羅喜上眉梢：趁他病，要他命！

他留下部分人馬去建立基地，自己親率一隊人馬向南進入安地斯山麓。途中，他聽說印加新皇帝阿塔瓦爾帕也在這一帶。11月15日，皮薩羅帶領手下168人趕到了卡哈馬卡河谷。爬上山頭一看，河谷裡密密麻麻，全是印第安人的帳篷。西班牙人的腿肚子都打起哆嗦了。皮薩羅心一橫：富貴險中求，拚了！

於是，皮薩羅命令手下安營紮寨，自己先去印加營地拜訪阿塔瓦爾帕皇帝，並且邀請皇帝次日回訪。阿塔瓦爾帕對這些白人毫無戒備，滿口應允。當夜，西班牙人通宵都在輾轉反側，誰也不知道還能不能看到明天的落日。16日早上，皮薩羅把他的168人兵分四路埋伏在院子裡，又派幾個人帶著喇叭和小炮在堡壘中埋伏，作為信號。萬事齊備，只等印加人來「送死」了。

中午，印加皇帝的大駕來了。阿塔瓦爾帕帶來了好幾萬大軍，數量上是西班牙人的幾百倍。由於場地太小，皇帝把大部分人馬都留在外面，自己帶著少數赤手空拳的隨從進入院子——這「少數」是多少呢？五千。

印加人的派頭擺個十足。衣衫華美的皇帝坐在高大的轎子上，由80名貴族子弟抬著。轎子周圍和皇帝身上滿是金銀寶石，足以激起西班牙人的貪欲。可是，看著印第安人一隊接一隊如同潮水一樣湧進廣場，把廣場塞得滿滿的，埋伏的西班牙人一個個都嚇到了。

然而箭在弦上，是死是活也只能看這一錘子了。皮薩羅按計畫，先派一個修士拿著《聖經》和十字架去和皇帝說話，要求他皈依天主教，效忠西班牙國王。阿塔瓦爾帕不知道這是什麼意思，把《聖經》拿過來翻了兩下，就隨手扔在地上。西班牙人要的就是這個結果。修士立刻氣衝衝地跑回來，擺出一副殉道者的模樣，大聲煽動道：「這個野蠻人竟

明朝

哥倫布發現新大陸
— 1500

— 1600
清朝　五月花公約
— 1700

美國獨立
— 1800

門羅主義

美墨戰爭
— 1850
日本黑船事件

中美天津條約

南北戰爭

購買阿拉斯加

美西戰爭
「門戶開放」政策
— 1900

中華民國

經濟大蕭條

日本偷襲珍珠港
— 1950　韓戰

甘迺迪遇刺

911事件
— 2000

歐洲文藝復興運動

拜占庭帝國滅亡
1500—

1600—

工業革命　1700—
法國大革命　1800—

共產黨宣言　1850—

日本明治維新

普法戰爭

1900—

中華民國
第一次世界大戰

第二次世界大戰

1950—

越戰爆發

兩伊戰爭

東西德統一

2000—

敢褻瀆《聖經》！基督徒們，出來教訓他！」皮薩羅趁機發令。喇叭吹響了，火炮也點燃了。在巨大轟鳴聲中，168名西班牙人把全部恐懼變成孤注一擲的殺氣，殺將出來，舉起刀劍向著印第安人猛衝過去。

　　雙方的人數對比，是168對5000，按理說踩也被踩死了。但印第安人赤手空拳，在西班牙人的刀劍面前就只有挨宰的份。尤其美洲是沒有馬的，在印第安人看來，如此高大的西班牙騎兵簡直就是一隻6條腿2個腦袋的龐然怪物。西班牙騎兵所到之處，印第安人如同見鬼一樣紛紛潰散。西班牙人的火槍儘管裝彈緩慢，數量也不多，但巨大的響聲進一步摧毀了印第安人的勇氣。一旦完全失去戰心，人數越多只會崩潰得越厲害。他們擁擠成團，自相踐踏，死傷無數。

　　亂軍中，皮薩羅帶著幾個人親自衝向印加皇帝，想把他抓下來。印第安貴族子弟們倒是很無畏，他們面對明晃晃的刀劍，不閃不避，努力把轎子高高舉起，讓皇帝離敵人遠一點。皮薩羅砍殺了幾個抬轎子的貴族子弟，旁邊的人就趕來接替，一個死了換另一個，皮薩羅始終無法抓住皇帝。後來，幾個騎兵策馬衝來，把這些轎夫們連人帶轎子撞翻在地，皮薩羅才把至高無上的印加皇帝攥在手中。

　　蛇無頭不行，皇帝一被人抓住，印加人頓時作鳥獸散。廣場上的人被殺死大半，剩下的人則狼狽逃出。外面的幾萬印第安人看見裡面的同胞抱頭鼠竄，又聽說皇帝被抓了，也嚇得紛紛掉頭狂奔。數萬逃命的人漫山遍野，西班牙幾十個騎兵就恣意地追擊砍殺。到黃昏時分，皮薩羅擔心部隊走散，吹號收兵。這一戰，印第安人死了好幾千，而西班牙人一個沒死，連受傷的都不多，倒是大家手臂都砍痠了。

　　阿塔瓦爾帕被西班牙人抓住，為了保命，什麼都答應了。他傳令自己的臣民，給侵略者送來許多的金銀，要鋪滿關押自己的房間。印加人用了整整半年時間，才湊齊了這海量的金銀。然後，皮薩羅背信棄義，把這位篡位的印加皇帝給絞死了。

皮薩羅也想玩政治，他把阿塔瓦爾帕的弟弟瓦爾帕找出來，立他當傀儡皇帝。印加人不認這個傀儡皇帝，紛紛起兵反抗。但這時皮薩羅的力量已經大大加強，他的合夥人阿爾馬格羅也帶著200人馬趕來。前面說過，裝備鐵製兵甲的西班牙人，本身就比用青銅和木石兵器的印第安人強太多，而且卡哈馬卡一戰，使得印第安人心中對這些跨騎高頭大馬，還會開槍放炮的白人充滿了畏懼。雙方又打了幾仗，西班牙人次次以少勝多，殺得印加人血流滿地。

後來，瓦爾帕被印加「愛國人士」毒死，皮薩羅又立先帝嫡太子瓦斯卡爾的弟弟曼科‧卡帕克為傀儡皇帝。這位傀儡皇帝的血統可比前一個傀儡瓦爾帕要正宗多了，甚至比被絞死的阿塔瓦爾帕都更正宗。靠著這塊金燦燦的招牌，皮薩羅得以在1533年年底不戰而進入印加帝國首都庫斯科城。此後，他藉著曼科的旗號，消滅了阿塔瓦爾帕的餘黨，成為秘魯這一大片領土的「太上皇」。他在靠海的地方修建了一個城市，就是今天的秘魯首都利馬。

皮薩羅的冒險取得了完全的成功。說起來，科爾特斯征服阿茲特克，前後還動用了1000多名西班牙人，在征服中折損大半。而皮薩羅的幾路人馬加起來不過四、五百人，以極低的代價就征服了印加帝國。

西班牙國王卡洛斯得知消息，又看到皮薩羅獻上的大批金銀，高興得發狂，當即冊封皮薩羅為侯爵，正式任命他為秘魯總督。當初的私生子、文盲、養豬人皮薩羅，終於走上了人生的巔峰，縱情嘯傲，威風一時無兩。

然而日中則昃，月盈則食。皮薩羅登上巔峰之時，身邊隱患早伏。皮薩羅心胸狹隘，對競爭者懷有很深的警惕。比如皮薩羅的老鄉科爾特斯，按說他當初幫忙說服國王同意皮薩羅的征服計畫，算是皮薩羅的恩人。可是當皮薩羅要北上開拓時，遭遇到科爾特斯派遣南下的隊伍。為了搶奪殖民地，皮薩羅不惜動用武力跟恩人的隊伍大打出手。

明朝

哥倫布發現新大陸
— 1500

— 1600
清朝　五月花公約

— 1700

美國獨立
— 1800

門羅主義

美墨戰爭
— 1850
日本黑船事件

中美天津條約

南北戰爭

購買阿拉斯加

美西戰爭
「門戶開放」政策
— 1900

中華民國

經濟大蕭條

日本偷襲珍珠港
— 1950　韓戰

甘迺迪遇刺

911事件
— 2000

歐洲文藝復興運動

拜占庭帝國滅亡
1500—

1600—

1700—
工業革命

法國大革命
1800—

共產黨宣言
1850—

日本明治維新

普法戰爭

1900—

中華民國
第一次世界大戰

第二次世界大戰

1950—

越戰爆發

兩伊戰爭

東西德統一

2000—

他的合夥人阿爾馬格羅也遭到皮薩羅的再三排擠，甚是不滿。而皮薩羅手下的那幫亡命之徒在印加帝國飛揚跋扈，無惡不作，印加人也絕不甘心就此當亡國奴。1536年，印加傀儡皇帝曼科率領臣民揭竿而起，圍攻西班牙人據守的庫斯科城。皮薩羅的三弟戰死，其他幾個兄弟都被圍在城中大半年，惶惶不可終日。次年，阿爾馬格羅南征智利返回，打退了圍城的印加人，然後帶兵進城，順手把皮薩羅的幾個兄弟都抓了起來，想要取代皮薩羅，奪取秘魯總督的寶座。皮薩羅大怒，親自帶兵來和阿爾馬格羅「講理」。這兩位征服南美的劊子手，因為分贓不勻，開始自相殘殺。哥倆在1538年大戰一場，阿爾馬格羅兵敗被殺，但皮薩羅也沒高興幾年。1541年，阿爾馬格羅的兒子帶著幾個死黨衝進總督府，將皮薩羅亂刀砍死。

皮薩羅死後，他的弟弟起兵造反，準備自己稱王稱帝。西班牙國王卡洛斯大怒，派兵前來鎮壓，把皮薩羅和阿爾馬格羅兩派的人一鍋端掉，殺的殺、關的關。當初侵略南美洲的一幫劊子手，就這樣落了個鳥盡弓藏、兔死狗烹的下場。

另一方面，印加帝國的殘餘勢力還在不斷反抗。曼科在1544年戰死之後，他的兒子塞里・圖帕克（1545—1561年在位）、蒂圖・庫西（1563—1571年在位）和圖帕克・阿馬魯（1571—1572年在位）先後繼任，領導印加人民繼續反抗。父子四人前後浴血廝殺30多年，相繼為國犧牲。直到1572年末代皇帝阿馬魯被俘斬首，美洲三大文明中的印加帝國就此滅亡。

宏偉！西班牙帝國

佔領印加之後，西班牙人繼續在南美洲進行殖民侵略。他們從印加的土地上，向東進入亞馬遜河流域，向北佔領厄瓜多、哥倫比亞一帶，向南征服智利，從而把大半個南美洲裝進了口袋。至此，西班牙在美洲佔領了北起美國南部，經墨西哥、中美洲和南美洲西部直到智利的大片領土，從北到南總面積1300多萬平方公里。靠著在美洲獲得的遼闊土地，加上西班牙國王卡洛斯同時當上了神聖羅馬帝國皇帝，在歐洲還擁有奧地利、匈牙利、波西尼亞（捷克）、尼德蘭（荷蘭和比利時）及義大利的大片領土，在亞洲佔領了菲律賓等地，從而形成了一個舉世無雙的龐大帝國，也是世界上第一個「日不落帝國」。

對於美洲，西班牙傾力建設。到16世紀末，已經建立了幾百個殖民地城鎮，移民了幾十萬西班牙人。要知道，這時候的西班牙全國人口也不過幾百萬，真是下了血本。另外，西班牙人對於宗教很是熱情，天主教教會人員深入窮鄉僻壤，把幾百萬名印第安人發展成信徒。對於受苦受難的印第安人來說，這些「和藹可親」的教士，確實是很讓人尊敬和愛戴的，很多時候教會還會抗議那些殘暴的殖民者的暴行，給印第安人一點保護。所以有人說，西班牙政府殖民幾百年，對美洲原住民犯下滔天罪行，唯有教會工作者還算有點良心。

這麼大一片土地，怎麼管理呢？西班牙人在政府裡設了兩個機構——西印度院和貿易署，負責管理美洲事項。但是因為天高皇帝遠，真正對美洲的統治，只能交給地方機構。因此，西班牙把美洲殖民地化

明朝

哥倫布發現新大陸
— 1500

— 1600
清朝 ── 五月花公約

— 1700

美國獨立
— 1800

門羅主義

美墨戰爭
— 1850
日本黑船事件

中美天津條約

南北戰爭

購買阿拉斯加

美西戰爭
「門戶開放」政策
— 1900

中華民國

經濟大蕭條

日本偷襲珍珠港

— 1950 韓戰

甘迺迪遇刺

911事件

— 2000

歐洲文藝復興運動

拜占庭帝國滅亡
1500—

1600—

1700—
工業革命
法國大革命
1800—

共產黨宣言
1850—

日本明治維新

普法戰爭

1900—

中華民國
第一次世界大戰

第二次世界大戰

1950—

越戰爆發

兩伊戰爭

東西德統一

2000—

為若干個總督大區，每個大區設一位總督管理。在大區下面，除了總督直轄的領土，又分為若干個督軍社區，每個社區設一位督軍管理。此外，西班牙人還設立了巡檢法庭，名義上是總督的輔助組織，實際上在有些地方填補總督權勢不能到的空白。

16世紀，西班牙的美洲殖民地主要分兩個總督大區。一個叫新西班牙，主要管理北美洲的殖民地，包括墨西哥、中美洲、西印度群島和美國南部，另外亞洲的菲律賓也歸他管。這個總督大區的首任總督，就是阿茲特克的征服者科爾特斯。總督直屬領地包括今天墨西哥和美國西南部，另外下屬有四個都督府：古巴（管理西印度群島西部）、波多黎各（管理西印度群島東部）、瓜地馬拉（管理中美洲地區）、菲律賓。這幾個地方的面積加起來差不多500萬平方公里。

另一個大區叫秘魯，主要管理整個南美洲的殖民地，首任總督就是印加帝國的征服者皮薩羅。這塊地方太大了，接近1000萬平方公里，所以到18世紀，西班牙又把秘魯總督大區一分為三，北邊劃出了新格拉達總督大區，包括今天的哥倫比亞、厄瓜多、巴拿馬、委內瑞拉等地；南邊劃出了拉普拉塔總督大區，包括今天的阿根廷、烏拉圭、巴拉圭、玻利維亞等地；這樣，原本佔了半個南美洲大陸的秘魯總督區，就縮水到只剩下今天的秘魯和智利等地區。

震撼！巨無霸「島嶼」

明朝

哥倫布發現新大陸
— 1500

— 1600
清朝　　　五月花公約
— 1700

美國獨立
— 1800

門羅主義

美墨戰爭
— 1850
日本黑船事件

中美天津條約

南北戰爭

購買阿拉斯加

美西戰爭
「門戶開放」政策
— 1900

中華民國

經濟大蕭條

日本偷襲珍珠港

— 1950　韓戰

甘迺迪遇刺

911事件

— 2000

　　西班牙人熱火朝天的在美洲殖民時，鄰居葡萄牙很不高興。這個比西班牙先行一步的海上強國，早已佔據了從歐洲往東到亞洲的航線，才不會去跟西班牙人爭奪什麼「向西航行」呢。誰知道人在家中坐，天上掉餡餅。1500年，航海家佩德羅・卡布拉爾帶領船隊從葡萄牙出發，準備再次繞過非洲前往印度做生意。不知是羅盤偽劣還是船員失職，他們朝南的航向竟稍微朝西邊偏離了幾度。所謂差之毫釐，謬以千里。行駛了一個多月後，居然在西邊發現一片陸地。卡布拉爾大喜，說：「這多半是個海島，看樣子還不小，太棒了。趕緊靠岸，讓船員們沾沾地氣。」登岸之後，卡布拉爾宣布佔領了這個島，這個島屬於葡萄牙王國。船員們補充了淡水，休息了幾天。卡布拉爾呢，想踩踩點，看看這個島到底有多大。結果沿著海岸線踩了一個星期，也看不到邊。畢竟還要去亞洲做生意，卡布拉爾只好登船起航，但他把這個地方記下了，將其命名為「聖十字架島」。

　　很快，葡萄牙人發現這個「聖十字架島」往內地怎麼走都走不到盡頭。鬧了半天，原來這根本不是一個島嶼，而是南美大陸的東海岸！正巧，根據1494年劃的「教皇子午線」，南美洲東部這塊地是歸屬葡萄牙的。更高興的是，在這塊地方的熱帶叢林裡，有一種紅色的樹木——巴西紅木，其材質堅硬厚實，耐磨防潮，既能用來做傢俱，還可以提煉出當時很珍貴的紅色染料，在市場上能賣高價錢！葡萄牙人大喜，蜂擁而來，大肆砍伐販賣，人人賺得盆滿缽滿。久而久之，「聖十字架島」的

歐洲文藝復興運動

拜占庭帝國滅亡
1500—

1600—

1700—
工業革命

法國大革命 1800—

共產黨宣言 1850—

日本明治維新

普法戰爭

1900—

中華民國
第一次世界大戰

第二次世界大戰

1950—

越戰爆發

兩伊戰爭

東西德統一

2000—

名字沒人叫了，大家直接管這塊地方叫「巴西」。

　　葡萄牙人發現巴西後，不像西班牙那樣忙著建殖民地、掠奪金銀。一方面葡萄牙本身人口就少，為了應對亞洲、非洲的廣大貿易點，已經精疲力竭了，抽不出多少人來進行殖民。另一方面，巴西雖然地方很大，跟整個歐洲差不多，但那裡是原始叢林，不太適合人類生存居住。居住在巴西這麼大地方的印第安人，往多了估計，總共也不過一、兩百萬人，比印加和阿茲特克的人少得多。這點人散佈在茫茫大地上，跟一把芝麻撒進池塘裡差不多。他們沒有成型的國家，也沒什麼金銀財寶，搶也搶不到什麼。

　　所以，葡萄牙在巴西也不像西班牙在美洲其他地方那樣進行暴力征服。他們主要是做生意，賣給印第安人紡織品和各種工藝小玩意，換來成船的紅木運到歐洲賣。這種生意倒也是兩全其美。還有不少葡萄牙的逃兵、囚犯、海難者跑到巴西，在廣袤的自由天地中興高采烈地生活，和印第安姑娘們結婚生子，還有人靠耍嘴皮子、機靈反應當上了印第安的酋長。總之，正當西班牙人在墨西哥、中美洲、加勒比海和南美西部殺得雙手血腥時，葡萄牙在巴西與原住民倒是其樂融融。

　　不過太平日子過不了多久，葡萄牙從巴西販賣紅木賺了大錢，這個生意難免讓別人眼紅。其他歐洲列強對所謂「教皇子午線」根本不屑一顧。你們伊比利半島的兩個小國，自說自話就把全世界瓜分了？做夢呢！沒幾年，以法國為首的外國船隻像蝗蟲一樣朝巴西海岸開來，偷採「葡萄牙的」紅木。還有「海盜」專門埋伏著打劫葡萄牙的紅木船。這樣一來，葡萄牙國王頭痛了。他先派海軍去保護領土，可是幾千公里長的海岸線，幾艘戰艦怎麼顧得過來？沒辦法，葡萄牙國王只得考慮建殖民地。遷徙一些人過去，把這一大塊林場看好。1532年，葡萄牙國王約翰三世派馬蒂姆·阿方索在今天的桑托斯建立了首個殖民點，很快又建立了聖保羅殖民地。葡萄牙人越來越多地跑到巴西，國王把巴西劃分成

15個總督轄區加以管理。

　　來巴西的葡萄牙人乍看下過得都挺爽。巴西的面積是葡萄牙的幾十倍，標準的地廣人稀。國王為了吸引人們到巴西，規定每個到巴西的人都免費賜予一塊土地，面積少則上百平方公里，多則幾千平方公里，人人都成了大地主。熱情好客的印第安人給葡萄牙人介紹了吊床、木薯、菸草等各種新鮮玩意。葡萄牙人一個個躺在吊床上抽菸曬太陽，餓了有印第安老婆端來木薯，生活比神仙還愜意。

　　但世上顯然沒有免費的午餐，葡萄牙殖民者們分了這麼大片土地，可這些土地原本都是印第安人的啊，只不過印第安人沒有那麼強的物權觀念，不去霸佔而已。現在殖民者要把土地圈起來還不許印第安人碰，這衝突就出來了。還有，他們每人佔上百上千平方公里的地，一個人種地根本忙不過來，就想哄騙印第安人幫他們種。可印第安人也不是傻子，這林子裡有的是吃的，我為何來幫你種地啊？哄騙不成，葡萄牙「老爺」就上鞭子。這麼一來，巴西各地衝突不斷，有的殖民點甚至被印第安人給滅了。不過整體來說，由於巴西的印第安人人口稀少，又沒什麼強大國家，雙方的衝突多是村落級的，沒有大規模征服戰爭。

　　後來，葡萄牙國王約翰三世發現這樣下去不行，巴西太大了，這幫殖民者太懶散了，這麼荒唐下去，只怕我們這點人口要被茫茫的巴西大地吞沒！他在巴西建立了一個直接聽命於國王的真正總督，派遣了文武官員和1000名士兵統治。他又派遣了大批傳教士去「教育」印第安人，同時禁止對印第安人過分虐待，這樣葡萄牙在巴西的統治才算逐漸穩定下來。

明朝

哥倫布發現新大陸
— 1500

— 1600
清朝　　五月花公約

— 1700

美國獨立
— 1800

門羅主義

美墨戰爭
— 1850
日本黑船事件

中美天津條約

南北戰爭

購買阿拉斯加

美西戰爭
「門戶開放」政策
— 1900

中華民國

經濟大蕭條

日本偷襲珍珠港
— 1950　　韓戰

甘迺迪遇刺

911事件
— 2000

裹足！北美的探索

當西班牙和葡萄牙在拉丁美洲開疆拓土時，後起之秀的英國、法國就只能往北美打主意了。不過，在整個16世紀，北美的探索是很緩慢的。道理也很簡單，那裡太冷、太荒涼。

最早到北美的是哥倫布的熱那亞老鄉卡博特。當時哥倫布到達「印度」的消息讓整個歐洲興奮，卡博特跑去見英王亨利七世，說服亨利贊助他也往西航行，還拍胸脯說：「陛下，地球真是圓的，而且越往北邊走圈越小，我們英國在西班牙北邊，往西肯定可以比哥倫布先到印度！」英王大喜，但當時英國的海上力量沒法和西班牙比。1497年，卡博特帶著1艘船和18人出發環遊世界。結果，正像哥倫布只到了西印度群島一樣，卡博特只航行到了北美洲東北角的紐芬蘭島，宣布了主權後也就折返了。他雖然沒找到中國、印度的黃金，卻發現了海量的鱈魚，簡直拿桶直接往海裡舀就可以了。那時候歐洲人常年吃不飽，這鱈魚可是好東西！歐洲船隻紛紛到這裡來捕魚，紐芬蘭很快成為一個熱鬧的漁場。

不過歐洲新貴們還是想找到去亞洲的路。1524年，另一位義大利航海家韋拉扎諾奉法國國王法蘭西斯科一世之命，從南邊的佛羅里達到北邊的紐芬蘭，把整個北美大陸的東海岸都探索了一遍，然後拍腦袋宣布，只要從帕姆利科海灣一直往西就能到中國，這當然是鬼扯。這位探險家還沒來得及從這條路到中國就死了，據說是被加勒比海上的印第安人殺了，也有說法稱他是被西班牙人殺掉了。

1534年，法王又派航海家卡迪艾爾再次出海西行。他到達了紐芬蘭島後，又南下到了愛德華王子島。當然，看地圖就知道，他走錯路了，他拐到美洲大陸的東海岸了，除非往南1萬公里繞道麥哲倫海峽，否則是不可能到亞洲的。最後，他在今天加拿大東北角的新布藍茲維登陸，到了魁北克，見到一群印第安人。卡迪艾爾指著印第安人身後的大片土地問：「這地方叫什麼名字？」印第安人聽不懂他的話，但猜想他是在問自己這是什麼，便回答：「kanada（村莊）。」卡迪艾爾點點頭：這地方叫「Canada（加拿大）」，我明白了。

原住民對卡迪艾爾挺友善，卡迪艾爾卻在那裡偷雞摸狗，還誘拐了兩個印第安小王子回國。此後，卡迪艾爾還數次到過加拿大，勘探地理，綁架原住民首領，企圖建立殖民地。從這時起，加拿大印第安人發現這「白鬼子」不安好心，開始和他打仗，打得卡迪艾爾頭破血流。此後幾十年，歐洲對北美地區的滲透一直有限，除了西班牙人不時地跑到美國南部加利福尼亞和佛羅里達一帶外，也就是每年來捕鱈魚，只是拿紐芬蘭當作臨時落腳點。而這時候，拉丁美洲基本上已經被西、葡等國瓜分殆盡。

英國人還在想著從西邊去亞洲。16世紀7、80年代，女王伊莉莎白一世先後派出好幾支船隊，試圖從北美洲北面繞過去，通過北冰洋到亞洲。這個思路沒問題，可是看看地圖就知道，北美洲北邊的水路太複雜了，這裡一片島嶼，那裡一個海灣，七拐八彎。船員們不是迷路，就是繞進了死胡同，還不時被冰山困住，一個個鎩羽而歸。再加上英國人搶劫成性，惹惱了北極地區的愛斯基摩人，兩方經常打仗。愛斯基摩人是能殺北極熊的，英國人雖然裝備精良，也少不了死傷幾個。折騰了10多年，英國人終究還是沒有找到去亞洲的航道。

看來，要越過美洲大陸沒那麼容易。伊莉莎白開始考慮利用美洲大陸。她首先在紐芬蘭島「宣告主權」，對前來捕魚的歐洲各國船隻

明朝

哥倫布發現新大陸
— 1500

— 1600
清朝　五月花公約

— 1700

美國獨立
— 1800

門羅主義

美墨戰爭
— 1850
日本黑船事件

中美天津條約

南北戰爭

購買阿拉斯加

美西戰爭
「門戶開放」政策
— 1900

中華民國

經濟大蕭條

日本偷襲珍珠港
— 1950　韓戰

甘迺迪遇刺

911事件

— 2000

收稅。不服？不服就揍！此外，伊莉莎白還派人探索了北美大陸的東海岸，並嘗試著進行了幾次移民，但都失敗了。接下來，英國一門心思要和西班牙在大西洋爭霸，也就顧不得北美洲了。真正對北美大陸的移民，要等到下一個世紀了。

歐洲文藝復興運動

拜占庭帝國滅亡
1500—

1600—

1700—
工業革命
法國大革命
1800—

共產黨宣言
1850—

日本明治維新
普法戰爭

1900—

中華民國
第一次世界大戰

第二次世界大戰

1950—

越戰爆發

兩伊戰爭

東西德統一

2000—

第三章：財富與硝煙——殖民地統治與爭奪
（西元16世紀至18世紀）

在印第安人的累累屍骨和黑奴的斑斑血淚之上，是歐洲強國一看就流口水的黃金、白銀。為了牟利，他們對有色人種進行了掠奪與奴役、殘殺；為了牟利，他們彼此之間爭奪廝殺。敗者心懷悵然，勝者洋洋得意，誰知更為猛烈的暗流已在這塊大陸湧動。

遼闊！新法蘭西

前面說到，西班牙、葡萄牙在16世紀前期就把拉丁美洲瓜分殆盡，而英國、法國對北美地區的探索雖然晚不了幾年，但殖民工作卻慢了快100年。直到1604年，法國商人皮耶‧德蒙才在今天美國、加拿大邊界處的芬迪灣的一個島上建了首個殖民定居地。誰知道北美的冬天冷啊！那一年，80個殖民者連凍帶病死了36個，但好歹堅持下來了。第二年，他們把殖民地移到了岸上。1608年，這支隊伍中的尚普蘭帶著一隊人溯流北上，又一次到達魁北克，建立了第二個定居點。至此，加拿大的殖民地柱子立了起來。依靠魁北克這個點，法國人開始在北美擴張。他們發現，北美大陸上沒有黃金，也沒有魚，但是有另一樣好東西——河狸，河狸毛皮在歐洲賣得很好。為了獵取河狸，法國人一步一步地在這塊陌生的大陸上探索行進，逐漸擴大了勢力。

相對西班牙在拉丁美洲大開殺戒，法國人在北美要「溫順」些，原因和葡萄牙人在巴西差不多，這裡人少地大，沒什麼可搶的，還是做生意比較划算。很長一段時間，法國人主要從這裡收購河狸毛皮。誰知，做生意也會做出血案來。法國人主要的生意夥伴是印第安部族休倫人，而休倫人的死對頭則是印第安易洛魁人，兩方世仇已有幾百年，彼此血債累累。這麼一來，為了表示對盟友的親密關係，法國人就被迫跟強大的易洛魁人打了起來。

最初，法國人仗著精良的刀劍、火槍打了不少勝仗，可是易洛魁人戶大人多，這種小規模的衝突動搖不了他們的根基。一來二去，易洛魁

明朝

哥倫布發現新大陸
— 1500

— 1600
清朝　　五月花公約
— 1700

美國獨立
— 1800

門羅主義

美墨戰爭
— 1850
日本黑船事件

中美天津條約

南北戰爭

購買阿拉斯加

美西戰爭
「門戶開放」政策
— 1900

中華民國

經濟大蕭條

日本偷襲珍珠港

— 1950　　韓戰

甘迺迪遇刺

911事件
— 2000

人也漸漸學到了白人的戰術,而且法國的競爭者荷蘭和英國還陰險地向易洛魁人提供最新式的武器,支持他們找法國人的麻煩。整個17世紀,被易洛魁人抓去砍手剝皮的法國傳教士和無辜百姓不在少數。

更慘的是,如同在拉丁美洲一樣,歐洲來的天花又一次扮演了印第安人殺手的角色。在拉美,天花摧毀了西班牙人的對手阿茲特克和印加,而在北美,天花首先把法國人的盟友休倫人給滅了。沒多久,幾萬人的休倫族病死得只剩不到一萬人。易洛魁人趁機大舉進攻,這哪裡還擋得住?最終,可憐的休倫人只剩幾百人逃到了法國人的殖民地。失去盟友的法國殖民者,就好像被砍斷了一條胳膊,眼看要覆滅在易洛魁人的汪洋大海中。

幸虧這時候本土來了個好消息:「太陽王」路易十四親政了。這位歐洲霸主豈能眼看著廣闊的殖民地被印第安人給「毀掉」?他派出1000多名正規軍軍人到達美洲鎮壓易洛魁人。法蘭西軍隊是當時歐洲大陸第一等的精兵,這下易洛魁人才算知道了歐洲人的厲害,雙方簽訂合約,法國才算是站穩了腳跟。

到17世紀中後期,法國已經佔領了今天加拿大的一大片領土。這塊地方叫作「新法蘭西」,由法國政府委派總督治理,算作法蘭西王國的一個省份。不過,這地方天寒地凍,慣於享受地中海氣候的法國人實在不願前往,所以這幾百萬平方公里的土地上,只有稀稀疏疏的3000個移民,尤其缺少適齡女子,一群光棍漢殖民者生不出孩子,殖民地怎麼擴大?為了這件事,法王路易十四還特意自掏腰包,為近千名民間女子出嫁妝、路費和安家費,送她們到北美嫁給殖民者,她們被稱為「國王的女兒」。同時,新法蘭西總督又規定,男人到了年齡不結婚是犯法,多生孩子多獎勵。如此一來,才算把新法蘭西的人口逐漸提升上來。

「新法蘭西」在18世紀初達到巔峰。那時候,法國不但佔領了今天的半個加拿大,還征服了易洛魁人,佔領了今天美國中部的路易斯安那

州等大片土地，又在加勒比海上搶了若干島嶼，其總面積超過本土10多倍。當然，人口依然少得可憐。法國總督在殖民地建船廠、開荒地、養殖牲畜，把殖民地搞得有聲有色。在當時，法蘭西本土及殖民地的分工是這樣的：加拿大的人砍伐木材、挖掘礦藏、捕獵河狸皮毛和魚類；加勒比海島上的人種甘蔗、熬糖、製甜酒；法國本土生產工業品。三塊地各有分工，互通有無，殖民地和本土經濟都井然有序地辦起來了。

對新法蘭西而言，印第安人中有盟友、有敵人，整體來說，法國人滅不掉印第安人，而印第安人也不能把法國人趕走。比印第安人更大的威脅，是同在北美進行殖民侵略的英國人。英、法兩國也算是世仇了，英國在北美的殖民地人口遠遠超過法國，不時地跑到法國殖民地來打劫，殺人放火，無惡不作。兩國在北美的摩擦從17世紀前期就已開始，後來一直打到18世紀，法國人最終被英國人逐出北美。

明朝

哥倫布發現新大陸
— 1500

— 1600
清朝　　五月花公約

— 1700

美國獨立
— 1800

門羅主義

美墨戰爭
— 1850
日本黑船事件

中美天津條約

南北戰爭

購買阿拉斯加

美西戰爭
「門戶開放」政策
— 1900

中華民國

經濟大蕭條

日本偷襲珍珠港

— 1950　　韓戰

甘迺迪遇刺

911事件
— 2000

歐洲文藝復興運動

拜占庭帝國滅亡
1500—

1600—

1700—
工業革命
法國大革命
1800—

共產黨宣言 1850—

日本明治維新

普法戰爭

1900—

中華民國
第一次世界大戰

第二次世界大戰

1950—

越戰爆發

兩伊戰爭

東西德統一

2000—

希望！五月花號

　　法國在加拿大進行得熱火朝天，英國也不甘寂寞，尤其是隨著英國打敗西班牙成為新的海上霸主後，英國認為是時候對大洋彼岸的美洲下手了。英王詹姆士一世開始考慮殖民。1607年，第一批英國移民100人在今天的維吉尼亞登陸，建立了詹姆斯鎮殖民點，結果因為缺乏經驗，第一個冬天就餓死了一半的人。此後10多年，英國向維吉尼亞運送了6000多殖民者，死了2/3人。全靠印第安人伸出援手，教這些白人如何在北美大陸種地、找食物，如何防範疾病，他們才逐漸扎下根來。

　　1620年，一艘貨船繼續往維吉尼亞輸送「炮灰」。這艘船叫「五月花」號，運載有102名乘客。原本，他們將成為維吉尼亞6000多個同胞中的一員，但是恰好遇上風浪，船隻偏離航向，被吹到了北面幾百公里處，在今天麻塞諸塞州的地方靠岸。大家決定就在這裡安家落戶。他們又認為，維吉尼亞是英國的殖民地，可眼前這塊地方不歸英國國王管啊，我們應該自己來管理自己！於是乎，這艘船上的41個成年男人，就在11月11日簽署了一則短短的政治公約。核心部分如下：

　　……我們共同立誓簽約，自願組成一個政治團體。我們要制定、頒布對全體成員都最合適、最方便的法律、法規、條文，任命領導人，大家都保證遵守和服從。

　　今天看，這條文算不得什麼；但在當時，它可非比尋常。這41個男人不是自上而下領受國王或皇帝的命令，而是自下而上地以大家的志願和契約的形式組成一個團體。換言之，權力不是上天賜予君主的，而

是人民賦予領導的。這在日後成為美國社會組成的基石；而在當時，它是確定英屬北美殖民地和其他任何殖民地的一個重要區別。男人們簽字畫押後，就興高采烈地上岸，準備擁抱新生活。然而，他們與殖民者前輩一樣，在第一年冬天就死了一半。還是幸虧印第安人兄弟幫忙，不但送吃的、送穿的，還教他們釣魚、種莊稼，才讓他們熬過嚴冬，而沒有全軍覆沒。第二年，殖民者開墾的土地獲得豐收，終於不必為生存發愁了。為表示感謝，殖民者們在11月大擺筵席，邀請印第安兄弟一起參加，大家載歌載舞，烤火雞，做甜點，歡慶3日。這就是「感恩節」的由來。

此後，又有大批英國人來到此地。他們把這塊地方叫作「新英格蘭」。其中，很多人是基督教（新教）的一個支系教派——清教徒。他們因為宗教信仰問題，在英國本土乃至整個歐洲都難以立足，所以選擇到新大陸來開拓天地。他們移民的速度相當快，僅1630—1640年間，就有2萬多名清教徒到達新英格蘭，這已經比整個「新法蘭西」的人口多了好幾倍。此後，英國的北美殖民地繼續擴展，有的是英王把美洲土地分給自己的朋友，有的是殖民者自發開拓，再加上英國從荷蘭手裡奪取的幾塊殖民地，到18世紀早期，英國一共在北美大陸東部擁有了13塊殖民地。英國殖民地和其他殖民地最大的不同，在於其「民主自由」思想發展得好、宗教寬容。在歐洲，天主教和新教嚴重對立，新教中的各個教派又彼此水火不容。美洲的西班牙、葡萄牙和法國殖民地都是以天主教為尊，新教徒難以立足。唯獨英國，它本土的國教是新教下面的聖公會教派，而它的很多殖民地都是因為宗教異見而建立的。比如清教徒們為了躲避英國教會的歧視，紛紛跑去新英格蘭（麻塞諸塞）。可當他們在那裡成了多數派後，又開始歧視、迫害其他教派的人。一個清教徒牧師羅傑·威廉士看不慣這種現象，他認為清教徒的信仰當然是偉大正確的，但應該容忍其他人有不同信仰，不應該用暴力強迫他人信教。這種

明朝

哥倫布發現新大陸
— 1500

— 1600
清朝　五月花公約
— 1700

美墨戰爭
— 1800
門羅主義

美墨戰爭
— 1850
日本黑船事件
中美天津條約
南北戰爭
購買阿拉斯加

美西戰爭
「門戶開放」政策
— 1900

中華民國

經濟大蕭條

日本偷襲珍珠港
— 1950　韓戰

甘迺迪遇刺

911事件
— 2000

歐洲文藝復興運動

拜占庭帝國滅亡
1500—

1600—

1700—
工業革命
法國大革命
1800—

共產黨宣言
1850—

日本明治維新
普法戰爭

1900—
中華民國
第一次世界大戰

第二次世界大戰

1950—
越戰爆發

兩伊戰爭

東西德統一

2000—

觀點當然不能被麻塞諸塞的清教徒所接受，於是羅傑從印第安人那裡買了一塊地，建立了羅德島殖民地（今羅德島州），宣布在那裡實行宗教信仰自由，無論什麼信仰的人，包括無神論者都歡迎。同年，另一位清教徒牧師帶領追隨者深入內陸建立了康乃狄克州。1632年，查理一世又把一大塊土地賜予大貴族卡爾弗特，卡爾弗特父子在此建立了馬里蘭。卡爾弗特父子是天主教徒，他們希望天主教徒和新教徒在此和平共處，因此頒布了《寬容法案》，保障基督教各教派的自由。也就是說，英國的殖民地，信什麼教的都有；各派的教徒，都可以在英國殖民地找到適合自己的生存空間。

此外，殖民地老百姓的政治權利也很大。英國一向對君權制約得很厲害，早在1215年就迫使國王約翰簽署了《大憲章》，民選議會權力也很大。各個殖民地剛剛初具規模，立刻建立了自己的議會。議會由當地人選舉產生，只要不違反英國法律，可以自行頒布地方法律、徵稅、分配政府經費。再加上北美殖民地相對於英國本土，空閒資源實在多得很。那個時代，英國殖民地真是一塊天高皇帝遠的自由樂土。嚮往自由、渴望小康的歐洲窮人們，源源不斷地往英國殖民地跑，不但有英國人，還有荷蘭人、德國人、瑞典人、瑞士人，甚至法國新教徒也都跑到了英屬殖民地。到18世紀中葉，英國北美殖民地的歐洲人口已達200萬。殖民者們耕種田地、打獵捕魚、發展手工業，日子過得舒舒服服，不亦樂乎。

那麼，當地印第安人呢？英國人跟法國人一樣，最初和印第安人關係還不錯。尤其很多殖民者全靠印第安人才能活下來，救命之恩豈能說忘就忘？包括英國人要佔有土地，一般也不像西班牙人一樣強行圈佔，而是用衣服、牲口、手工藝品和槍彈向印第安人購買。當然，這個購買的價格跟歐洲比，有點欺負人，但誰叫美洲空閒土地多呢？

可是隨著歐洲人越來越多，後來的人沒有受過印第安人多少好處，

瞧著這些人就不順眼。加上印第安人沒有什麼財產觀念，土地什麼的都是大家共有，而英國人佔了土地是要圈起來獨享的。如此一來，雙方衝突就起來了。另外，隨著殖民者的腳跟站得越來越穩，建立了他們的政府、法院，並且拿這些規矩去要求印第安人。比方說，印第安人和白人發生了衝突，就直接扭送法院，秉公辦理。問題是，印第安人在這裡居住上萬年了，憑什麼要服從你的法律？

問題歸結於一點：兩個種族就算和平共處，但到底誰才是這塊土地的主人？很快，歐洲移民和他們昔日的恩人鬧翻了。1675年，印第安酋長「菲利普王」派人殺死了一個投靠殖民政府的奸細，殖民政府將3名兇手審判後處死。於是，菲利普王揭竿而起，聯合諸多印第安部族，向白人宣戰。

模擬一下當年皮薩羅征服印加，100多人殺得數萬印第安人屍橫遍野，現在過了100多年，槍支武器更先進了，北美的印第安部族人數又少，殖民者大概不會吃虧吧？正好相反，英國人被印第安人殺得人仰馬翻。原因很簡單，當初皮薩羅打印加，基本是兩方接觸不久，西班牙人佈置好了就立刻動手，仗著鐵製的刀劍、鎧甲和馬匹、槍炮，在只有青銅、木石兵器的印第安人面前，那就是如入無人之境。但英、法對北美印第安人，一開始並未大規模征服，而是和平共處做生意，最多發生小規模衝突。這幾十年下來，北美印第安人透過貿易交換，以及小打小鬧，不但早已對白種人的殺手鐧見慣不驚，而且自己都有了不少槍支和馬匹，不少印第安勇士也是槍馬嫻熟。

雙方武器差距不大，那就得看勇氣和數量了。加上殖民地只有自發組織的民兵，就更不是彪悍的印第安人對手了。不過也虧得英國人和印第安人長期和平相處，遇上戰亂，印第安人並不是擰成一股繩殺英國人，還是有不少印第安部族站在英國人一邊，反擊菲利普王。到了1676年，強大的易洛魁部族也加入到英國人一邊，菲利普王的軍隊腹背受

明朝

哥倫布發現新大陸
— 1500

— 1600
清朝 五月花公約
— 1700

美國獨立
— 1800

門羅主義

美墨戰爭
— 1850
日本黑船事件

中美天津條約

南北戰爭

購買阿拉斯加

美西戰爭
「門戶開放」政策
— 1900

中華民國

經濟大蕭條

日本偷襲珍珠港
— 1950 韓戰

甘迺迪遇刺

911事件
— 2000

歐洲文藝復興運動

拜占庭帝國滅亡
1500—

1600—

1700—
工業革命
法國大革命
1800—

共產黨宣言
1850—

日本明治維新
普法戰爭

1900—

中華民國
第一次世界大戰

第二次世界大戰

1950—

越戰爆發

兩伊戰爭

東西德統一

2000—

敵，終於全軍覆沒，自己也死於亂軍之中。英國人這回可不客氣了，他們把菲利普王的屍體砍碎了餵魚，腦袋掛起來示眾，老婆、孩子都當奴隸賣到百慕達群島。

支持菲利普王的部落基本上都被斬盡殺絕，包括有個部族並未參戰，僅僅收留了叛亂部落的女人和小孩，也給滅了。戰爭造成幾百個英國人和幾千個印第安人死亡。

到17世紀，英國佔領了北美東部和西北部，法國佔領了北美東北部和中部，西班牙佔領了北美南部、拉丁美洲大部，葡萄牙佔領巴西。四大殖民帝國已把美洲瓜分一空。

其他歐洲國家的殖民

德意志的公司曾經在委內瑞拉短暫擁有過特殊權利，還曾在加勒比海上佔有幾個島嶼。瑞典在17世紀中葉曾短暫佔有「新瑞典」殖民地（在今美國的德拉瓦州），後來被荷蘭奪走。而海上強國荷蘭除了佔領加勒比海部分島嶼及今南美洲的蘇利南外，還曾佔有「新尼德蘭」殖民地（今美國紐約、康乃狄克、紐澤西、德拉瓦州部分地區），後來於英荷戰爭中敗於英國，上述殖民地被英屬北美殖民地吞併。

禍福！馬鈴薯與黃金

　　歐洲人對美洲的征服與佔領，不但給美洲帶來天翻地覆的變化，給歐亞大陸乃至整個人類也帶來巨大影響。首先是美洲豐富的植物，給歐洲人民的菜籃子增添了不少新品種。

　　比如南瓜、菜豆、辣椒、番茄等都是美洲原產的。水果、零食裡面，有花生、芭樂、鳳梨、腰果等。還有那惹人喜愛的可可，也是由印第安人最先食用的。

　　菜籃子還在次要，美洲還有多種高產農作物，如馬鈴薯、紅薯、玉米。這些農作物經過改良培育後，其畝產比之前歐亞大陸的水稻、麥子等要高好幾倍乃至10倍以上。雖然吃下去腸胃感覺沒那麼好，畢竟數量多啊！在那個民以食為天的年代，這種產量簡直就是救苦救難！靠著這些高產作物，種植同樣大小一塊地，能養活的人口數量也是倍增。包括中國，也是在明末清初引入了這幾種高產作物後，才出現了又一次人口大爆炸。

　　如今讓世界各國「癮君子」們欲罷不能的菸草也是美洲原產的。哥倫布的船員們從印第安人那裡學會了吞雲吐霧，從此菸草走出美洲，走遍全球，害得衛生組織每年喊破了嗓子「吸菸有害健康」。美洲不但產菸草，還產古柯，古柯是毒品可卡因的原料。金雞納樹產出的奎寧，則是治療瘧疾的秘寶。依靠奎寧，人類戰勝了熱帶病，歐洲人也藉此在19世紀全面入侵非洲大陸。

　　還有棉花。歐亞大陸原本也是有棉花的，但那是印度的「粗絨

明朝

哥倫布發現新大陸
— 1500

— 1600
清朝　　五月花公約

— 1700

美國獨立
— 1800

門羅主義

美墨戰爭
— 1850
日本黑船事件

中美天津條約

南北戰爭

購買阿拉斯加

美西戰爭
「門戶開放」政策
— 1900

中華民國

經濟大蕭條

日本偷襲珍珠港

— 1950　　韓戰

甘迺迪遇刺

911事件
— 2000

歐洲文藝復興運動

拜占庭帝國滅亡
1500—

1600—

1700—
工業革命
法國大革命
1800—

共產黨宣言
1850—

日本明治維新
普法戰爭

1900—

中華民國
第一次世界大戰

第二次世界大戰

1950—

越戰爆發

兩伊戰爭

東西德統一

2000—

棉」，產量低、纖維粗短，不適合機器紡織，現在已經被淘汰了。另外兩種，包括強度高的長絨棉和產量高、品質好的細絨棉，都是原產自美洲。靠這些品種，廣大人民穿衣服的問題也得到了解決。這些吃的、喝的、穿的、用的全從美洲出來，不過兩、三百年時間，已經完全改變了地球人的生活。由於拉美地區相對歐洲人少地多、土壤肥沃，初期的殖民者們靠著背後的母國撐腰，不費吹灰之力就能從印第安人那裡霸佔大片的土地，在美洲形成了一個個龐大的種植園。有的種植園面積甚至比歐洲很多國家還大。在這些種植園裡，白人莊園主使用大批奴隸（先是印第安人，後來是黑人）進行粗放式勞作，生產出堆積如山的經濟作物，然後運到海外銷售。比如巴西的甘蔗種植園，是世界上最大的製糖中心。還有美洲本地特產的棉花、可可、菸草以及從非洲引入的咖啡等，都成了美洲的重要出產物。而在土壤相對沒那麼肥沃的地區，白人圈出了大片牧場，餵養牛羊，從事起畜牧業，出口肉和皮，同樣獲利滿滿。

　　依靠這些出產物，西班牙、葡萄牙等宗主國牟取了大量的收益。而當地那些白人大莊園主、大牧場主，也因此變得有錢有勢，成為殖民地舉足輕重的力量。在未來，這幫地頭蛇對美洲的政治格局產生了巨大的影響，他們既阻礙了新興資產階級在美洲搶班奪權，也為產業結構調整、底層人民福利提升增加了不少障礙。

　　除了農產品之外，美洲，尤其是西班牙佔據的拉丁美洲，還有另一項重要的出產物，那就是黃金、白銀。

　　當初，哥倫布之所以向西航行，就是為了到傳說中「遍地黃金」的亞洲去找金子。後來發現他到達的是美洲，曾讓西班牙人很是不爽。然而很快，他們發現美洲原來也有黃金白銀，印第安人身上穿的、戴的，都在閃閃發光啊！直接從印第安人手中搶現成的，可比千里迢迢跑去亞洲做生意要划算多了。對黃金的貪求，促使科爾特斯和皮薩羅對美洲進

行征服。據說單是印加皇帝送來贖身的黃金白銀，就有黃金6噸，白銀12噸，可惜這麼多金銀獻出去了，皇帝還是被強盜絞死了。

等把印第安人手中的金銀珠寶搶光後，歐洲人又發現了豐富的金銀礦山。比如哥倫比亞的金礦，西班牙人從16世紀中葉開始挖，200餘年裡總共挖出了800多噸黃金。而墨西哥、玻利維亞等地的豐富銀礦，在200多年裡則為西班牙政府提供了10萬噸以上的白銀。葡萄牙在更晚的時候，也在巴西發現了金礦，而且產量比哥倫比亞更大，僅僅在18世紀就挖掘出近千噸黃金。

西班牙、葡萄牙原本就是海上霸王，現在又從美洲撈了這麼多金銀，應該是錦上添花，更加富強無敵了吧？可是結果卻正相反，他們迅速衰亡了。為什麼呢？簡單來說，美洲的這些金銀落到西班牙、葡萄牙的王室貴族手中後，這幫人沒有把錢用來發展經濟、建設本國的產業基礎，反而只顧著花錢買外國的奢侈品，另外就是僱傭軍隊打仗，爭霸歐陸。反正手裡有錢嘛，造不如買，與其費勁投資產業，還不如直接買外國的方便呢。這麼一來，美洲的金銀在他們的口袋裡打了個轉，很快便又花出去，流向了英國、法國的工廠，變成了對這些新興國家的生產投資。而西班牙本國的老百姓和企業主，不但沒有得到半點好處，反而因為這些金銀的湧入，導致物價飛漲，生活更加困難，生產成本也不斷提高。再加上英、法等國產品的傾銷，西班牙、葡萄牙本土的企業紛紛破產，經濟萎縮。整個國家財政，簡直變成沒有造血能力的一團贅肉，全靠殖民地輸送的金銀支撐著。

總之，美洲金銀沒讓西、葡兩國強大，反而使他們腐化墮落。就好比一個不成器的小子，中了彩券，既不拿這些錢去做財務投資、學習充電，也不去進行感情投資、擴大人脈，卻染上了吃喝嫖賭的毛病，連原有的一點工作能力也全部荒廢了，成天日夜顛倒，無精打采，雖然還在吃香喝辣，但在外人看來卻已是一副日薄西山的潦倒模樣。再加上西班

明朝

哥倫布發現新大陸
—1500

—1600
清朝 五月花公約

—1700

美國獨立
—1800

門羅主義

美墨戰爭
—1850
日本黑船事件

中美天津條約

南北戰爭

購買阿拉斯加

美西戰爭
「門戶開放」政策
—1900

中華民國

經濟大蕭條

日本偷襲珍珠港

—1950 韓戰

甘迺迪遇刺

911事件

—2000

牙君主醉心於「王霸之業」，經常打仗。打仗就得燒錢。從16世紀晚期開始，西班牙打仗勝少敗多，家業越糟蹋越不像話。折騰了100多年，到18世紀初時，西班牙國王卡洛斯二世絕了後嗣，歐洲列強為爭奪西班牙王位大戰一場，最後還是法王路易十四拳頭大，替他的孫子腓力搶得西班牙王位。此時的西班牙雖然還有龐大的海外殖民地，卻已從歐陸霸主淪為一個二流國家。

另一方面，這些金銀和原物料同樣也為殖民地本身帶來了災難。由於拉美殖民地資源太豐富，土地太充裕了，宗主國只需要用最原始的方法，在這裡開礦或種植經濟作物，直接一船船地拉到歐洲賣就能賺錢，於是它既不需要發展本國的工業，也不需要建設殖民地，滿足於維持這種「賣資源」的「單一化經濟」模式。殖民地沒有建成自己的手工業，沒有形成完善的商貿體系，甚至連人吃馬嚼的糧食都未必能自給自足，殖民地唯一的任務就是不斷地被宗主國壓榨。這種片面依靠農業產品和礦產出口的「單一化經濟」模式，讓拉丁美洲在數百年的時間裡未能打下工業底子，從而在發展上比歐洲國家落後了一大截。相對來說，北美地區的英、法殖民地雖然產出沒那麼豐富，結果卻因禍得福，經濟體系反而較健全不少。

西班牙的戰爭

西班牙國王卡洛斯一世（即德皇查理五世，1516—1555年在位）身兼西班牙國王、奧地利大公和德意志皇帝，是歐洲當之無愧的霸主。他任用科爾特斯、皮薩羅等人征服拉美，並在義大利打敗法國。其子腓力二世（1556—1598年在位）勝利結束了義大利戰爭，並搞了個「西葡合併」，把西班牙和葡萄牙兩個全球性帝國合併成一個超級殖民巨無霸。但隨後西班牙開始走下坡路。1566年反抗西班牙的尼德蘭革命爆發，經數十年血戰，荷蘭獨立。1588年「無敵艦隊」被英軍殲滅，象徵著西班牙海上

霸權衰敗了。這支艦隊的成本相當於美洲殖民地五年收入之和，腓力二世因而破產。

1595年腓力二世被法王亨利擊敗，奪取法國王位的計畫破滅。在17世紀上半葉的「三十年戰爭」中，西班牙站在奧地利一邊，被英、法、荷、瑞等國同盟打敗。

1700年卡洛斯二世去世後沒有繼承人，歐洲列強為爭奪王位大戰10餘年，史稱「西班牙王位繼承戰爭」。最終各方簽訂合約，瓜分遺產。法王路易十四的孫子繼承西班牙王位及海外殖民地，但其在歐洲的領土則被割讓給奧地利，西西里島歸薩伏依公國。

明朝

哥倫布發現新大陸
— 1500

— 1600
清朝　五月花公約
— 1700

美國獨立
— 1800

門羅主義

美墨戰爭
— 1850
日本黑船事件

中美天津條約

南北戰爭

購買阿拉斯加

美西戰爭
「門戶開放」政策
— 1900

中華民國

經濟大蕭條

日本偷襲珍珠港

— 1950　韓戰

甘迺迪遇刺

911事件
— 2000

罪惡！奴役與虐殺

　　美洲大陸上的原住民是印第安人，後來歐洲白人來了。於是，印第安人遭逢了一輪又一輪的劫難。最初是科爾特斯、皮薩羅等人的征服戰爭，殺得屍山血海；戰爭中活下來的印第安人，大部分被白人殖民者作為奴隸，在所謂「委託監護制度」下被強迫做苦工。於是，曾經發生在加勒比群島上的慘劇，又一次在整個拉丁美洲出現了。可憐的印第安人，有的在種植園裡種甘蔗，有的在條件惡劣的礦山裡勞動，稍有過錯，便遭到嚴刑拷打，甚至被處死。尤其從1555年之後，西班牙人使用水銀來提煉銀礦，印第安勞工被迫在水銀蒸汽裡面辛勤勞作，體內吸入大量有毒的重金屬，一個個器官衰竭，痛苦地死去。據估計，拉丁美洲死於銀礦中的印第安人，總數在1000萬人以上。在西班牙人開採的堆積如山的金銀之下，是更為龐大的一座印第安人的屍骨山。

　　印第安人的悲慘處境，連白人中的有識之士都看不下去了。尤其是一些宗教界人士，他們是懷著虔誠的拯救世人的心態來到新大陸，眼看白人同胞們對印第安人如此殘忍，喪了天良。如同在加勒比群島上一樣，他們有的苦口婆心勸阻同胞們不要太過分；有的向國王申訴，希望政府阻止這種暴行。另一方面，西班牙政府在取得這一大片殖民地後，也不希望殖民者們採取這種殺雞取卵的作法，把印第安人逼得太狠。於是他們試圖取消監護人制度。美洲的殖民者對此很不高興，甚至不惜起兵造反來捍衛自己的罪惡權益。直到18世紀初，西班牙國王才取消了「委託監護制」，改為「勞役攤派制」。

巴西方面，葡萄牙國王曾在17世紀初宣布所有的印第安人都不受奴役，結果同樣遭到了白人殖民者反對，他們發動了叛亂戰爭，國王被迫讓步，重新允許這些傢伙繼續欺凌印第安人。北美的英法殖民地倒是沒有這些問題，因為他們那兒的印第安人本身數量不多，也沒有被徹底征服，與白人殖民者間處於「有的敵對，有的結盟」的形式上的平等。

在西班牙人的殘酷壓榨下，加上天花等疾病的傳染，拉丁美洲印第安人大批死亡。活下來的，有些屬於和西班牙人合作的「友好部族」，西班牙人不好意思欺負得太過分。而且印第安人畢竟是在本鄉本土，被逼急了來個逃難或造反什麼的都很方便。總之，單靠掠奪本地人當奴隸是不行的，於是乎第三種人種也被帶到美洲，填補奴隸的缺額。這就是不幸的黑人。

早在哥倫布發現美洲不久，殖民者就把黑奴帶到了中美洲。相對於黃種印第安人，黑人在炎熱環境下的勞作承受能力更強，而且他們離鄉背井，跨洋過海來到陌生的美洲，別說反抗，連逃跑都沒地方跑。這樣一來，白人殖民者發現，黑人比印第安人更「適合」做奴隸。

最開始的黑奴是從西班牙本土運過來的，他們先從非洲被抓到歐洲，再從歐洲被運到美洲。到1518年，第一艘從非洲直接開出的販奴船到達美洲，從此開通了非洲——美洲直接販賣黑奴的歷程。此後，隨著歐洲人在美洲不斷擴充殖民地，開闢的新礦場和種植園越來越多，勞動力的缺口越來越大，因此往美洲販賣黑奴的數量也逐年上升，從每年幾百人增加到每年數萬人。據估計，在16—19世紀這三百年中，奴隸販子們至少往美洲運了1000萬～2000萬名黑奴，在很多地方黑人的數量遠遠超過了白人殖民者，也超過了本地印第安人。這些黑奴，大部分都是在非洲部族的戰亂中被抓捕的俘虜，或者被專業的武裝販奴隊（既有黑人和阿拉伯人，也有少數歐洲白人）攻打村莊後「圍獵」得來的。由於抓捕中的死傷、運輸中的殘酷虐待致死等，非洲因此至少損失了1億人

明朝

哥倫布發現新大陸
— 1500

— 1600
清朝　五月花公約

— 1700

美國獨立
— 1800

門羅主義

美墨戰爭
— 1850
日本黑船事件

中美天津條約

南北戰爭

購買阿拉斯加

美西戰爭
「門戶開放」政策
— 1900

中華民國

經濟大蕭條

日本偷襲珍珠港
— 1950　韓戰

甘迺迪遇刺

911事件
— 2000

口。在一些傳統的非洲國家,由於奴隸販子的抓捕販賣行為猖獗,國家人口大幅度減少,以至於走向衰亡。

那時的歐洲船隻,發明了「大三角」販運項目。即首先在歐洲購買廉價的工業產品,如布匹、酒、劣質槍彈等,從歐洲運到非洲,賣給當地的酋長、土王和奴隸販子,換來黑人奴隸,此為第一段。然後橫跨大西洋,把非洲黑奴運到美洲,販賣給種植園主和礦業主,換來美洲出產的農業產品和原物料,如蔗糖、棉花、菸草、金銀等,此為第二段。最後再度橫跨大西洋,把美洲的原物料賣給歐洲的工廠企業,此為第三段。這樣三段航程,每段都能大賺一筆,整個一趟下來毛利潤高達1000%。金錢大量地流向了商人們的腰包,同時流下的是非洲黑人的汨汨血淚。

非洲黑奴跨越大西洋,到達美洲土地後,他們的苦難才剛剛開始。吃的是豬狗食,做的是牛馬活,背後是監工的皮鞭,稍有反抗就會遭到殘酷的虐待和殺害。有的種植園主把黑奴當作「消耗品」,絲毫不考慮減少他們的苦難,而是敲骨吸髓般地壓榨盤剝。惡劣的環境導致黑人大批死亡,比如在聖多明哥島,18世紀上半葉總共輸入了近300萬黑奴,經過種植園主的殘酷壓榨,到18世紀70年代中期只剩下6萬多人。

當然,多數地方的奴隸制度沒有這麼極端,也有部分奴隸主能善待黑奴。整體來說,儘管整個美洲的黑奴都飽受剝削,但在進入美洲多年後,拉美地區的黑人遭受的歧視反而要比北美地區的黑人稍好。這大概是因為北美的白人數量較多,黑人比例少,因而欺負起黑人來更加方便;而拉美地區黑人佔的比例更大,三大人種之間相互依存更緊密。尤其是葡萄牙殖民地巴西,地廣人稀,白人和印第安人都不多,黑人反而佔大多數。葡萄牙又是個彈丸之地,要保住這一大塊地盤,不能光由白人拉著印第安人工作,還必須依靠黑人的力量。因此在巴西,一直有宗教界人士拚命呼籲,不要虐待黑人。

經過長期的相互融合，美洲大陸上的三大人種間彼此通婚，形成了七大類型的人種，即白人、黑人、印第安人、黑白混血、黑黃混血、白黃混血、三種血統的混血。窮講究的西班牙人、葡萄牙人還對不同血統比例成分、不同父母的混血給予了不同的專業名稱，讓人看得頭疼。一般來說，混血人種的地位比黑人要高，比白人要低，而且一個人血統中白人比例越高，他在社會上就越受重視。白人血統到達一定比例以上，就可以被視為一個完全的白人了。而在北美地區，因為白人佔據絕對優勢，他們的優越感更強烈，對其他人種更加歧視，因此跨種族之間的混血相對較少。在北美的奴隸主看來，一個人的歷代祖先中只要有一個是黑人，他就算是黑人，只能天生當奴隸。

在殖民地遭受宗主國壓迫的時候，廣大印第安人和黑人又處在這個受壓迫的最底層。他們的雙重不滿與憤怒，在日後將成為推動殖民地變化的重要力量。

明朝

哥倫布發現新大陸
— 1500

— 1600
清朝　五月花公約
— 1700

美國獨立
— 1800

門羅主義

美墨戰爭
— 1850
日本黑船事件

中美天津條約

南北戰爭

購買阿拉斯加

美西戰爭
「門戶開放」政策
— 1900

中華民國

經濟大蕭條

日本偷襲珍珠港

— 1950　韓戰

甘迺迪遇刺

911事件
— 2000

爭奪！殖民地戰爭

美洲大陸對歐洲的強國來說，是一塊肥得流油的土地。從16世紀初開始，歐洲列強的爭霸戰爭也多次延伸到美洲，彼此打得不可開交，從而使美洲的殖民版圖一再變更。

最初的100多年，戰爭主要在拉丁美洲（包括加勒比海群島、中美洲和南美洲）的沿海地區發生。老牌殖民者西班牙、葡萄牙剛剛在拉丁美洲站穩腳跟，新興的英國、法國、荷蘭等殖民國家便接踵而至，紛紛試圖在兩大殖民帝國的嘴邊咬下幾口肉來。當時，他們的海軍力量無法和西、葡正面衝突，便組織了所謂的「官辦海盜」，採用游擊戰術，襲擊西班牙、葡萄牙在海上的商船隊，或者乘虛而入劫掠西班牙的殖民地，這些作法讓兩大帝國苦不堪言。比如1523年，墨西哥征服者科爾特斯的兩隻滿載金銀的船，就在亞速群島的邊界，被法國海盜胡安・丹哥劫持了。1555年，法國海盜雅克・索雷攻克了古巴首府哈瓦那，好一陣燒殺搶掠。到16世紀下半葉，英國海盜們更是如幽靈般穿梭在大洋上，按照英國政府的命令大肆劫掠，海盜成了西班牙船隊的噩夢。其中最著名的海盜叫德雷克，他在海上走一路劫殺一路，甚至為了搶劫，特地進行一次環球航行，活生生從西班牙的大動脈上割開口子放血。因為當海盜有功，他被英國女王伊莉莎白一世封為爵士。

經過幾十年的海盜戰術，英國、法國、荷蘭等國紛紛開始在加勒比地區殖民，法國還一度登陸巴西，佔領了里約熱內盧。荷蘭更是在整個南美大陸東西兩面穿梭，並佔領了巴西北部。不過，西班牙、葡萄牙在

當地畢竟是扎根已久，統治根基不是可以輕易撼動的。他們想，你們幾個強盜，搞搞攔路搶劫倒也罷了，居然妄圖在我們的殖民地上生根，這是不共戴天之仇啊！哥倆調動全部力量，朝著英、法、荷殖民力量猛撲過來，兩邊展開了曠日持久的爭奪，前後拉鋸幾十年。

這種爭奪戰並不是一場單獨的戰爭，而是許多次大大小小的戰爭組合；也不是說英、法、荷新興強國為一方，西、葡老牌強國為另一方，兩軍對壘，分邊站隊。實際上英、法、荷這幾個後起國家不光對西班牙、葡萄牙下手，他們自己也是相互大打出手；同時，西班牙和葡萄牙兩方也彼此對掐。在南美大陸上，西、葡雙方為了爭奪拉布拉塔河地區（今烏拉圭一帶）長期對峙；在加勒比海上，葡萄牙海盜跟英、法、荷海盜混在一起，共同劫掠西班牙殖民地。

五家混戰，鬧得烏煙瘴氣，一直折騰到了17世紀晚期，英國從西班牙人手中奪走了中美洲的貝里斯等地，法國在「太陽王」路易十四的帶領下，一口氣佔領了加勒比海上的聖克里斯多福、瓜達盧佩、馬丁尼克、托爾圖加等10多個島嶼，後來更吞併了伊斯帕尼奧拉島西半部（即今天的海地）。要知道，伊斯帕尼奧拉島原本是西班牙在美洲殖民的第一個基地，哥倫布就是在這裡建立了第一個永久定居點，科爾特斯征服阿茲特克之前，也是這裡的法官。法國佔領了此島的半個島，意味著它成了加勒比群島上僅次於西班牙的二號霸主。荷蘭則佔領了加勒比海上的阿魯巴、古拉索、博內爾等島嶼，「海上馬車夫」的艦隊依託這幾個島嶼，在加勒比海神出鬼沒，遇上西班牙海軍大隊人馬就躲開，遇上商船就搶劫，最後搞得西班牙船隊聞風喪膽，不敢單獨出海。荷蘭船隊反而壟斷了加勒比海的航線貿易，大做走私生意。除此之外，英、法、荷三國還分別在南美大陸東北角的圭亞那地區佔領了一塊殖民地，這就是現在的圭亞那、法屬圭亞那和蘇利南三地。當然，拉美地區的主要地頭蛇，還是西班牙和葡萄牙兩方。

明朝

哥倫布發現新大陸
— 1500

— 1600
清朝　五月花公約

— 1700

美國獨立
— 1800

門羅主義

美墨戰爭
— 1850
日本黑船事件

中美天津條約

南北戰爭

購買阿拉斯加

美西戰爭
「門戶開放」政策
— 1900

中華民國

經濟大蕭條

日本偷襲珍珠港

— 1950　韓戰

甘迺迪遇刺

911事件

— 2000

接下來，各大強國爭奪殖民地的戰爭愈演愈烈，又把主要戰場擴展到了北美地區。

英、法兩方早在17世紀初，就開始在北美北部發生摩擦了。17世紀中後期，衝突不斷升級，到1689年，歐洲爆發「大同盟戰爭」，英王威廉三世跟荷蘭、神聖羅馬帝國（德意志）結盟，圍攻法王路易十四。北美也被波及，爆發了第一次英法殖民地戰爭（威廉王戰爭）。英、法兩國在今天美國、加拿大東部邊界地區彼此攻擊，打得鱗爪飛揚。雙方除了召集本國殖民者的民兵，還大量動用了印第安人盟友：英國的盟友是易洛魁人，法國的盟友是瓦巴納吉人。最常見的戰爭模式是衝到對方的村鎮燒殺搶掠。經過8年苦戰，兩方誰也不能奈何誰，只能握手言和。

這時候，南方又出事了。美洲霸主西班牙雖然已經疾病纏身，畢竟虎倒威風在，生命不息，殖民不止。它一邊從英、法、荷惡狼般的撕咬下，儘量保護自己在加勒比地區和南美洲西部的利益；一邊繼續以墨西哥為基地向北美大陸擴張，在17世紀晚期已經擴張到落磯山脈和密西西比河下游，覆蓋了今天美國西部差不多三成的領土。這時候，西班牙人就迎頭撞上了兩批人：一批是從加拿大南下，在美國中部密西西比河流域開疆拓土（路易斯安那地區）的法國人；另一批是從今天美國東部南下的英國人。兩方正打得激烈，一看西班牙人也上來了，趕緊調轉槍口。於是乎，「北美三國演義」正式開演。三大強國各自拉攏其印第安盟友，打得難分難捨。打了一仗，英國從西班牙手中搶過了今天美國東南的南卡羅來納地區，西班牙則退守佛羅里達地區。

進入18世紀，歐洲列強大戰頻繁，「英法爭霸」成為貫穿其中的主線。一般來說，殖民地的衝突是連綿不絕，而每當歐洲爆發大戰，殖民地戰爭也會隨之升級，直到歐洲簽署和約，殖民地才隨之平靜一段時間。殖民地戰爭與歐洲本土戰爭交錯混雜，真是烽火連天。

1701年，歐洲爆發「西班牙王位繼承戰爭」。西班牙換了法王路易

十四的孫子當國王，法國和西班牙變成盟友，一起對付英國人。三國在北美的殖民地軍隊照例也跟隨祖國開戰，用正規軍加民兵加印第安盟友的模式對砍，史稱「第二次英法殖民地戰爭」（安妮女王戰爭）。英、法照例在美、加邊境開戰，西班牙和英國則在今天佛羅里達和南卡羅來納一帶拉鋸。畢竟那時英國殖民地人口已經很多了，法國、西班牙聯手起來也不是英國人的對手，英軍佔領了法國的阿卡迪亞的皇家港。歐洲戰火平息後，三方在1713年簽訂了《烏特勒支條約》，法國被迫把加拿大東邊的紐芬蘭島、哈德孫灣，還有加勒比海上的聖克里斯多福島都割讓給了英國。而西班牙的美洲殖民地雖然沒受太大損失，但它喪失了大片歐洲領土，淪為一個二流國家。從此以後，西班牙只能儘量為法國助拳，保護自己在美洲的現有殖民地，再也無力參與英、法的北美爭霸了。而英國則得寸進尺，步步壓迫西班牙的佛羅里達地區，兩方動輒擦槍走火，打個不休。

1740年，歐洲又爆發了「奧地利王位繼承戰爭」。英、法趕緊在北美拉開了「第三次英法殖民地戰爭」（喬治王之戰）。這一戰英軍在北部對法軍佔據上風，而在加勒比海地區，英軍和西班牙相互攻守，都沒取得太大戰績。隨著1748年歐洲大陸締結和約，北美戰火也隨之平息，英軍佔領的法國的路易斯堡也歸還了法國。但是，英軍在這一戰重創了法國的北美艦隊，實際上進一步改變了雙方的力量對比。

停戰是暫時的，爭奪是持續的。到1753年，衝突又爆發了。這次，雙方是為了爭奪美、加邊境的俄亥俄谷地。英國的維吉尼亞的長官派出一個21歲的青年軍官前去俄亥俄谷驅逐當地的法國人。那軍官雄赳赳地到了山谷，昂然對法國人道，我乃大英帝國皇家軍官喬治·華盛頓是也。此地是英王陛下領土，爾等法夷，速速離開此地。法國人可不吃這一套，憑什麼你說走就走？華盛頓年少氣盛，火大了，法國人敬酒不吃吃罰酒啊。他乾脆帶著一隊兵過來，打死了10個法國人。法國人勃然大

明朝

哥倫布發現新大陸
── 1500

── 1600
清朝　　五月花公約

── 1700

美國獨立
── 1800

門羅主義

美墨戰爭
── 1850
日本黑船事件

中美天津條約

南北戰爭

購買阿拉斯加

美西戰爭
「門戶開放」政策
── 1900

中華民國

經濟大蕭條

日本偷襲珍珠港

── 1950　韓戰

甘迺迪遇刺

911事件
── 2000

歐洲文藝復興運動

拜占庭帝國滅亡
1500—

1600—

1700—
工業革命
法國大革命
1800—

共產黨宣言 1850—

日本明治維新

普法戰爭

1900—

中華民國
第一次世界大戰

第二次世界大戰

1950—

越戰爆發

兩伊戰爭

東西德統一

2000—

怒，當即發起「正義」的反擊，把兇手華盛頓生擒活捉，逼他簽署了《認罪書》，承認自己入侵法蘭西領土俄亥俄，殺害無辜法國公民，請求法國國王的寬恕。然後，把已經「認罪伏法」的華盛頓釋放了。

華盛頓挨了這頓揍，不但自己灰頭土臉，大英帝國的臉也丟光了。丟了的面子就只能打回來了。1755年，英國殖民地出動大軍進攻新法蘭西。英、法之間最後一次，也是規模最大的第4次北美殖民地戰爭就此開幕。次年，歐洲也爆發了大戰，英國、普魯士聯合對抗法國、奧地利、俄羅斯和西班牙，史稱「七年戰爭」。因此此次北美殖民地戰爭又被稱為「七年戰爭北美戰場」，但實際上，北美殖民地戰爭是先於「七年戰爭」，甚至有人說「七年戰爭」才應該算北美殖民地戰爭擴大化的結果。又因為這場戰爭中英軍的敵手為法國人和大批印第安部落，因此又稱「法國、印第安人戰爭」。

戰爭雙方實力懸殊，英國佔有絕對優勢。英屬北美殖民地的人口是法國的幾十倍，正規軍數量也遠遠多於法軍。而法軍的有利之處在於他們團結了絕大多數的印第安人，熟悉地形，而英國僅有一個易洛魁部族作為盟友。1755年，2500名英軍進攻俄亥俄谷，穿著顯眼的紅色軍服列隊前進。誰知「狡猾」的法國人和印第安人埋伏在叢林中，瞄著英軍紅彤彤的身影，一打一個準。最後，英軍損失司令官以下人員977人，法軍只損失了23人。此後，法軍以游擊戰和正規戰結合的方式，好幾次以少勝多，不但讓入侵新法蘭西的英軍丟盔棄甲，甚至反攻英國殖民地，打到了波士頓和費城的郊外。1757年，法軍攻克亨利堡，迫使英軍投降。次年，法軍更在加里倫堡戰役中，以3500人擊退了多於自己近5倍的英軍。

儘管開戰幾年，法軍在北美大陸屢屢獲勝，但戰爭是整體國力和戰略的較量。英國在歐洲大陸利用普魯士拖住法軍主力，卻把大批生力軍調到海外，繼續壓迫法國。英軍佔據優勢的海軍艦隊更是封鎖海岸，切

斷了法國本土對美洲的增援。這樣一來，北美法軍打再多的勝仗也挽回不了大局。他們雖然屢戰屢勝，領土卻越打越少，漸漸陷入不利境地，要地也一個接一個丟失。

1759年，英軍大舉進攻新法蘭西的重鎮魁北克，此次進攻的英軍包括皇家海軍的49艘戰艦、13500名海員，以及近萬名精銳陸軍。這個兵力幾乎相當於整個北美法國軍民人口總數的4成。在英軍的炮火下，魁北克城內成為一片火海。9月13日，英軍統帥沃爾夫率領4800名精兵偽裝成法國補給隊，包抄了魁北克城外的亞伯拉罕平原。法軍統帥蒙特卡姆看見大批紅形形的英軍，趕緊也帶著4000人馬出城迎戰。

決定北美命運的一戰開始了。法軍大部分是民兵和新兵，對這種正規作戰很不習慣。他們亂哄哄地朝著英軍衝過去，隔著幾百米外就開槍射擊。那時候的滑膛槍威力很差，這個距離基本上沒什麼殺傷力。而英軍排成兩列，舉槍矗立，既不衝鋒，也不還擊。法軍繼續前進，而且是邊走邊開槍，一些槍彈射入英軍隊伍，打倒了不少英軍。但「大英帝國」精銳的霸氣被展現得一覽無餘，看著身邊的戰友不斷中彈倒下，依然是群雕一般，巋然不動。一直等到法軍逼近到數十公尺距離，沃爾夫才一聲令下：「開火！」頓時，早已瞄準許久的英軍隊伍，爆發出雷鳴般的槍響。法軍被打倒一片。法國人驚慌掉頭潰逃，司令官蒙特卡姆也身中數彈。另一方面，法軍射出的最後一排子彈也給英軍造成了一些傷亡。就在法軍崩潰的一瞬間，英軍司令沃爾夫腹部中彈，緩緩倒下。這一戰，英、法雙方各傷亡600多人，兩位司令官也都陣亡了。然而，英軍成為最後的勝利者。目睹了英軍的威風，法國人投降了，英軍進入了已經是一片廢墟的魁北克城。此後，雙方在北美又進行了一連串拉鋸戰，兵少力弱的法軍終於被英軍不斷增強的力量壓垮，徹底失敗。1760年9月8日，蒙特利爾法軍投降，整個新法蘭西徹底淪陷。同期，英軍強大的艦隊在加勒比海上也威風八面，攻佔了法國、西班牙的多個島嶼，還把古

明朝

哥倫布發現新大陸
— 1500

— 1600
清朝　五月花公約

— 1700

美國獨立
— 1800

門羅主義

美墨戰爭
— 1850
日本黑船事件

中美天津條約

南北戰爭

購買阿拉斯加

美西戰爭
「門戶開放」政策
— 1900

中華民國

經濟大蕭條

日本偷襲珍珠港

— 1950　韓戰

甘迺迪遇刺

911事件

— 2000

巴也佔領了。

1763年，歐洲的「七年戰爭」結束，英、法、西之間簽署和約。在這場戰爭中，法國成為徹底的輸家。根據和約，加拿大地區以及密西西比河以東的土地都被割讓給英國。要知道法國在北美總共才幾萬人口，割讓的這些都是核心地域。法王路易十五再也沒興趣在美洲玩了。法國在密西西比河西邊還有不少更加廣袤稀疏的土地，以及河東的新奧爾良地區，法國將這些地區轉手送給了盟友西班牙。這慷慨大方的一送，法國在北美的偌大家業，就僅剩下兩個小島。而西班牙呢，雖然得了好哥們法國送的禮物，可是為了贖回被英軍佔領的古巴，被迫把佛羅里達割讓給英國（20年後英國又還給了西班牙）。另外，英國還在南美洲的今天的阿根廷的岸邊佔了一個島嶼——西福克蘭島。這個舉動為200餘年後的「馬島戰爭」埋下了禍根。

至此，經過長達100多年的大大小小的武裝衝突和戰爭，英國不但成為世界範圍的日不落帝國，而且也當上了北美地區的霸主，一時風光無二。只不過，大英帝國在北美的輝煌，很快也將是曇花一現，內部的憂患將使帝國統治土崩瓦解。

西、葡爭奪

英、法兩國在北美大打出手的18世紀，法國的盟友西班牙和英國的盟友葡萄牙也在南美洲你爭我奪。雙方鬥爭的焦點還是巴西南邊的烏拉圭地區。西班牙的力量強於葡萄牙，但葡萄牙背後有英國撐腰。雙方幾經拉鋸之後，西班牙終於趁著英國被美國獨立戰爭牽制的機會，奪取了烏拉圭的重鎮科洛尼亞等地。

暗流！誰的美洲

　　西方白人統治美洲數百年間，面對白人的橫徵暴斂、敲詐勒索，美洲印第安人的反抗一直沒有停止過。後來被殖民者引入的非洲黑奴，面對的是更加殘酷的命運，也多次揭竿而起，用暴力反抗暴政。在這個過程中甚至有不少當地白人都加入了他們的隊伍中。

　　葡萄牙殖民區的印第安人數量不多，從整體上來說，由於人數佔優勢，黑人的處境比在其他美洲殖民地的黑人要好上不少，但種植園的黑人起義也是不斷，在叢林中建立了不少據點。1630年，這些逃亡的黑人聯合起來，建立了帕爾馬雷斯（棕櫚城）共和國，人口發展到幾萬，並建立了1萬人的武裝。共和國先後擊敗葡萄牙殖民政府的25支討伐軍，直到1697年才在6000討伐軍的圍攻下被摧毀。

　　在拉丁美洲，印第安人和黑人的起義雖然動搖了殖民當局的統治，但這兩個弱勢族群畢竟沒有力量打敗相對強大的歐洲帝國。真正讓殖民地面臨危機的是另一個問題：土生白人與宗主國的衝突。這其中，西班牙殖民地的這種問題尤其嚴重。

　　到18世紀晚期，西班牙、葡萄牙人來美洲已經200多年了。最早的那批人，在美洲已繁殖了10代以上的子孫後裔。這些出生在美洲的歐洲白人，被稱為「土生白人」，祖祖輩輩生活在這塊土地上。那些出生在歐洲伊比利半島（即西班牙、葡萄牙本土），只是被派到美洲來當官或者做生意的同胞，被稱為「半島白人」。土生白人在美洲已經歷許多代，往往累積了大量的財富、資源，是美洲的地頭蛇。半島白人則是

明朝

哥倫布發現新大陸
— 1500

— 1600
清朝　五月花公約

— 1700

美國獨立
— 1800

門羅主義

美墨戰爭
— 1850
日本黑船事件

中美天津條約

南北戰爭

購買阿拉斯加

美西戰爭
「門戶開放」政策
— 1900

中華民國

經濟大蕭條

日本偷襲珍珠港

— 1950　韓戰

甘迺迪遇刺

911事件

— 2000

歐洲文藝復興運動

拜占庭帝國滅亡
1500—

1600—

1700—
工業革命
法國大革命
1800—

共產黨宣言
1850—

日本明治維新

普法戰爭

1900—

中華民國
第一次世界大戰

第二次世界大戰

1950—

越戰爆發

兩伊戰爭

東西德統一

2000—

「從歐洲來的」，總覺得自己才是嫡系，自己比美洲白人要高人一等。西班牙政府更信任「半島白人」，用他們當大官，掌握大權。土生白人有錢，人數又多，卻得不到權力。這麼一來問題就出現了。

據統計，在19世紀初，美洲的西班牙殖民地總共有2000多萬人口，其中印第安人有800萬，混血人口約500萬（大部分是白人和印第安人的混血），黑人近百萬，土生白人約300萬，而半島白人只有30萬。土生白人數量是半島白人的10倍，可是在美洲歷任的170名總督中，只有18名土生白人；在600餘名督軍中，只有100餘名土生白人。對土生白人來說，這件事太不公平了！

土生白人不光想在政治上爭取權力，他們還討厭西班牙政府在經濟上的敲骨吸髓，憎惡那些西班牙來的總督、督軍們撈錢的「餓癆」相。在這一點上，土生白人的利益和印第安人、混血兒乃至黑人的利益也是一致的。再加上土生白人往往還有不少混血人種的親戚。在他們看來，這些印第安人甚至黑人，有時候比趾高氣揚的半島白人還要可親呢。漸漸的，土生白人不再以「西班牙人」自居了，相反，他們自居為「美洲人」，把本地的印第安人當作兄弟。在文化上，土生白人也全面美洲化。比方說，墨西哥的土生白人，就把阿茲特克帝國當作自己的祖先，編排了小說、詩歌來歌頌阿茲特克的光榮。其實他們血緣上的祖先，正是滅掉這個阿茲特克帝國的西班牙殖民軍。

黑人、印第安人造反，西班牙政府可以靠白人力量鎮壓。可一旦土生白人也萌生了異心，光靠區區幾十萬沒有根基的半島白人，如何能維持統治呢？更糟糕的是，教會有時候也站在土生白人一邊，反對西班牙政府的壓榨。這麼一來，西班牙在拉丁美洲的殖民地統治可真是搖搖欲墜了。

葡屬巴西的情況稍好一點，畢竟巴西印第安人少，征服過程也和諧。

19世紀末，巴西的300萬人中，白人100萬，黑人150萬，混血兒和印第安人只有50萬，而且混血以黑白為主。葡萄牙作為歐洲小國，其政府也遠不如西班牙強勢。這樣，巴西的內部矛盾，有的是反對白人對黑人的種族壓迫，有的是要求協調本地大莊園主和窮人之間的貧富差距，還有的是要求推翻專制王權，建立共和國。巴西面積基本上相當於歐洲的面積，資源也豐富，葡萄牙相對小得可憐，這一點讓巴西本地人以巴西為自己的故鄉而自豪。但相對來說，葡萄牙宗主國和巴西殖民地之間的矛盾沒那麼尖銳。

西班牙土生白人的反抗

1721年，巴拉圭亞松森的土生白人發動起義，驅逐了秘魯總督派來的督軍，多次擊敗西班牙軍，到1735年才被鎮壓下去。1749年，為反對當地督軍搞不公平的壟斷貿易、強行低買高賣，委內瑞拉土生白人發動起義。1750年，西班牙欲把烏拉圭一帶的7個殖民地割讓給葡萄牙，激起了當地民眾的反對。這些殖民地上的教會成員支持印第安人發動起義，在西、葡兩國軍隊的聯合圍剿下才被鎮壓下去。此後，西班牙政府把教會成員驅逐回歐洲。1781年，為反對橫徵暴斂，新格拉納達總督區（南美洲西北部）的土生白人、混血人和印第安人聯合發動大起義，佔領了數十個城市，軍隊達到2萬人，嚇得總督倉皇逃跑。

印第安人起義和黑人起義

在西班牙殖民地，印加人和瑪雅人的殘餘力量一直反抗到16世紀晚期。1597年，厄瓜多的西瓦拉人發動起義後，瑪格達雷拉河谷的皮亞霍人、查爾卡斯和巴拉圭交界處的齊力瓜人先後發動起義。智利南部的阿勞肯人從16世紀末開始，幾十年中多次發動起義，攻打西班牙人的市鎮，在1723年甚至一度把西班牙人全部趕出了智利南部。

明朝

哥倫布發現新大陸
— 1500

— 1600
清朝　五月花公約

— 1700

美國獨立
— 1800

門羅主義

美墨戰爭
— 1850
日本黑船事件

中美天津條約

南北戰爭

購買阿拉斯加

美西戰爭
「門戶開放」政策
— 1900

中華民國

經濟大蕭條

日本偷襲珍珠港

— 1950　韓戰

甘迺迪遇刺

911事件

— 2000

在17世紀，拉美銀礦的印第安人經常逃亡到深山，以躲避殘酷的壓榨。1680年，在今天美國西南地區，普韋布洛族印第安人發動了全面起義，殺死400多個西班牙人，並把其他2000多人轟走，更堅持抵抗西班牙軍隊達13年之久。

在18世紀，1736年，玻利維亞奧魯羅的印第安人發動大起義，首領胡安·桑托斯自稱是印加帝國王室後裔，殺死了大批白人以及白人與印第安人的混血。1780年，印加帝國王室的一位直系後裔圖帕克·阿馬魯率領6萬印第安人起義，加冕為印加王，擊敗了西班牙大軍，處死西班牙官吏。後來殖民當局調集2萬大軍才將其鎮壓下去，阿馬魯被俘處死。

異心！英屬北美

西班牙對殖民地本來就是將其當乳牛一樣拚命壓榨，土生白人不滿意倒也罷了。最讓人跌破眼鏡的是，英國是最早從事資本主義革命的國家，殖民地政策一向寬鬆。沒想到，英國的殖民者們也鬧騰起來，跳著腳向倫敦叫板。

其實說來一點也不奇怪。英國的北美殖民者，當初要嘛是不滿英王統治而到北美來「換種活法」的人，要嘛是到廣闊天地佔地發財的人，總之沒幾個是甘心聽話的小白羊。英屬北美殖民地儘管論遼闊和資源不如西班牙的拉美殖民地，但比起英國本土還是要強得多。又由於英國政府對北美殖民地的壓榨並不厲害，北美殖民地本身挺富強，民眾生活水準比英國本土民眾的生活水準更高。加上英國特有的政治體制，殖民地政府和議會權力相當大。這麼一群又倔又富的人，在與本土遠隔的地方特立獨行了100多年，生點異心出來簡直太正常了。對於來自倫敦的政令，他們很「感冒」，往往是陽奉陰違。

原先還好，英國殖民地邊上挨著龐大的新法蘭西，兩方彼此虎視眈眈。為了對抗法國人，英國殖民者必須依靠母國力量，為此忍氣吞聲受點委屈也沒法子。而英國為了保護這塊殖民地，也不惜出動大軍和法國打了幾次惡仗。尤其在「七年戰爭」期間，英國幾乎把半個家當都拿到美洲來，死傷無數兵馬，耗費無數錢糧，終於將法國人逐出北美。可是這樣一來，殖民地不再受到法國威脅，也就不再需要宗主國的保護。他們一個個看倫敦政府的眼光中，就透出了叛逆和桀驁不馴來。所謂「出

明朝

哥倫布發現新大陸
— 1500

— 1600
清朝　五月花公約

— 1700

美國獨立
— 1800

門羅主義

美墨戰爭
— 1850
日本黑船事件

中美天津條約

南北戰爭

購買阿拉斯加

美西戰爭
「門戶開放」政策
— 1900

中華民國

經濟大蕭條

日本偷襲珍珠港

— 1950　韓戰

甘迺迪遇刺

911事件

— 2000

則無敵國外患者，國恆亡」，英國對北美的統治，就面臨這麼一種糟糕的局面。

雪上加霜的是，倫敦和英國殖民者對戰利品「分贓不均」。英國是當時世界上擴張性最強、最霸道的國家，同時也是對「自己人」最好的國家。既然打敗法國，佔了加拿大，那麼當地的法國移民也就成了英王的子民，英國政府對他們並沒有歧視壓迫，相反保護了法裔殖民者的風俗習慣和宗教信仰。這就讓那些英國殖民者有些不忿，覺得這些法國人本該是我們案板上的菜，你倫敦政府裝什麼高尚。

同時，先前法國人的盟友印第安人還不肯屈服。因為憎惡英國人搶佔他們的土地，印第安人繼續發動游擊戰，與英軍和英國殖民者大打出手。甚至連原先幫助英軍的易洛魁人也改變立場，和其他印第安人一起動手，殺了好幾千個英國殖民者。對此，英國只能做兩手準備，一邊出兵鎮壓、煽動印第安人內鬥，甚至把沾染天花病毒的毛巾、毯子之類的物品送到印第安人那裡實行「生物戰」；一邊採取懷柔政策，承認印第安人對土地的所有權，為此，還規定北美殖民地白人的活動範圍不得超出原先13州的界限。而從13州西邊到密西西比河的這些土地，屬於印第安人的領土，被稱為「保留地」。

這樣一來，北美殖民地更氣了。我們辛辛苦苦和法國人打這麼久的仗，不就是為了多佔些土地嗎？可是，現在倫敦的人既不許我們北上吞併加拿大，又不許我們西進搶印第安人的地盤，是可忍，孰不可忍！殖民地和倫敦的衝突簡直到了水火不容的地步。

然後，財政問題又給兩方本已緊張的關係上加上一把大火：英國政府決定在北美徵稅。他們想得很簡單：當初大英帝國之所以和法國打得不可開交，一半是為你們殖民地出氣。如今仗打贏了，你們殖民地安穩了，可是帝國的軍費花得跟流水一樣，眼看吃了上頓沒下頓，你們不該回報一點嗎？

然而北美殖民地不這麼想。他們覺得，我們這些移民能在美洲立足，靠的是英王陛下的恩典，和你們英國議會、政府有什麼關係嗎？再說，議會裡又沒有我們北美的代表，憑什麼你們說徵稅就徵稅？你看有趣不，當初英國人起來革命，先殺了查理一世，又推翻了詹姆士二世，費盡力氣剝奪了國王的權力，把權力收攏給議會。如今美洲的殖民者卻抬出國王來對抗倫敦的議會。

不管是英國本土，還是北美殖民地，都屬於「資產階級統治」，一旦談到錢的問題，那就是殺父之仇，奪妻之恨，半點含糊不得。1765年3月，也就是「七年戰爭」結束後的第2年，英國議會通過《印花稅法》，規定殖民地的一切印刷品，無論報紙、證書、廣告、合約乃至結婚證書，都要花錢買英國政府印刷的稅票後貼上去才行，否則就是違法。這下可捅了馬蜂窩。北美殖民地的人，尤其是不少有錢有勢有知識的中上層，蜂擁而起，組織了不少團隊，反抗《印花稅法》。他們不但拒絕繳稅，而且還聚眾鬧事，把稅務機關砸了個稀巴爛，把徵稅人員拖出來進行肉體上的虐打和精神上的凌辱。甚至英國總督和軍官的住處也被他們攻擊。10月，9個殖民地的代表在紐約開會，通過了《權利和公平宣言》，宣布只有殖民地自己的議會，而不是英國本土的議會，才能在殖民地徵稅。他們還紛紛抵制與英國本土的貿易，表示不讓我們滿意，就和你一刀兩斷！

英國議會沒料到這幫殖民地人居然如此暴躁。他們欺軟怕硬，只好息事寧人。於是在1766年3月，英國議會將《印花稅法》廢除了。這下北美的人可樂翻了，我們北美真有力量，連大英帝國議會都怕我們。

《印花稅法》廢除了，可英國政府的財政漏洞總得彌補。又過了一年，財政大臣唐森德提出了《唐森德稅法》，規定從英國輸往殖民地的紙張、玻璃、鉛、顏料、茶葉等一律徵收進口稅。這件事按說比印花稅更「合理」，跨過大西洋貿易，政府收點稅難道不應該嗎？可北美人又

明朝

哥倫布發現新大陸
— 1500

— 1600
清朝　五月花公約

— 1700

美國獨立
— 1800

門羅主義

美墨戰爭
— 1850
日本黑船事件

中美天津條約

南北戰爭

購買阿拉斯加

美西戰爭
「門戶開放」政策
— 1900

中華民國

經濟大蕭條

日本偷襲珍珠港

— 1950　韓戰

甘迺迪遇刺

911事件

— 2000

歐洲文藝復興運動

拜占庭帝國滅亡
1500—

1600—

1700—
工業革命
法國大革命
1800—

共產黨宣言
1850—

日本明治維新

普法戰爭

1900—

中華民國
第一次世界大戰

第二次世界大戰

1950—

越戰爆發

兩伊戰爭

東西德統一

2000—

不滿了，他們再次跳出來嚴厲抨擊《唐森德稅法》，又一次上演了報紙上的罵戰、公共演說、聚眾遊行示威、衝擊稅收機關等全面抗議活動，同時再次抵制英國貨。英國政府看殖民地一鬧，馬上又妥協了。1770年3月，《唐森德稅法》被廢除。英國政府步步退讓，但宗主國和殖民地兩方的問題卻越來越嚴重。就在《唐森德稅法》廢除的同一個月，波士頓的民眾與駐紮在此的英軍發生衝突，波士頓老百姓手持棍棒黑壓壓圍上來，要把英兵毒打一頓。可憐的英兵眼看這些氣勢洶洶的民眾，嚇得開槍射擊，當場打死3人。這就是「波士頓慘案」。這次慘案也標誌著英、美兩方逐漸向「不共戴天」的格局發展。英國政府很快發現，自己耗盡國力保衛下來的這一塊殖民地，再也留不住了。

第四章：飄揚的旗幟——美洲獨立時代

（西元17世紀晚期到18世紀前期）

　　北美殖民者在英、法之間左右逢源、驅虎吞狼，打出一個未來的世界首強美利堅。西班牙的拉美殖民帝國，土生白人紛紛聯合印第安人揭竿而起，建立了一連串獨立國家。在葡萄牙的殖民地巴西，佩德羅王子憑藉當地軍民，向企圖欺負他的葡萄牙本土議會發起了挑戰……美洲數十年之間，換上了一個嶄新的版圖。

1. 美國
2. 加拿大
3. 墨西哥
4. 古巴
5. 伯利茲
6. 瓜地馬拉
7. 薩爾瓦多
8. 宏都拉斯
9. 尼加拉瓜
10. 哥斯大黎加
11. 巴拿馬
12. 牙買加
13. 海地
14. 多明尼加
15. 委內瑞拉
16. 哥倫比亞
17. 厄瓜多
18. 秘魯
19. 蓋亞那
20. 蘇利南
21. 法屬蓋亞那
22. 巴西
23. 玻利維亞
24. 巴拉圭
25. 烏拉圭
26. 阿根廷
27. 智利

槍響！獨立宣言

英國費了九牛二虎之力打贏了北美殖民戰爭，把法國人轟出北美，結果卻發現，北美殖民地翅膀硬了，不聽話了。看著群情洶洶的北美鷹派，英國政府有苦說不出，只好步步退讓，《印花稅法》取消了，《唐森德稅法》也取消了。「波士頓慘案」發生之後，英軍被迫撤出了波士頓。

英國政府想，好啊，你們這些殖民地既然不肯交稅，那我賣點貨物總可以吧。正好，當時英國的東印度公司囤積了大批茶葉，英國政府就通過一項法案，把這些茶葉賣到北美大陸，並且對它們採取低稅收的優惠。這樣一來，東印度公司的茶葉在北美大陸就賣得很便宜，價格只有北美當地茶葉的一半左右。北美當地群眾喝茶當然選便宜的，於是東印度公司的茶葉很快搶佔了北美市場。

北美本土的茶葉商人和茶葉場主遭到重創後大叫：「倫敦這是在傾銷茶葉，損害我們北美的利益，絕對不能容忍！」那麼怎麼辦呢？你總不能挨家挨戶去敲同胞的門，禁止他們喝便宜的英國茶，逼著他們買你的貴茶葉吧？這幫人有辦法。他們直接把鬥爭矛頭指向英國的茶船。1773年冬天，幾艘滿載茶葉的英國商船開到北美，紐約、費城等地的當地人紛紛攔截碼頭，不許英國船卸貨。其中以麻塞諸塞州的波士頓港鬧得最凶，幾十個本地人化裝成印第安人，偷偷上船，把大批茶葉直接倒進了海裡。這就是「波士頓傾茶事件」。

消息傳到倫敦，英國政府再也忍不住了：這幫殖民地的傢伙，得寸

明朝

哥倫布發現新大陸
— 1500

— 1600
清朝　　五月花公約
— 1700

美國獨立
— 1800

門羅主義

美墨戰爭
— 1850
日本黑船事件

中美天津條約

南北戰爭

購買阿拉斯加

美西戰爭
「門戶開放」政策
— 1900

中華民國

經濟大蕭條

日本偷襲珍珠港
— 1950　　韓戰

甘迺迪遇刺

911事件
— 2000

歐洲文藝復興運動

拜占庭帝國滅亡
1500—

1600—

1700—
工業革命

法國大革命
1800—

共產黨宣言
1850—

日本明治維新

普法戰爭

1900—

中華民國
第一次世界大戰

第二次世界大戰

1950—

越戰爆發

兩伊戰爭

東西德統一

2000—

進尺，蹬鼻子上臉啊！他們決意給北美殖民地人一點顏色瞧瞧。於是在1774年，英國議會通過了《波士頓港口法》《麻塞諸塞政府法》《司法法》《駐營法》等法令。根據這些法令，英軍可以隨便搜查住宅，而且取消了麻塞諸塞的自治地位，把波士頓港也給封了。

北美那些強硬派一看倫敦竟敢下這種殺手鐧，頓時轟的一聲炸鍋了。很快，各地的反英組織紛紛串聯起來，組織了大批民兵，準備和英國人豁出去幹。1774年9月，當時13個州中的12個（喬治亞州沒有參加）在費城召開了第一次大陸會議，代表者都是些富商、資本家、大地主、知識分子等精英。大家一致決定，要求英國政府立刻取消那些可惡的法令，撤走在北美的駐軍，不然，就要和英國斷絕往來！

倫敦方面呢，既然已經翻了臉，那就不能再存幻想。他們加緊調集軍隊，準備武裝鎮壓北美人的反抗。北美人呢，早就是厲兵秣馬，只等開戰。兩方針鋒相對，戰火一觸即發。1775年4月，800名英軍前往麻薩諸塞的萊辛頓鎮，準備收繳當地民兵的軍火庫。結果，穿著紅色軍服的英軍，被淹沒在民兵的汪洋大海中。民兵們從樹叢裡、房屋背後、小山上面開槍，瞄著紅彤彤的英軍，很容易瞄準。沒多久，英軍死傷好幾百，剩下的狼狽逃竄。這就是「萊辛頓的槍聲」。

槍聲一響，北美徹底陷入戰爭中。各地的民兵、游擊隊一起發動進攻，到處攻城掠地，進攻英國的駐軍。5月，北美各州的代表又在費城召開了第二次大陸會議，決定聯合起來反抗英國。他們建立了「大陸軍」，公推喬治‧華盛頓為總司令。這位喬治‧華盛頓（1732—1799年），就是20多年前挑釁法國人，打響「法國—印第安人戰爭」的那位。當年他站在英國一方，如今卻要調轉槍口對付英國人了。

經過一年多漫長繁瑣的會議，在1776年7月4日通過了著名的《獨立宣言》。宣言中，北美人闡述了一條最重要的理念：人生而平等，擁有生命權、自由權和追求幸福的權利。如果政府壓制人民的這些權利，人

民就有權反抗政府、更換政府。隨後，宣言描述了英國政府對北美殖民地的各種慘無人道的壓迫。最後，他們莊嚴宣布：我們13個州，從此不再對英國效忠，我們是一個獨立的國家了！這個新獨立的國家，就是美利堅合眾國。不過在當時，這個「國家」更像是一個由13個小國組成的「聯盟」，每個小國（州）都有自己的議會和法律，而中央政府的權力相對有限。

接下來，一心獨立的美國，就和一心維持統治的英國展開了曠日持久的戰爭。

比較雙方的實力，一個是老牌的世界頭號強國，一個是新興的殖民國家，英國明顯佔優勢。論人口，英國接近1000萬；美國只有300多萬，其中還包括幾十萬人的親英派。論地盤，北美13州固然比英國本土要大，但別忘了英國擁有廣大的殖民地，包括剛從法國搶過來的加拿大地區。論軍力，英國早就在世界上打了幾百年的惡仗，海陸軍建制完整，裝備精良；而美軍是從民兵中召集的，缺乏訓練，數量也不如英軍多。當然，美國還有數量龐大的民兵，但是這些民兵一般是不能離開本土作戰的，而且缺乏統一調度；而英軍則可以得到很多印第安盟友的支持。當初，這些印第安人站在法國一邊反對英國人，可是他們也清楚，北美這些英裔殖民者才是搶他們地盤的真正對頭，於是他們轉而支持昔日的敵人。

美國人方面也有他們的優勢。除了「為獨立自由而戰」這種說不清楚的精神加分之外，他們畢竟是在本土作戰，對地形更加熟悉。比起跨越大西洋而來的英軍，美軍的補給線短，也更能持久堅持，打得贏就打，打不贏就跑，而且哪怕被打得幾乎全軍覆沒，只要隊伍領導還在，隨便一號招，又能召來一大批人。還有一個重要因素是，英國是當時世界頭號霸主，世界頭號霸主也意味著是世界頭號招人恨的靶子。尤其是世仇法國，剛剛在「七年戰爭」中被英國搶走了大片殖民地，正在咬牙

明朝

哥倫布發現新大陸
— 1500

— 1600
清朝　五月花公約
— 1700

美國獨立
— 1800
門羅主義

美墨戰爭
— 1850
日本黑船事件

中美天津條約

南北戰爭

購買阿拉斯加

美西戰爭
「門戶開放」政策
— 1900

中華民國

經濟大蕭條

日本偷襲珍珠港
— 1950　韓戰

甘迺迪遇刺

911事件
— 2000

歐洲文藝復興運動

拜占庭帝國滅亡
1500—

1600—

工業革命 1700—

法國大革命 1800—

共產黨宣言 1850—

日本明治維新

普法戰爭

1900—

中華民國
第一次世界大戰

第二次世界大戰

1950—

越戰爆發

兩伊戰爭

東西德統一

2000—

切齒之時，眼看著英國人自己的後院亂起來了，他們簡直樂瘋了，趕緊拉攏了西班牙、荷蘭等一群兄弟，給美國送錢、送槍，後來還直接派出大軍和美軍聯手夾擊英軍。這麼一來，北美殖民地反對英國的戰爭，實際上擴大成了歐洲強國之間其爭霸戰的延續。英國的力量確實比美國要強大得多，可是美國的那一邊再加上法國、西班牙、荷蘭等幾個強手，孰強孰弱就不好說了。

因此戰爭從1775年開始，打得就很激烈。一開始，美國軍隊和民兵士氣如虹，頻頻進攻英軍控制的城市，還多次攻打加拿大，企圖把加拿大的法國人也團結起來一起反抗英國。可是加拿大的法國人，這麼多年跟英裔殖民者沒少結血仇，如今你們英國人自己內訌，我們憑什麼摻和進來？再說，聽聞你們這13州老早就不懷好意，企圖吞併我們加拿大，我們才不上當呢。你們自己打吧，我們看戲。美軍在魁北克城遭遇巷戰，傷亡慘重，被迫匆忙地撤回。沒多久，英國大軍登陸北美，反撲過來。就在「獨立宣言」通過後不到半年，華盛頓的軍隊被英軍打得丟盔棄甲，2萬兵馬只剩5000，殘部缺衣少食，眼看就要覆滅。

這個危急關頭，華盛頓個人的毅力發揮了巨大作用。按照那時的習慣，一般冬天是不打仗的，尤其北美天寒地凍，在外行軍就是受酷刑。華盛頓趁著聖誕之夜，帶兵渡過德拉瓦河，猛然反擊英軍。英軍被打得措手不及，損兵千餘。以此為契機，華盛頓重振了美軍士氣，又得到了更多的支持，轉入反攻。1777年秋天，他利用英軍兵力分散的良機，把英國大將伯格英包圍在薩拉托加。伯格英彈盡糧絕，只好率5000人投降。你看，同樣是只剩5000人，華盛頓敢於在大風雪中反擊，伯格英被包圍就投降了，這就是雙方將領的差距。

華盛頓殲滅了伯格英部英軍，雖然在整體兵力上美軍還是處於劣勢，但卻給反英陣營打了一劑強心針。法王路易十六原本只是給美軍出錢、出槍，現在也興高采烈地派出海軍艦隊和陸軍兵團向英國宣戰；

西班牙、荷蘭等也一擁而上助拳。華盛頓則利用這次勝利，把軍隊退到後方，請普魯士教官嚴加訓練，將軍隊訓練成了一支精兵。此後，雖然美軍又吃了不少敗仗，但靠著法國支援，還是越戰越勇；英軍呢，雖然打了不少勝仗，可是自己就像是在北美大陸的孤島，兵力、彈藥、士氣每戰一次都在消耗，而海上的補給線又被法國、西班牙、荷蘭的海軍威脅，這樣前後受敵，越打越衰，漸漸地，對大片土地都失去了控制，只剩下北方的紐約和南方的約克鎮兩個孤立據點，勉強算是「犄角之勢」。

1781年，華盛頓和法國的羅尚博侯爵率領1.7萬美法聯軍把康華里將軍的8000英軍包圍在約克鎮。康華里將軍還指望著海上艦隊來解圍，誰知等了好多日，來的卻是法國艦隊。這麼海陸夾攻，康華里將軍招架不住，率眾投降。這支英軍一覆滅，北美只剩下紐約一座孤城，那還怎麼打？英國無奈，只好和談。這時候距離「七年戰爭」結束也不過20年，英國人腸子都悔青了，早知道如此，當初真不該把法國人打得那麼狠，若是留著新法蘭西在，北美13州還敢這麼猖獗鬧獨立嗎？

1783年，美、英簽署《凡爾賽和約》，英國承認美國是獨立國家，還把密西西比河以東的大片土地（剛從法國人手中奪來的，屬於印第安部族的生存地）割讓給美國。這樣，北美的「一小撮」殖民者先是聯英侵法，接著借法抗英，終於在英、法之間硬生生地打出一片天地來，美洲大陸上的第一個獨立國家正式取得了世界強國們的認可。200多年後，這個由殖民地聚合而來的國家，將成為世界頭號霸主。

明朝

哥倫布發現新大陸
— 1500

— 1600
清朝　五月花公約
— 1700
美國獨立
— 1800
門羅主義

美墨戰爭
— 1850
日本黑船事件
中美天津條約
南北戰爭
購買阿拉斯加

美西戰爭
「門戶開放」政策
— 1900

中華民國

經濟大蕭條

日本偷襲珍珠港
— 1950　韓戰

甘迺迪遇刺

911事件
— 2000

歐洲文藝復興運動

拜占庭帝國滅亡
1500—

1600—

1700—
工業革命
法國大革命
1800—

共產黨宣言 1850—

日本明治維新

普法戰爭

1900—

中華民國
第一次世界大戰

第二次世界大戰

1950—

越戰爆發

兩伊戰爭

東西德統一

2000—

初生！擴張與鬥爭

　　渴望獨立的那部分美國人民打跑了英國政府軍，捎帶趕走了不願意獨立的那部分親英分子，一個個熱情高漲。對於領導人民取得勝利的華盛頓將軍，他們非常愛戴。有人就說：華盛頓大哥，乾脆你來當美國國王好了。華盛頓呢，他和一群「親密」戰友，什麼傑佛遜、漢密爾頓、富蘭克林等人努力了好幾年，終於在1787年制訂出一部《美國憲法》。

　　這部憲法確立了七大原則。第一是主權在民，就是說國家是人民的，不是國王或統治者的。第二是共和制，就是國家要員（包括總統、議員）由人民投票選舉而不是世襲任命。第三是聯邦制，就是說美國由許多個州組成，每個州都有自己的獨立權利，中央政府（聯邦政府）也要尊重各州的地方權力。第四是三權分立，國家的行政權力（包括軍隊）歸總統指揮，但立法權力由議會掌握，而司法權力由法院負責，三者彼此獨立，不能讓一家坐大。第五是制衡，上述三權之間彼此牽制，比如法官可以審核總統和議會是否違憲，比如總統可以否決國會的新法律……等等。第六是有限政府，意思是美國各級政府的權力要受到制約。第七是個人權利至上，老百姓個人的言論等權利是受到法律保護的，可以對抗政府欺壓。

　　憲法出來後又修正了兩年，美國在1789年進行了第一次大選，老百姓興高采烈投票。毫無懸念，獨立戰爭的大英雄華盛頓當選為美國首位總統。華盛頓當了兩屆一共八年後，不再連任，自己回去經營農場去了。

華盛頓的戰友們紛紛站出來，為了各自的信念和利益展開廝殺。華盛頓的兩位簽署《獨立宣言》的戰友，約翰‧亞當斯（1735—1826年）率領聯邦黨，湯瑪斯‧傑佛遜（1743—1826年）統領民主共和黨，進行了慘烈競選，亞當斯以微弱優勢得勝。但亞當斯在任上才發現，總統這位置不是人人都能幹的，尤其美國新成立不久，外有英國的封鎖，內有一群追求自由慣了的「刁民」，總統就是個挨罵的位置，真是壓力大。尤其是另外幾個開國元勳紛紛和他過不去，除了班傑明‧富蘭克林（1706—1790年）死得早，其他像亞歷山大‧漢密爾頓（1757—1804年）等人直接拿起磚頭拍他。可憐的亞當斯在內焦外困下，終於在4年後的選舉中輸給傑佛遜，黯然退場。他在任的最大政績，是把讓美國首都從費城遷到華盛頓市，並修了一座總統府，就是後來的白宮，不過當時還不是白的，是灰色的，叫「總統大廈」。此後，美國的黨派競爭就日趨激烈。

按說，新建立的美國這麼「民主」，這麼「自由」，人民生活應該蠻幸福吧？那也未必。首先，當初那些親英的殖民者倒大楣了，被稱為「美奸」，慘遭凌辱毆打，只能紛紛逃到加拿大去。其次，美國是要堅決維護奴隸制度的，華盛頓本人就是個大奴隸主，獨立後美國各州的奴隸制都得到保留，黑人在美國繼續慘遭奴役，而且一個混血兒只要帶上一丁點黑奴血統，都只能終身為奴。在獨立戰爭中，英國方面為了削弱美國力量，曾宣布「凡是站在英國一邊的黑奴，都給予自由」，由此造成大批奴隸逃亡，美國方面對此嚴厲鎮壓。

還有印第安人也挺慘的。大部分印第安人在獨立戰爭中支持英國，結果英國敗了，印第安人的傳統領地（北美十三州以西，密西西比河以東地區）反而被英國割讓給美國。於是乎，美國軍隊張牙舞爪地開始向西擴張。可憐的印第安人前兩次聯合法國、英國都沒打贏北美13州，這回獨立作戰，哪裡還是對手？在美軍和民團的槍炮與病毒夾擊下，印第

明朝

哥倫布發現新大陸
— 1500

— 1600
清朝　五月花公約
— 1700

美國獨立
— 1800
門羅主義

美墨戰爭
— 1850
日本黑船事件

中美天津條約

南北戰爭

購買阿拉斯加

美西戰爭
「門戶開放」政策
— 1900

中華民國

經濟大蕭條

日本偷襲珍珠港

— 1950　韓戰

甘迺迪遇刺

911事件

— 2000

歐洲文藝復興運動

拜占庭帝國滅亡
1500—

1600—

1700—
工業革命
法國大革命
1800—

共產黨宣言
1850—

日本明治維新

普法戰爭

1900—
中華民國
第一次世界大戰

第二次世界大戰

1950—

越戰爆發

兩伊戰爭

東西德統一

2000—

安人死的死，躲的躲，剩下的不是往北逃到加拿大，就是往西逃到密西西比河西邊去了。逃到西邊去的也躲不過，接下來的一個世紀，美國人繼續不斷從東往西擴張，展開「西進運動」，而印第安人的地盤被越壓越小，最後退縮到少數「保留地」中，成為北美大陸徹底的「少數民族」。

就是留在國內的美國白人，也有不滿意的。尤其是那群窮人，當初跟著大地主、大資本家、精英知識分子們一起喊「轟走英國人」，結果把英國人轟走了，好像只有這幫有錢人越過越好，自家卻吃了上頓沒下頓，還不如英國人統治時期呢。於是乎，在1786年，美國憲法還沒制定出來，參加過獨立戰爭的軍官謝司就帶著一幫窮人，在麻塞諸塞州發動了「謝司起義」，隊伍一度達到1萬多人，後來華盛頓調集大軍，同時用「假裝和談」哄騙放下武器之計，才把起義給鎮壓下去。到1791年，因為抗議政府對威士忌酒徵稅，賓夕法尼亞州的農民們又發起了暴動，把稅官抓起來塗上柏油、沾上羽毛遊街示眾。暴亂前後持續幾年，華盛頓總統親率部隊趕去，才把事情平息下去。

儘管存在這麼多問題，新生的美國人還是很熱愛自己的國家。他們決定採取實際行動以表達對祖國的愛，那就是擴張，再擴張，不斷地擴張！最初北美13州的總面積是80多萬平方公里，獨立戰爭後，英國把密西西比河東邊的大片土地割讓給美國，美國人很快轟走了當地的印第安部族，把這大片領土納為己有。這樣，美國總面積達到了230萬平方公里。

然而，230萬平方公里怎麼夠啊！我們大美利堅無論如何也得統一全美洲，至少要統一全北美啊！於是美國繼續擴張。在西邊，他們盯上了密西西比河西岸的路易斯安那地區。這一大片土地本是法國殖民地，「七年戰爭」後法國被英國轟出北美，就轉手把這塊地送給了盟友西班牙。等到1800年，法國超級英雄拿破崙上台，又從西班牙手中把這塊

地要了回來。再借美國人3個膽子，也不敢惹拿破崙。但是他們看得明白：拿破崙的崛起，英國人必然會不爽。歷史上，只要英、法一爆發衝突，美國必然漁翁得利。走著瞧吧！果然，到了1802年，拿破崙陷入和英國的全面戰爭。為了拉攏美國一起反英，拿破崙把260萬平方公里的路易斯安那地區，以區區1500萬美元賣給了美國。就這樣，美國領土向西擴展到落磯山脈，總面積接近500萬平方公里。

隨後，美國又盯上南邊的佛羅里達，想照例買過來。佛羅里達的宗主國西班牙這時雖已是日薄西山了，可還知道領土的寶貴，絕不同意。美國人冷笑一聲，你不賣，我就沒辦法了嗎？別忘了，你這小小的佛羅里達，緊靠著我大美利堅，我可是主場作戰！

正巧，西班牙的波旁王朝在1808年被拿破崙給滅了。美國人高興極了，他們趕緊趁著西班牙亡國的大好機會，源源不斷地往佛羅里達移民，還派軍隊殺過邊境。等到幾年後拿破崙垮台，西班牙波旁王朝復辟，再往美洲一看：哎喲我的天，明明是我們的佛羅里達，怎麼被美國人佔了90%啊，這還叫西班牙殖民地嗎？沒辦法，木已成舟，米已成炊，西班牙只好忍痛割肉，以區區500萬美元，把15萬平方公里土地賣給美國。這筆生意單價比路易斯安那要高點，但佛羅里達可也比路易斯安那要發達得多啊！

至此，美國的總面積突破500萬平方公里大關，在全球也算得上是屈指可數的大國了。佛羅里達的印第安人反對美國入侵，從19世紀初一直打到19世紀末，終於還是屈服了。

美國政黨變化

建國之初，美國兩大政黨是聯邦黨（主張加強聯邦政府的中央集權）和民主共和黨（主張加強州的地方權力，是今日民主黨的前身）。19世紀初期，聯邦黨因為親英而逐漸衰敗，而民主共和黨則又分裂為民主黨（主

明朝

哥倫布發現新大陸
—1500

—1600
清朝　五月花公約
—1700

美國獨立
—1800
門羅主義

美墨戰爭
—1850
日本黑船事件
中美天津條約
南北戰爭
購買阿拉斯加

美西戰爭
「門戶開放」政策
—1900

中華民國

經濟大蕭條

日本偷襲珍珠港
—1950　韓戰

甘迺迪遇刺

911事件
—2000

歐洲文藝復興運動

拜占庭帝國滅亡
1500—

1600—

1700—
工業革命
法國大革命
1800—

共產黨宣言
1850—

日本明治維新

普法戰爭

1900—

中華民國
第一次世界大戰

第二次世界大戰

1950—

越戰爆發

兩伊戰爭

東西德統一

2000—

張加強總統權力，支持擴張）和國家共和黨（主張議會權力大於總統，反對侵略擴張）。國家共和黨不久改名輝格黨。到19世紀中葉，因為對奴隸制問題的「選邊站」，兩大黨都發生了劇烈的震盪。輝格黨直接瓦解了，民主黨也元氣大傷，而大批激烈反對奴隸制的兩黨人士則聯合建立了一個新的政黨——共和黨。從此，美國民主黨和共和黨的對峙延續100多年至今。

頑強！加拿大抗美

不過美國人最想吞併的，還是北邊的加拿大。畢竟，那裡現在是大英帝國在北美的根據地，美國人看著加拿大就跟芒刺在背一樣。他們又是政治遊說，又是軍事威逼，想方設法地要把加拿大也拉進美國來，可惜這打算落空了。加拿大地區原本是法國殖民地，地大人少，在「七年戰爭」後被割讓給英國；後來美國獨立戰爭，13州的大批親英分子慘遭「獨立派」迫害，逃亡到加拿大，短短幾年使得加拿大英裔人口與法裔人口不相上下。英國方面就把殖民地分成兩大塊，東邊一塊叫下加拿大（今魁北克省），主要聚居著法國殖民者；西邊一塊叫上加拿大（今安大略省），主要安置從美國逃來的英國殖民者。還有不少黑人也從美國奴隸主的莊園中逃出來，到加拿大尋求自由。另外還有些英軍盟友印第安人，地盤被美國吞併後，也逃過來。如此的人口結構，怎麼看也不會對美國有好感啊。

英國方面痛感原13州殖民地統治不力，讓這些無法無天的殖民者太肆意妄為了，導致叛亂。痛定思痛，他們在加拿大加強了建設，一方面強化了總督的統治，另一方面安撫各族民眾。比如繼續尊重法裔的傳統，而且讓法裔人士進入政府、法院的高層。對逃難來的英裔和印第安人，提供大片土地加以安置。尤其值得稱道的是，英國政府安置這些難民的土地，都是從本地印第安人那裡花錢買來的，這和美國政府直接搶的做法也是截然不同。此外，英國還向奴隸制宣戰。在英裔的上加拿大，18世紀末就廢除了奴隸制度，法裔的下加拿大19世紀初也開始廢

明朝

哥倫布發現新大陸
— 1500

— 1600
清朝　五月花公約

— 1700

美國獨立
— 1800

門羅主義

美墨戰爭
— 1850
日本黑船事件

中美天津條約

南北戰爭

購買阿拉斯加

美西戰爭
「門戶開放」政策
— 1900

中華民國

經濟大蕭條

日本偷襲珍珠港

— 1950　韓戰

甘迺迪遇刺

911事件

— 2000

歐洲文藝復興運動

拜占庭帝國滅亡
1500—

1600—

工業革命
1700—
法國大革命
1800—

共產黨宣言
1850—

日本明治維新
普法戰爭

1900—

中華民國
第一次世界大戰

第二次世界大戰

1950—

越戰爆發

兩伊戰爭

東西德統一

2000—

奴。到19世紀30年代，整個加拿大只剩下幾名黑奴，而這時候美利堅合眾國的奴隸主們過得正舒適呢。大英帝國的想法很簡單：就是要把加拿大建設成一個模範地區，讓你們這些獨立的叛賊看看，是離開大英帝國好呢，還是留在大英帝國好！

美國方面，看加拿大這麼折騰，心頭大為不爽。正巧這時，歐洲爆發了拿破崙戰爭，英國拉攏一幫盟友圍剿拿破崙，並且頒布公告，禁止一切國家和拿破崙做生意。美國呢，心想我憑什麼聽你的？英國命令海軍對美國船隻該攔的攔，該扣的扣。此外，還有些英國逃兵逃到美國，取得了美國國籍。英軍想，這明明是我的逃兵，穿上美國衣服我就不認識了？照抓不誤！

美國勃然大怒：敢抓我美國的公民，你這是打臉啊！於是在1812年對英國宣戰。「第二次英美戰爭」爆發了。相比30多年前爆發的獨立戰爭，這回美國佔據絕對優勢。英國的主力都被拿破崙牽制在歐洲了，整個北美殖民地只有50萬人口和5000名軍人。而美國則擁有750萬人口和3.5萬軍人。美軍鬥志昂揚，殺奔加拿大而去，準備一舉吞併這塊垂涎已久的土地。誰知來勢洶洶的美軍卻遭到英軍、加拿大民兵和印第安人的迎頭痛擊，損兵折將，一潰千里。雙方進行拉鋸戰，英軍隨後反攻入美國，佔領了不少美國地盤。

1814年8月，英軍佔領了美國首都華盛頓，把總統大廈也給燒成一片焦黑。等英軍撤走後，美國人只好用白色塗料重新粉刷總統府，這就是「白宮」的由來。接下來在巴爾的摩的麥克亨利要塞，美軍則頑強地抵擋住了英軍的攻擊，在槍林彈雨下，美國的星條旗始終飄揚在港口上空。美國律師弗朗西斯‧斯科特見狀，大為感慨，遂寫下一首豪邁的詩篇——《星條旗之歌》（也意譯為《星條旗永不落》），後來成為美國國歌。

經過數年鏖戰，美國被英、加、印第安聯軍打得筋疲力盡，但英國

也沒法對抗已經成為龐然大物的美國。最後，雙方在1814年年底停戰簽約，議定：各自退出佔領的對方地盤，以北緯49度線劃分兩國邊界。於是大家看看今天的北美地圖，美國和加拿大西部的邊界就是一條直線。這場戰爭被美國稱為「第二次獨立戰爭」，此戰後美、英兩國在北美的激戰告一段落，美國可以安心搶奪印第安人的領土了，或者欺負南邊的其他美洲兄弟了。而加拿大人則將此戰稱為「加拿大獨立戰爭」，因為此戰挫敗了美國吞併加拿大的野心，使得一個英屬加拿大得以獨立於北美大陸。

此後，英國移民潮水般地往加拿大遷徙，正如百餘年前他們潮水般往美國遷移一樣。僅在1820年一年就來了10多萬人，基本相當於幾十年前美國獨立時全加拿大的人口總數。到19世紀30年代，上、下加拿大人口總數超過了百萬。隨著人口增加，英國在加拿大的統治也出現了一些問題。包括窮人與富人的階級問題，本地積極分子也對倫敦政府開始不滿，還有法裔加拿大人對英國的怨氣等。這些問題糾結在一起，導致1837年在上加拿大和下加拿大都發生了大規模叛亂，美國人得意了，趕緊煽風點火，甚至派出大批民兵越境燒殺搶掠，一心想推翻英國統治，把加拿大搶過來。好在大英帝國當時還是如日中天，迅速挫敗了美國的武裝入侵陰謀，而且加拿大的大部分人還是反美親英的，叛亂沒多久便被平息。

英國政府面對加拿大的動盪，也知道時代不同了，再堅持過去那一套，只怕要激出第二個美國來。為此，他們採取了幾方面措施。首先，把英裔的上加拿大和法裔的下加拿大合併成一個加拿大。其次，逐漸允許加拿大建立一個自治政府。英裔改革政治家鮑文德和法裔改革家拉芳丹組成強大的聯盟，而大英帝國北美總督——額爾金伯爵詹姆士·布魯斯對他們的行動予以支持。在幾位有識之士的合作下，終於，由本地人選舉出的「責任政府」在1848年建立。這一年，在歐洲恰是如火如荼的

明朝

哥倫布發現新大陸
— 1500

— 1600
清朝　五月花公約

— 1700

美國獨立
— 1800

門羅主義

美墨戰爭
— 1850
日本黑船事件

中美天津條約

南北戰爭

購買阿拉斯加

美西戰爭
「門戶開放」政策
— 1900

中華民國

經濟大蕭條

日本偷襲珍珠港

— 1950　韓戰

甘迺迪遇刺

911事件

— 2000

歐洲文藝復興運動

拜占庭帝國滅亡
1500—

1600—

1700—
工業革命
法國大革命
1800—

共產黨宣言
1850—

日本明治維新

普法戰爭

1900—

中華民國
第一次世界大戰

第二次世界大戰

1950—

越戰爆發

兩伊戰爭

東西德統一

2000—

大革命之年，法國、德國、義大利各國人民血流無數，終於推翻了頭上的壓迫者，可惜最終都橫遭鎮壓，反倒是遠隔重洋的加拿大，動動嘴皮子就完成了民主自治。到1867年，英國政府正式建立了「加拿大自治領聯邦政府」。此後，英國在北美的各殖民地不斷加入，從而逐漸形成世界領土面積第二大的加拿大。

海地！黑人的國度

明朝

哥倫布發現新大陸
— 1500

— 1600
清朝　五月花公約
— 1700

美國獨立
— 1800

門羅主義

美墨戰爭
— 1850
日本黑船事件

中美天津條約

南北戰爭

購買阿拉斯加

美西戰爭
「門戶開放」政策
— 1900

中華民國

經濟大蕭條

日本偷襲珍珠港

— 1950　韓戰

甘迺迪遇刺

911事件

— 2000

　　北美的英國殖民地政策相對算是寬容的了，但這樣還是發生了美國獨立戰爭。那麼拉丁美洲的人被壓榨得更厲害，他們能忍嗎？當然不能。但是，拉美人的戰鬥力不如北美的殖民者強悍，又沒有外援，所以一時掀不起大浪。但等到18世紀末，一切都亂了。首先是啟蒙運動席捲歐洲，民主、自由、平等觀念石破天驚般出現，拉丁美洲也深受影響。然後，美國獨立了，法國爆發了大革命，拉美人一看，喲，想不到還有這麼個活法！不禁心頭都活絡起來。再加上歐洲列強拼湊「反法同盟」圍攻法國的革命政府，爆發了歐洲大戰。這個過程中西班牙遭到法國的沉重打擊，一度還亡了國，歐洲列強自相殘殺，也給予拉美本地人一個很好的機會。於是乎「拉丁美洲獨立戰爭」之火轟轟烈烈地燃燒起來。

　　最先起來的，是西班牙在美洲最早的殖民基地——伊斯帕尼奧拉島，也就是海地島。不過，這個島的西半部（今海地）早在17世紀就被法國搶去了，而且比東部（今多明尼加）要繁榮得多。海地獨立的敵人不光是西班牙，還有法國、英國等。

　　獨立起義時，島上的印第安人早就被滅絕了，主要人口是以法裔為主的歐洲白人、黑人和混血人種。大致上，島上的60餘萬人被分為五大階層。第一階層是白人中的權貴大地主（大白人），大約幾千人；第二階層是白人的中產階級、小地主和技工（小白人），約有3萬人；第三階層是黑白混血人，大約4、5萬人；第四階層是3萬自由黑人；第五階層是50萬苦難深重的黑奴，還有大批為了自由不惜提著腦袋玩命的逃亡黑

歐洲文藝復興運動

拜占庭帝國滅亡
1500—

1600—

1700—
工業革命
法國大革命
1800—

共產黨宣言
1850—

日本明治維新

普法戰爭

1900—

中華民國
第一次世界大戰

第二次世界大戰

1950—

越戰爆發

兩伊戰爭

東西德統一

2000—

奴。這麼五種人已經夠亂了，可是就連本地的權貴白人中，還分成了反感巴黎的「獨立派」和親近巴黎的「統一派」。在美國獨立戰爭期間，又有一批自由黑人被法國政府派去給華盛頓助戰，這批人回到島上後自然更不安分。等到法國大革命爆發後，本地人又分為「保皇派」和「革命派」，而混血人種又強烈要求得到和白人一樣的政治權利，黑奴和逃奴趁機發動大規模武裝起義，而另有一部分「忠奴」卻在奴隸主帶領下拿起武器，準備鎮壓自己造反的同胞。這麼一來，整個海地島上，狼煙四起，動盪不安。

1792年，巴黎的雅各賓派在羅伯斯比率領下掌權，派遣一支精銳部隊來到海地島，準備鎮壓各方動亂，恢復革命政府對這塊殖民地的統治。但這支革命軍隊一登陸就遭到當地保皇黨人的狙擊。而且巴黎來的人內部也產生了分歧，有人想把白人和混合人種撮合在一起鎮壓黑人，有人認為黑人也該擁有人權，這麼一來內鬥反而越來越激烈。當時英國和西班牙正在聯合鎮壓法國革命，見狀大喜，趕緊也派出軍隊登陸。他們為了收買人心，宣布要解放黑奴。很多黑奴真的相信了他們，於是歡天喜地去迎接「王師」。結果等西班牙人佔據一定優勢後，英軍和西班牙軍隊立刻翻臉，再次勾結當地的奴隸主，加強了對黑奴的鎮壓力度。黑人們發現上了當，對西班牙人恨得咬牙切齒，而法國革命政府趕緊順應潮流，宣布廢奴。於是黑奴們又站到法國那一邊去了。就在這亂紛紛的勢力裡面，冒出了一位黑人英雄——杜桑·盧維杜爾（1743—1803年）。

杜桑的父親據說是非洲貝南的王子，可惜打了敗仗，成為奴隸被賣到海地。杜桑從小聰明好學，到1777年已經成為自由民，頗有學識，還閱讀了孟德斯鳩、盧梭等啟蒙大師的作品，並且自己也當了一個小小的種植園主，可謂吃穿不愁。但是杜桑並不甘於享受個人富貴。雖然社會地位提升了，可他牢記著黑人兄弟們遭受的苦難，所以島上一亂，他立

刻參加了革命，並很快成為黑人起義軍領袖。杜桑頗有軍事天分，又擅長外交手段，先是配合西班牙軍隊痛打維護奴隸制的法軍，等法國人宣布廢奴後，杜桑又轉而配合法軍打西班牙人（有點像美國人在英、法之間的左右逢源），打得西班牙人哇哇大叫。西班牙在美洲挨杜桑的揍，在歐洲則被法國革命政府軍打得滿地找牙，最後被迫把東邊半個伊斯帕尼奧拉島（即今多明尼加）也割讓給法國，乖乖地撤出島嶼。

打跑了西班牙人，杜桑再接再厲，又跟法軍聯手，繼續痛打另一個對手英軍。英軍可比西班牙人厲害多了，但在熟悉地形又智勇雙全的杜桑面前，依然只有挨打的份。打到1798年，英軍在島上前後傷亡10萬之眾，也只好撤退了。這樣，杜桑和法國聯手擊退了美洲兩大殖民強國。此後，杜桑又和本島的混血人起義軍展開爭霸戰，打到1800年，杜桑終於取得勝利，獨佔了伊斯帕尼奧拉島。

由於這時候法國內部正在接連不斷地出問題，尤其是拿破崙在1799年透過霧月政變上台，需要穩定自己的地位，因此就任命英勇善戰的杜桑為海地總督，杜桑也宣誓效忠拿破崙將軍。島上暫時得到了和平。杜桑埋頭建設家園，治療戰火下的瘡痍。平心而論，拿破崙對杜桑還不錯，如果光為了個人榮華富貴，杜桑好好當他的總督也就是了。可是，杜桑心中依舊惦記著自己那些黑人兄弟們的命運。現在自己這個總督還是在法國的統治下，要是法國再更換政策，海地豈非還要回到過去的苦難中？他下定決心要有進一步動作。休整了兩年後，杜桑覺得時機差不多了。

1801年，他頒布了海地的憲法，又發表了獨立宣言，宣布海地是一個獨立的國家，廢除奴隸制度，所有海地人不分膚色、種族，一律平等。

拿破崙這時候正是如日中天，一聽杜桑總督竟敢鬧獨立，他立刻命令妹夫勒克萊爾率領3萬大軍，55艘軍艦，殺奔海地而來。拿破崙麾下的

明朝

哥倫布發現新大陸
— 1500

— 1600
清朝　五月花公約
— 1700

美國獨立
— 1800

門羅主義

美墨戰爭
— 1850
日本黑船事件

中美天津條約

南北戰爭

購買阿拉斯加

美西戰爭
「門戶開放」政策
— 1900

中華民國

經濟大蕭條

日本偷襲珍珠港
— 1950　韓戰

甘迺迪遇刺

911事件
— 2000

歐洲文藝復興運動

拜占庭帝國滅亡
1500—

1600—

1700—
工業革命
法國大革命
1800—

共產黨宣言
1850—

日本明治維新

普法戰爭

1900—

中華民國
第一次世界大戰

第二次世界大戰

1950—

越戰爆發

兩伊戰爭

東西德統一

2000—

法軍，比英國、西班牙等七拼八湊的部隊要強多了，杜桑的軍隊和他們打游擊戰，打了幾個月，損失慘重。勒克萊爾一邊用軍事攻擊，一邊用政治收買，先後誘降了杜桑部下的許多將領。走投無路的杜桑只得和法軍和談，卻被背信棄義的勒克萊爾抓起來送到了法國。1803年，杜桑死在法國的監獄中。

可是拿破崙也沒笑到最後。他抓住杜桑後，急不可耐地想在海地恢復奴隸制，結果先前投降的黑人們又群起反抗。而英國也趁機添亂，出兵支援海地。法軍腹背受敵，再加上受不了海地的熱帶氣候，病死、戰死的不計其數，連勒克萊爾本人也一命歸西。1803年11月，法軍殘部幾千人逃離海地，半途被英國海軍全部俘虜。這時候距離杜桑病故也不過半年而已。

1804年，海地正式宣布獨立，當年9月，杜桑的部下德薩林自稱皇帝。至此，經過10多年的艱苦戰鬥，拉丁美洲的第一個獨立國家，也是整個美洲的第二個獨立國家建立了。這也是第一個由黑人建立的近現代國家（島上的白人絕大部分在戰亂中死亡或逃離了）。此後海地深陷動亂、內戰之中長達百餘年。2014年統計，其人均GDP排在全球各國中的倒數20多名，排在它後面的除了一票非洲國家外，就只剩敘利亞、阿富汗等寥寥幾個動盪國家了。

海地之亂

1789年法國革命政府發佈《人權宣言》，島上大白人立刻組織了自己的議會，發佈了鎮壓小白人和混血人種的政治主張。小白人大為不滿，與駐軍一起發動起義，把大白人議員們從窗口扔了出去。而混血人種也隨之起義要求權利，小白人趕緊和大白人盡棄前嫌，聯手鎮壓。1790年，巴黎革命政府宣布混血人種也有參加議會的權利，混血人種越戰越勇。這時候黑奴們也發動了起義，焚燒莊園，打死白人。混血人種見狀，轉而與白

人聯合鎮壓黑人，企圖藉此穩定自己的地位。誰知白人卻不領情，一面借混血人種鎮壓黑人，一面上書巴黎政府，取消了混血人種的權力，然後背後捅刀子，對混血人種大開殺戒。混血人種這才發現被白人出賣了，各個義憤填膺，轉而和黑人聯手，並支持黑奴起義。

多明尼加的獨立

海地島東部的多明尼加，與海地一起被法軍佔領。1809年，多明尼加在英國和海地增援下擊敗法軍，重新成為西班牙殖民地。

1821年，多明尼加獨立運動開始，卻被海地趁機吞併。1844年多明尼加推翻了海地統治，獨立建國。此後，多明尼加雖然曾短暫為西班牙合併，長期受到美國的控制，但基本保持了形式上的獨立。

明朝

哥倫布發現新大陸
— 1500

— 1600
清朝　五月花公約
— 1700

美國獨立
— 1800

門羅主義

美墨戰爭
— 1850
日本黑船事件

中美天津條約

南北戰爭

購買阿拉斯加

美西戰爭
「門戶開放」政策
— 1900

中華民國

經濟大蕭條

日本偷襲珍珠港

— 1950　韓戰

甘迺迪遇刺

911事件

— 2000

呼聲！墨西哥獨立

　　海地獨立敲響了拉美殖民體系的喪鐘，緊跟著墨西哥的獨立戰爭也開始了。墨西哥在15世紀前是堂堂的阿茲特克帝國，後來被西班牙攻滅，成為其一大殖民地。在墨西哥，半島白人和土生白人的矛盾尖銳。土生白人的上層有錢有勢，卻被西班牙政府排斥，他們與西班牙政府越來越離心離德，反而把印第安人當作自己的兄弟，甚至把幾百年前被滅掉的阿茲特克帝國尊為自己的祖先。尤其到1808年，當西班牙被拿破崙滅了，這下子，墨西哥的土生白人紛紛嚷道，連王國都給滅了，還效忠什麼啊！獨立算了！連墨西哥的總督也想藉機成為一方諸侯。結果，忠於王室的半島白人發動政變，把妄圖鬧獨立的總督抓了起來，另外推選一個新總督，加緊鎮壓那些不安分的獨立分子，關的關，殺的殺。但這種鎮壓只能維持表面上的平靜，私底下獨立的怒潮愈來愈洶湧。

　　這其中，一位天主教神父成為獨立運動的領導人。他叫伊達爾戈（1753—1811年），是多洛莉絲城的神父，他學識淵博，德高望重，地位崇高，家境富裕。平日裡，他就很喜歡和當地群眾包括印第安人打成一片，教給他們先進的種植技術，從而深受愛戴。他與一群獨立派人士早就在密謀起義了。1810年9月，由於叛徒告密，起義有被鎮壓的風險。伊達爾戈知道後，決定提前發動起義。9月16日，他親手敲響了多洛莉絲教堂的鐘聲。等當地的居民聞聲趕來時，伊達爾戈慷慨激昂地說：「孩子們，你們想要自由嗎？300年前，可恨的西班牙人奪去了我們的祖先的土地，你們願意去奪回來嗎？解放的時刻到來了，這就是自由的鐘

聲！」

　　要是墨西哥征服者科爾特斯在泉下聽到這話，可能要氣得吐血：你明明是個土生白人，西班牙人才是你的祖先，被奪去土地的印第安人和你八竿子打不著啊！但是沒辦法，墨西哥土生白人儘管在血緣上是西班牙裔，在文化政治上他們早已把自己認同為美洲人了。聽到伊達爾戈的召喚，當地群眾紛紛鬥志昂揚，要把西班牙強盜轟出故鄉去。這就是歷史上有名的「多洛莉絲呼聲」。這一天，也被作為墨西哥的國慶日。

　　「多洛莉絲呼聲」揭開了墨西哥獨立戰爭的序幕，附近的土生白人和印第安人蜂擁而來，加入伊達爾戈的隊伍。僅僅一個月，隊伍滾雪球般的達到8萬人，聲勢浩大，隊伍逼近了墨西哥城，在克魯斯山下殲滅殖民軍數千人。在打仗的同時，伊達爾戈頒布法令，要歸還印第安人的土地，廢除奴隸制，廢除苛捐雜稅。這些舉動得到了受壓迫民族的大力擁戴。

　　然而不得不說，伊達爾戈雖然德高望重，又有為獨立不惜犧牲的勇氣，但他的軍事水準差了些，錯失了攻克墨西哥城的良機。此後，在西班牙殖民軍反撲下，起義軍連吃敗仗，內部也發生了分歧，這就進一步造成軍事上的不利。1811年3月，伊達爾戈和一群戰友中了西班牙人的詭計被誘捕。7月30日，伊達爾戈英勇就義。

　　伊達爾戈犧牲後，其部下依然堅持抗爭。其中最強大的一路是他的學生莫雷洛斯神父（1765—1815年）。莫雷洛斯的軍事才能可比前領袖伊達爾戈強多了，指揮部下南征北戰，多次擊敗殖民軍，佔領重鎮，並且到處發動群眾，實行社會改革，整頓軍紀，禁止劫掠。在1812年2月，莫雷洛斯率領軍民堅守庫阿烏特拉城，在殖民軍的大炮下堅守了72天，巋然不動，然後在一個凌晨，他帶著軍民悄悄突圍而去，只留下一座空城。就連軍神拿破崙聽聞此事，都不禁大為驚歎：要是給我五個莫雷洛斯，我統一世界也不是什麼難題！戰爭節節勝利，莫雷洛斯控制

明朝

哥倫布發現新大陸
— 1500

— 1600
清朝　　五月花公約

— 1700

美國獨立
— 1800

門羅主義

美墨戰爭
— 1850
日本黑船事件

中美天津條約

南北戰爭

購買阿拉斯加

美西戰爭
「門戶開放」政策
— 1900

中華民國

經濟大蕭條

日本偷襲珍珠港

— 1950　韓戰

甘迺迪遇刺

911事件

— 2000

了墨西哥南部和西部大片領土。墨西哥獨立軍在1813年召開了各省的議會，宣告墨西哥獨立，還制定了墨西哥憲法。莫雷洛斯當選為軍政一把手，他自己則自稱是「民族的公僕」。墨西哥獨立戰爭達到高潮。

但是，殖民軍主力尚存，瘋狂地向起義軍反撲，而莫雷洛斯又恰好身染疾病，影響了指揮，吃了幾次敗仗，不少重要將領戰死。雪上加霜的是，隨著拿破崙在歐洲開始落下風，反法的西班牙波旁王室得以調動更多的力量殺回墨西哥。1815年11月，莫雷洛斯被西班牙軍隊逮捕殺害。此後又經過1年多戰爭，殖民當局大致控制了局勢，革命轉入低潮。原本富庶的墨西哥在戰爭中遭到嚴重摧殘，50萬人戰死，工農業產值降低了一大半。但幾位起義首領的犧牲，沒有嚇倒當地人爭取獨立的勇氣。一些起義軍依然堅持在山區打游擊戰，讓殖民軍頭疼不已。

西班牙雖然在墨西哥恢復了殖民統治。但經過「拿破崙戰爭」洗禮之後，整個世界都和以前不一樣了。到1820年，西班牙本土的軍隊發動革命，逼迫國王接受了比較進步的「1812年憲法」。消息傳到墨西哥，土生白人又鬧起來了。但這一次，很多有錢人不希望再爆發大規模的戰爭，他們推舉阿古斯丁‧伊圖爾維德（1783—1824年）為首領，希望由他來解決這個問題。阿古斯丁仗著手中的軍隊，一方面和獨立派勾勾搭搭，承諾會讓墨西哥擺脫西班牙的統治；另一方面對保皇派加以安撫，同時保證維護大地主和教會的利益。這樣，阿古斯丁成為眾望所歸的領袖。革命游擊隊的餘部在他的又拉又打下和他聯合，總督派來鎮壓他的軍隊也倒向了他那一邊。

1821年，阿古斯丁在伊瓜拉城公佈了「伊瓜拉計畫」。簡單說，這個計畫宣布墨西哥獨立，保證白人、黑人和印第安人的平等，同時保護人權、私人財產權和教會的特權。這個計畫雖然七拼八湊，卻滿足了多數人的核心要求，土生白人得到了獨立，黑人和印第安人得到了形式上的平等，有錢人保住了財產，教會保住了特權。於是大家都擁護這個

計畫，在阿古斯丁將軍率領下，對墨西哥的西班牙駐軍大打出手，節節勝利。1821年9月，獨立派軍隊佔領墨西哥城，宣告了墨西哥的正式獨立。阿古斯丁成為獨立的大功臣。不過這位大功臣下場並不好，他在次年大搞獨裁統治，逮捕迫害反對者，悍然自稱皇帝，結果弄得民怨沸騰，眾叛親離，各地義軍蜂起。1824年，這個短命的「皇帝」就被人民逮住並判處了死刑，墨西哥正式宣布為聯邦共和國。又過了一年，西班牙殖民軍在墨西哥最後的據點也被收復，墨西哥獲得完全獨立。

墨西哥的獨立，象徵著西班牙在拉美的殖民統治開始崩潰。受此影響，墨西哥南邊的幾塊殖民地也紛紛獨立，一度併入了墨西哥。1823年，這幾塊地區脫離了墨西哥，建立了中美洲聯合省。後來由於內部矛盾，又在19世紀30年代末分裂成瓜地馬拉、薩爾瓦多、尼加拉瓜、洪都拉斯、哥斯大黎加五國。

明朝

哥倫布發現新大陸
— 1500

— 1600
清朝　　五月花公約

— 1700

美國獨立
— 1800

門羅主義

美墨戰爭
— 1850
日本黑船事件

中美天津條約

南北戰爭

購買阿拉斯加

美西戰爭
「門戶開放」政策
— 1900

中華民國

經濟大蕭條

日本偷襲珍珠港

— 1950　　韓戰

甘迺迪遇刺

911事件

— 2000

歐洲文藝復興運動

拜占庭帝國滅亡
1500—

1600—

1700—
工業革命
法國大革命
1800—

共產黨宣言
1850—

日本明治維新
普法戰爭

1900—

中華民國
第一次世界大戰

第二次世界大戰

1950—

越戰爆發

兩伊戰爭

東西德統一

2000—

解放！南美雙雄

曾經是世界頭號殖民帝國的西班牙，在19世紀初接連丟了路易斯安那，丟了佛羅里達，丟了墨西哥，丟了中美地區，他們在北美洲的統治，也就只剩下加勒比海上的古巴等島嶼了。這還沒完，同一時期他們在南美洲的殖民統治也正走向土崩瓦解。相對墨西哥苦戰多年才贏得一個妥協的獨立，南美各國的解放要乾淨俐落得多（雖然花費的時間差不多）。這主要緣於南美有兩位英明神武的革命領袖——北方的玻利瓦爾和南方的聖馬丁。

跟墨西哥一樣，拿破崙剛在歐洲滅掉西班牙後，南美的殖民地也紛紛發動了起義。其中不少起義很快就被鎮壓下去了。1810年5月，今天的阿根廷地區（當時屬於拉普拉塔省）爆發革命，轟走了西班牙總督，建立了臨時委員會，然後出兵今天的玻利維亞（當時叫上秘魯）、烏拉圭、巴拉圭等地。起義軍與殖民軍一場混戰，互有勝敗，巴拉圭趁機建立了共和國。

1813年年底，拉普拉塔的起義軍委員會任命聖馬丁擔任司令官。荷西·德·聖馬丁（1778—1850年），是阿根廷的土生白人，也是土生白人中的高富帥，老爹當過副督軍。這位公子上過西班牙軍校，並曾加入西班牙軍隊，跟英國、葡萄牙和法國軍隊都交過手，身經百戰，是位中校。他也很愛看書，盧梭、伏爾泰、孟德斯鳩等啟蒙思想家的作品都讀過。所以拉美革命一爆發，聖馬丁立刻從歐洲回國參戰。在革命戰場上，聖馬丁展現了出色的軍事才能，一方面把烏合之眾的起義軍訓練成

精銳的正規軍；一方面聯絡游擊隊，內外配合；一方面善於用計，派遣了大批特務混入殖民軍中，偵察敵情，分化瓦解。這麼一來，聖馬丁屢次挫敗了西班牙軍，擊退了敵人對阿根廷的圍攻。他還制定了周密的戰略，準備從阿根廷出發，先解放沿海的智利，然後從海路進攻其他殖民地。

　　南方的聖馬丁在厲兵秣馬，使得西班牙殖民政府焦頭爛額之際，北方也不消停。1810年，委內瑞拉的土生白人在米蘭達（1750—1816年）領導下起義，並於1811年7月14日通過了《獨立宣言》，建立委內瑞拉第一共和國。但半年後，起義軍遭到殖民軍無情鎮壓，更慘的是還碰上了地震，傷亡慘重。米蘭達被俘，幾年後死在西班牙人的監獄裡。第一次獨立戰爭失敗。西班牙人逮捕了一個米蘭達，卻把一位更可「怕」的敵人推到了前台。也就是米蘭達的助手西蒙・玻利瓦爾。玻利瓦爾（1783—1830年）是土生白人貴族，自幼父母雙亡，進入軍校學習，又得到了共和主義者的悉心教導。他還曾當了拿破崙3年副官，受這位「軍神」的薰陶，軍事才能頗有長進。另一方面，他對拿破崙也不是盲目崇拜。比如說，他覺得拿破崙什麼都好，就是不該稱帝，壞了一世英名。隨後他跑回南美，參加了米蘭達組織的起義。他對米蘭達的優柔寡斷頗為厭惡。玻利瓦爾兵敗後逃到今天的哥倫比亞的卡塔赫納城去招兵買馬，1813年他再次起兵造反，佔領委內瑞拉首都卡拉卡斯，建立了「委內瑞拉第二共和國」。但這個第二共和國比起第一共和國也長壽不到哪裡去，一年後就被西班牙殖民軍給滅了。玻利瓦爾又逃到卡塔赫納，想再次起兵，可這回當地人不許他再起義了。於是，玻利瓦爾在1815年坐船逃到海地，在海地總統佩蒂翁的支持下再次招兵買馬。他發出豪邁的宣言：「我們在地球的另一邊，歷史悠久，文明古老。我們既不是印第安人，也不是歐洲人，但有這兩者的血統。」他想要建立一個拉丁美洲的聯盟。這一目標被稱為「玻利瓦爾主義」，其誕生比起美國

明朝

哥倫布發現新大陸
— 1500

— 1600
清朝　　五月花公約
— 1700

美國獨立
— 1800
門羅主義

美墨戰爭
— 1850
日本黑船事件

中美天津條約

南北戰爭

購買阿拉斯加

美西戰爭
「門戶開放」政策
— 1900

中華民國

經濟大蕭條

日本偷襲珍珠港

— 1950　韓戰

甘迺迪遇刺

911事件

— 2000

總統門羅的「門羅主義」還要早幾年。

聖馬丁和玻利瓦爾一個在阿根廷、一個在海地，埋頭練兵。練了2年，玻利瓦爾率先出招，他在1816年率領一隊人馬從海地坐船，登陸委內瑞拉，結果打了幾個月，又被殖民軍打了回來，只得再次逃亡海地。玻利瓦爾不屈不撓，過了半年又衝到委內瑞拉。這一次，他避實擊虛，數次擊敗殖民軍，總算在委內瑞拉打下了部分地盤。1817年，他建立了「委內瑞拉第三共和國」。不過，西班牙殖民軍在委內瑞拉的力量還很強大，玻利瓦爾也只能和他們對峙拉鋸，沒辦法取得優勢。

南邊的聖馬丁呢，他沒有玻利瓦爾那麼性急，不搞「屢敗屢戰，屢戰屢敗」，而是潛心練兵。等到終於練成了5000人馬的精銳部隊——安第斯軍後，他才在1817年率領這支人馬，翻越白雪皚皚的安地斯山，突然出現在智利。這一招奇兵，好似當年的迦太基名將漢尼拔翻越阿爾卑斯山直搗羅馬腹地，又好似三國時候的曹魏名將鄧艾翻越陰平直逼成都。西班牙殖民軍哪裡想到起義軍會從這個地方鑽出來？看到聖馬丁的隊伍殺過來，西班牙殖民軍立馬潰不成軍。2月14日，聖馬丁解放了智利首都聖地亞哥，次年智利獲得獨立。打下智利，實現了聖馬丁獨立戰略的第一步，他立刻按部就班，繼續執行下一步，在智利打造戰船，訓練海軍。

玻利瓦爾聽說聖馬丁後來居上，已經打下了智利，難免著急。不過他在委內瑞拉這幾年的堅持也並非沒有效果：西班牙殖民軍的主力全部被他吸引到了委內瑞拉。玻利瓦爾一瞧，喲，怎麼總督府所在的波哥大反而空虛了啊，機不可失！他就學習聖馬丁的經驗，在1819年5月率領精兵突然翻越安地斯山，直撲波哥大。西班牙殖民軍急得跳腳，怎麼這些叛軍一個比一個狡猾，盡玩這些避實擊虛的偷襲把戲啊！他們急忙地趕去攔截，可這樣一來主客之勢已經逆轉了。玻利瓦爾反客為主，幾個月就徹底擊潰了殖民軍主力，佔領了哥倫比亞地區。12月17日，玻利瓦爾

建立了哥倫比亞共和國。有了穩定的根據地，玻利瓦爾的信心一下子膨脹了起來，很快組建了一支大軍，準備繼續大殺四方。

南美洲雙雄就跟約好了似的，此起彼伏地衝擊著西班牙殖民軍。玻利瓦爾佔了哥倫比亞，當他招兵買馬之時，智利的聖馬丁也已經把他的海軍練好了。他在1820年8月率領艦隊北上，踏浪1500海浬，直撲秘魯。經過近一年鏖戰，秘魯在1821年7月28日獨立，聖馬丁被推舉為「護國主」。這麼一來，南美洲的南部已經有阿根廷、巴拉圭、智利和秘魯四個獨立國家了，西班牙的殖民體系已是千瘡百孔，搖搖欲墜。可是西班牙的秘魯總督約瑟·塞爾納不屈不撓，繼續帶著殘餘人馬跟聖馬丁打游擊，聖馬丁一時也拿他沒辦法。這位威風的總督可不是常人，他的後人中有一位更著名的人，他就是20世紀最著名的革命家切·格瓦拉。

秘魯獨立後不到半年，玻利瓦爾也從哥倫比亞出兵，與他在委內瑞拉的朋友們裡應外合，終於完全解放了委內瑞拉，實現了10餘年來的夙願。同時，巴拿馬地區也宣布獨立，回應玻利瓦爾。這樣，玻利瓦爾在南美洲北部解放了今天的哥倫比亞、委內瑞拉、巴拿馬三塊地盤。玻利瓦爾把這三塊地都合併到哥倫比亞共和國裡面，史稱「大哥倫比亞」（厄瓜多地區在1825年也加入，但這個「大哥倫比亞」在1830年即解體）。

此時，在南北雙雄的反覆衝擊下，西班牙在南美洲的殖民體系已然土崩瓦解，只剩下秘魯、上秘魯（今玻利維亞）、厄瓜多還有殖民軍在頑抗。以聖馬丁和玻利瓦爾雙雄的戰力和士氣，要掃滅他們，看來也就是時間問題了。

然而這時，一個很現實的問題擺在了革命者們面前：革命成功了，聖馬丁和玻利瓦爾兩位，由誰當老大？這兩位都是土生白人的精英，都是文武雙全、功勳卓著，手下都有一支強大的起義軍，也都打下了大片

明朝

哥倫布發現新大陸
— 1500

— 1600
清朝　五月花公約
— 1700

美國獨立
— 1800

門羅主義

美墨戰爭
— 1850
日本黑船事件

中美天津條約

南北戰爭

購買阿拉斯加

美西戰爭
「門戶開放」政策
— 1900

中華民國

經濟大蕭條

日本偷襲珍珠港

— 1950　韓戰

甘迺迪遇刺

911事件
— 2000

歐洲文藝復興運動

拜占庭帝國滅亡
1500—

1600—

工業革命
1700—

法國大革命
1800—

共產黨宣言
1850—

日本明治維新

普法戰爭

1900—

中華民國
第一次世界大戰

第二次世界大戰

1950—

越戰爆發

兩伊戰爭

東西德統一

2000—

領土。然而，一山難容二虎，南美洲也容不下兩位革命統帥，尤其二人還存在種種政見分歧。比如說，聖馬丁想把印加王朝的後裔找出來，在南美洲搞君主立憲；而玻利瓦爾卻是個共和主義者，認為應該建立共和國。

1822年7月，聖馬丁和玻利瓦爾在厄瓜多的瓜亞基爾城會見。會上，玻利瓦爾把問題擺明了：聖馬丁老兄，我們倆只能有一個當頭。如果您硬要當頭，我別無選擇，只能帶兵和您開戰。您看著辦吧。聖馬丁陷入兩難。他知道玻利瓦爾的個性，絕不甘心屈居人下。如果自己也不退讓，那麼很可能造成兩支南美洲的革命軍隊發生火拼，這種親者痛，仇者快的事，絕不能發生！思考了3天，他終於下定決心：「那好，讓你當頭吧。」隨後，聖馬丁宣布辭去一切軍政職務，解甲歸田。他對秘魯的議員們說：「現在，整個南美洲滿是榮耀的桂冠，我的頭顱卻要躲避這勝利的桂冠！……我異常高興地見到了國會的成立，現在我辭去一切職務，我今天講話的目的只有一個，那就是，請所有議員先生都不要投我繼續執政的選票！」

聖馬丁以大局為重，在勝利的巔峰毅然急流勇退，放棄個人的榮耀和權力，這樣的選擇比沙場取勝更讓人敬佩。雖然因為投資失誤，他的晚年生活清貧，然而他的高風亮節卻名垂青史。

玻利瓦爾「勸」退了聖馬丁，成為南美洲唯一的革命領袖，真是意氣風發。在他的指揮下，革命軍摧枯拉朽。1822年，厄瓜多完全解放（1825年合併入大哥倫比亞）。1824年，革命軍在阿亞庫喬戰役中殲滅西班牙殖民軍主力，約瑟總督投降。1825年，上秘魯獲得解放，以玻利瓦爾的名字被命名為「玻利維亞」。1826年，秘魯境內的最後一個西班牙殖民軍據點被攻克。

至此，經過10多年的戰鬥，西班牙在南美大陸的殖民統治被連根拔起。取而代之的，是大哥倫比亞、智利、阿根廷、巴拉圭、玻利維亞、

秘魯等獨立國家。這時候，玻利瓦爾的個人聲譽達到巔峰。他身兼大哥倫比亞總統、秘魯總統和玻利維亞總統，實際上是一位「美洲之王」。

可是「美洲之王」也有他的煩惱。對玻利瓦爾來說，他身兼的這三國元首，秘魯、玻利維亞都只具象徵性，真正傾注心血的是大哥倫比亞共和國。但偏偏是這個大哥倫比亞的麻煩最多，不同利益集團的政治鬥爭糾纏交錯。玻利瓦爾個人覺得，新獨立國家應該行中央集權，把有限的資源統合起來建設，他還想以大哥倫比亞為基礎，把全部拉美國家都團結成一個聯盟。可副總統桑坦德等一批人卻持相反意見，希望加強地方政府權力，削弱中央，這種路線之爭就成了你死我活的政治鬥爭。

玻利瓦爾為了實現自己的理念，辭去了秘魯和玻利維亞的總統，專心經營大哥倫比亞。但大哥倫比亞的局勢一天比一天亂，國會鬥爭日趨激烈，甚至發生了刺殺玻利瓦爾的事件。而秘魯又和大哥倫比亞的厄瓜多發生了戰爭，玻利瓦爾只好不情不願地參與到美洲人的內戰之中。

到1829年年末，局勢已經非常嚴峻，委內瑞拉退出了大哥倫比亞，宣布獨立。這對玻利瓦爾是個沉重打擊。有些人想讓玻利瓦爾當國王，以此來維持國家，但忠實的共和主義者玻利瓦爾堅決反對復辟君主制。相反，他說：「看來是我個人太強勢，太急於求成，導致大家想分家。這樣吧，我辭去總統職務，希望這樣能拯救共和國。」他真這樣做了。可是，失去了強有力的玻利瓦爾，就更沒辦法阻止分裂了。1830年5月，厄瓜多也獨立出去了。12月，解放南美的英雄玻利瓦爾含恨而逝，比他的戰友兼對手聖馬丁早死20年。大哥倫比亞到這時候也只剩下今天的哥倫比亞和巴拿馬兩個地方（巴拿馬在20世紀初獨立）。

明朝

哥倫布發現新大陸
— 1500

— 1600
清朝　五月花公約

— 1700

美國獨立
— 1800

門羅主義

美墨戰爭
— 1850
日本黑船事件

中美天津條約

南北戰爭

購買阿拉斯加

美西戰爭
「門戶開放」政策
— 1900

中華民國

經濟大蕭條

日本偷襲珍珠港

— 1950　韓戰

甘迺迪遇刺

911事件

— 2000

自由！佩德羅之劍

　　就在西班牙的拉美殖民地在起義戰火中牆倒屋塌之際，東邊葡萄牙的殖民地巴西也獨立了。不過，巴西的獨立相對要自然得多，算是在葡萄牙王室成員的領導下完成的。

　　前面說過，巴西土地遼闊，人口稀少，尤其佔主體的是黑人，巴西和宗主國葡萄牙的矛盾沒有那麼尖銳。拿破崙崛起時，葡萄牙作為英國的盟友，在1807年被拿破崙給滅了。但與西班牙不同的是，葡萄牙王室在英國的支持下，逃到巴西來了。

　　於是乎，巴西人很驕傲：瞧瞧，現在國王陛下都來這裡了，我們是帝國中心了！當時葡萄牙女王瑪麗亞一世（1734—1816年）已經被法國大革命嚇出病來，實際執政者是她兒子約翰六世（1767—1826年）。約翰六世為了安撫巴西人，特意把巴西提升為一個王國，把他統治下的國家改名為「葡萄牙-巴西-阿爾佳維聯合王國」，這樣從名義上，巴西取得了和葡萄牙平起平坐的資格。

　　不過，名義上的尊榮是一回事，實際上的利益又是另一回事了。巴西人發現，為了養活搬遷過來的葡萄牙王室、政府官員以及軍隊，他們的稅收大大增加了。而約翰六世還是個擴張狂人。他在歐洲被拿破崙給揍了，就想在美洲補回來，於是北邊出兵攻打法屬圭亞那，南邊出兵阿根廷，想把當初和西班牙人爭了上百年的烏拉圭地區給吃掉。打仗就得花錢，尤其在巴西這種地廣人稀的地方，這種遠征真是勞民傷財。再加上約翰六世為了得到英國的支持，開放巴西市場給英國，英國商品潮水

般湧入巴西。前面說過，巴西的經濟以單一農場為主，工業剛剛起步，哪裡受得了英國貨衝擊。這麼一來，巴西本地老百姓對約翰六世的不滿情緒日漸增加，甚至在1817年爆發了一次不成功的起義，建立了一個短命的「共和國」。

1815年，拿破崙徹底被打敗，葡萄牙光復。1816年，瑪麗亞一世去世，約翰六世從攝政王成為名副其實的國王。這時候，無論是葡萄牙本地人，還是盟主英國，都希望約翰六世趕緊回葡萄牙去治理自己的國家。可約翰六世不願意，在巴西多好啊，坐擁數百萬平方公里土地，絕對的南美之王。要是回到歐洲，一來葡萄牙本身只是個彈丸小國，二來經過法國大革命和拿破崙戰爭，自己國內的人也不安分，都想限制國王的權力。這麼一比較，回葡萄牙哪有在巴西自在呢？

可是時勢容不得他留在巴西。1820年，葡萄牙爆發了軍人革命，宣布實行君主立憲。次年，巴西的葡萄牙軍隊和獨立派也都紛紛起事。約翰六世沒法子，只得承認憲法，甘願當一個傀儡君主。然後，葡萄牙議會向他發出最後通牒：趕緊回來。哪有國王老待在海外的！你要不回來，我們就另外立一個國王了！

約翰打心眼裡不想離開富饒的巴西，但想來想去，還是頭上的王冠要緊。他也覺察到葡萄牙議會對於巴西很瞧不起，而巴西人多半也不會長期甘心受葡萄牙的管制。自己這一走啊，弄不好巴西就要丟了。他琢磨了許久，終於想出一計：本王自己回葡萄牙去，然後把兒子佩德羅（1798—1834年）留在這裡，這樣不就兩邊都佔住了嗎？臨走之前，他悄悄囑咐佩德羅：兒啊，照議會那幫傢伙的鬧法，我怕巴西很快就要脫離葡萄牙呢。萬一真發生此事，你一定要把巴西王冠緊緊攥著，肥水不流外人田嘛。於是乎，約翰六世在1821年4月離開巴西回葡萄牙，而23歲的佩德羅則留下來擔任攝政王。果然不出約翰所料，他一回國，葡萄牙和巴西的矛盾就爆發了。葡萄牙議會想方設法貶損巴西，甚至辱罵巴西

明朝

哥倫布發現新大陸
— 1500

— 1600
清朝　五月花公約
— 1700

美國獨立
— 1800
門羅主義

美墨戰爭
— 1850
日本黑船事件

中美天津條約

南北戰爭

購買阿拉斯加

美西戰爭
「門戶開放」政策
— 1900

中華民國

經濟大蕭條

日本偷襲珍珠港
— 1950　韓戰

甘迺迪遇刺

911事件
— 2000

歐洲文藝復興運動

拜占庭帝國滅亡
1500—

1600—

1700—
工業革命
法國大革命
1800—

共產黨宣言
1850—

日本明治維新
普法戰爭

1900—

中華民國
第一次世界大戰

第二次世界大戰

1950—

越戰爆發

兩伊戰爭

東西德統一

2000—

的代表。他們拒絕在巴西建設大學，想把巴西的高級官員全部換成葡萄牙本土人，還想直接控制巴西的軍隊……一句話，想把巴西從一個並列的「王國」，恢復到低等的殖民地位置。要知道，這時候美國、海地已經獨立了，拉美西班牙殖民地的革命之火正在如火如荼地進行，葡萄牙議會反而採用這種高壓手段欺負巴西，實在太不識時務了。巴西本地人一下子暴跳起來，堅決和葡萄牙議會的欺辱抗爭到底。他們覺得比較起來，攝政王佩德羅實在太可愛了，於是紛紛高呼：「王子殿下，帶領我們跟他們拚了！我們巴西不能受葡萄牙這樣欺負！」

葡萄牙議會一想，你區區殖民地還敢拿出傀儡王室和我叫板？他們下了一道命令，佩德羅王子，你也必須服從議會，現在我們命令你馬上離開巴西，回葡萄牙來！巴西人更是炸鍋了，他們在1822年1月9日上書請願，請求佩德羅留下來領導巴西人民。眼看群情激昂，血氣方剛的佩德羅也深受激勵。一邊是巴西人的誠懇挽留，一邊是葡萄牙議會的盛氣凌人，再加上博尼法西奧等巴西民族主義知識分子的引導，佩德羅慨然回答：「只要人民希望我留下，我就留下！」巴西人高興地歡呼鼓掌。從此，這一天成為巴西的傳統節日「留下日」。

這時候，在巴西全境已經爆發了獨立派和葡萄牙駐軍的衝突，可謂黑雲壓城。1月11日，駐里約的葡萄牙軍隊企圖逮捕佩德羅，這下可捅了巴西人的馬蜂窩。首先趕到的是全副武裝的民團，接著什麼商人、手工業者、神父、農婦、黑人都潮水般湧來「勤王」，嚇得葡萄牙軍隊抱頭鼠竄。此後，兩方衝突升級。佩德羅開始把政府大員換成土生白人，驅趕葡萄牙駐軍，又建立了巴西的代表委員會，命令召開制憲大會，更簽發了《巴西獨立宣言》和《告全國人民書》。

1822年9月7日，在佩德羅趕往聖保羅的途中，一個信使趕來給了他三封信。一封是葡萄牙議會的，告知佩德羅：現在我們剝奪你攝政王的權力！一封是博尼法西奧的，告訴他：王子，不要再忍受葡萄牙議會

的羞辱，帶著我們幹吧！還有一封是佩德羅老婆寫來的，她鼓勵丈夫：在你的領導下，巴西會成為一個偉大的國家。佩德羅，這是你生命中最重要的時刻，所有的巴西人都支持你！佩德羅讀完這三封信後，胸中波濤澎湃。他拔出佩劍，面朝路邊的河岸，高呼：「不獨立，毋寧死！」25歲的王子用這樣一種充滿浪漫主義的方式，宣告了巴西獨立的開始。1822年12月1日，在巴西人的歡呼聲中，佩德羅加冕為巴西帝國皇帝（史稱佩德羅一世）。只知道打嘴炮的葡萄牙議會孤注一擲，命令巴西駐軍發動進攻。可是這點人馬管什麼用啊？沒幾個月，就被巴西本地武裝打得節節敗退。到1824年，筋疲力盡的葡萄牙軍隊全部撤出巴西。拉丁美洲最強大的國家，至此獲得完全獨立。

相對拉美各國來說，巴西的獨立有一個正統王室成員做領導，整體要和平得多。但這並不等於矛盾不存在，想實現獨立，不過是萬里長征走完了第一步。宗主國葡萄牙的統治搬走了，可是巴西國內的其他矛盾，比如黑人和白人的矛盾、大貴族富翁和窮人的矛盾、王室統治和共和主義者的矛盾依然存在。在獨立與否的緊要關頭，所有巴西人包括佩德羅一世可以放棄紛爭，攜手合作。現在外界壓力散去，內部矛盾就凸顯出來了。根據憲法，佩德羅這位皇帝是真正握有實權的，政府官員都由他任命，這讓共和主義者很不爽；而佩德羅雖然領導了巴西獨立，但他畢竟還是葡萄牙王子，這又讓巴西的民族主義者對他心懷猜疑。再加上，佩德羅為了他的統治，部分繼承了老爹約翰六世的做法，比如繼續對英國開放貿易，這也讓巴西人很不滿。

雪上加霜的是烏拉圭戰爭。烏拉圭位於巴西和阿根廷之間，歷史上葡萄牙殖民者和西班牙殖民者為這塊地爭奪了上百年。1811年烏拉圭人爆發起義，用幾年時間趕走了西班牙人。巴西的葡萄牙人乘虛而入，把這塊地給佔了。到了1825年，阿根廷支持烏拉圭再次發動起義，佩德羅趕緊調兵鎮壓，兩個新興的南美強國展開了「第一次烏拉圭戰爭」。經

明朝

哥倫布發現新大陸
— 1500

— 1600
清朝　　五月花公約

— 1700

美國獨立
— 1800

門羅主義

美墨戰爭
— 1850
日本黑船事件

中美天津條約

南北戰爭

購買阿拉斯加

美西戰爭
「門戶開放」政策
— 1900

中華民國

經濟大蕭條

日本偷襲珍珠港

— 1950　韓戰

甘迺迪遇刺

911事件
— 2000

過數年激戰，阿根廷打不過巴西，但英國卻插手進來「調停」。佩德羅沒辦法，最後在1828年和阿根廷簽署了協議，同意烏拉圭成為一個獨立國家，作為巴西和阿根廷之間的緩衝區。這件事一出來，巴西人紛紛罵街。打了這麼多年仗，花了這麼多銀子，死了這麼多弟兄，最後這塊地居然也沒保住。你這是禍國殃民啊！佩德羅當初帶領大家獨立的功勞，大家都忘了，現在只把他當出氣筒。

還有，葡萄牙那邊，佩德羅一世的爹——約翰六世死了。葡萄牙議會方面說，佩德羅你回來繼承王位吧，我們不欺負你了。歐洲一個人頭戴兩頂王冠本來就很常見。但巴西卻不樂意了，對佩德羅道：「你是我們巴西的皇帝，就別想著葡萄牙的王位了。有我們沒他們，有他們沒我們，你自己掂量吧！」佩德羅還是對巴西感情深一點，他於是放棄葡萄牙王位，讓自己的女兒瑪麗亞二世（1819—1852年）回葡萄牙去繼承了王位。但很快，瑪麗亞二世的王位被佩德羅的弟弟米格爾篡奪，葡萄牙爆發內戰。佩德羅雖然是巴西皇帝，卻不能眼看著女兒被欺負，葡萄牙畢竟也是他的祖國，所以他少不了拿出力量幫助女兒跟弟弟對打。這就讓巴西人更憤怒了：「皇帝，身在巴西，心在葡萄牙呀！」

這麼多矛盾交織在一起，皇帝和臣民之間的對立很快越來越嚴重。巴西的報紙紛紛長篇累牘地報導法國「七月革命」推翻波旁王朝的例子，意思是皇帝你自個兒也留心吧。老百姓和軍隊上街遊行示威，抗議皇帝獨斷專行，鎮壓臣民。

佩德羅目睹此情，萬念俱灰：「罷了罷了，大家好聚好散吧。」他在1831年宣布退位，離開巴西，回到祖國葡萄牙去了。幾年後，他幫助女兒瑪麗亞二世穩定了葡萄牙王位，自己緊跟著去世，年僅36歲。而留在巴西皇位上的則是佩德羅的兒子佩德羅二世（1825—1891年）。這位太子爺在老爹退位時還不到6歲，此後卻在皇位上坐了50多年，才被共和黨人的政變推翻。

第五章：新時代的動盪——獨立後時期

（西元19世紀）

　　趕走了英國政府，美國長驅千里，開疆拓土，建成一個巨無霸國家。一場南北戰爭，更搬走了飛速發展的內部障礙。同樣，趕走了西班牙殖民政權的拉美各國卻陷入內憂外患中。國內黨派紛爭，政變不斷；國外近鄰間廝殺，美帝國在旁窺測。美洲大陸僅有的幾位皇帝，也紛紛慘澹退場，或慘遭槍決，或黯然遜位⋯⋯

艱鉅！百廢待興

明朝

哥倫布發現新大陸
— 1500

— 1600
清朝　五月花公約
— 1700
美國獨立
— 1800
門羅主義

美墨戰爭
— 1850
日本黑船事件
中英天津條約
南北戰爭
購買阿拉斯加

美西戰爭
「門戶開放」政策
— 1900

中華民國

經濟大蕭條

日本偷襲珍珠港
— 1950　韓戰

甘迺迪遇刺

911事件
— 2000

　　經過半個世紀的革命戰爭，到19世紀30年代，整個美洲大部分地區都已經擺脫了殖民統治，成為獨立國家。按照常理，頭上的枷鎖被搬掉了，就應該好好進行建設。相對歐洲各國，美洲這批新國家資源比較豐富，而且好些國家領土都挺遼闊。只要肯流汗，還怕不能豐衣足食？然而現實很無奈，獨立後的美洲各國，尤其是拉美國家，大部分都陷入了種種困境之中。原因是多方面的。首先由於歷史因素，美洲各國內部問題尖銳。雖然獨立戰爭搬掉了殖民地和宗主國之間的矛盾，但其餘的，比如黑白人種問題、貧富階級差距、共和派與君主派的爭權、保守派與激進派的摩擦、中央集權派與地方分權派的衝突，不一而足。而各國之間，為了爭地盤、搶資源，衝突也不少。幾百年的殖民地時代，大多數都是宗主國派來的總督，大搞一言堂，後來革命戰爭，大家養成了以舞刀弄槍來「講理」的習慣。於是，整個美洲政局動盪，各國政變頻繁。無論是一國內部的不同派系，還是相鄰國家，動不動擦槍走火，烽煙不絕。巴西和阿根廷獨立不久，就爆發了「第一次烏拉圭戰爭」，最後打出一個獨立國家烏拉圭來作為兩大國的緩衝；還有墨西哥南邊的「中美洲合眾國」從一開始建立也是內部戰亂不斷，最後在30年代分裂成五個國家，這五個國家彼此之間不時爆發的戰亂則一直持續到20世紀。而在19世紀，美洲這樣的內戰和外戰還有很多。由於19世紀初恰逢整個西方世界的革命與動盪，歐洲列強也正在經歷君主制與共和制的糾纏、資產階級與封建主的反覆鬥爭。而在美洲，除了已經建立民主選舉制度的美

歐洲文藝復興運動

拜占庭帝國滅亡
1500—

1600—

1700—
工業革命
法國大革命
1800—

共產黨宣言
1850—

日本明治維新
普法戰爭

1900—

中華民國
第一次世界大戰

第二次世界大戰

1950—

越戰爆發

兩伊戰爭

東西德統一

2000—

國，以及在英國指導下實行議會制的加拿大外，多數美洲國家盛行一種「考迪羅」（西班牙語，本意指首領，後指軍事獨裁者）的統治模式。簡單說就是軍閥依靠手中的槍桿子上台把持政權，雖然可能也打著民主選舉的幌子，但實際上進行的是個人專斷、軍事獨裁。在這種制度下，國家到底能不能建設好，就全看考迪羅個人的才能和人品。問題是，要找到一個有建設才能，有雄心壯志，還有道德風範的考迪羅，實在太難了。就算碰巧遇上了這樣的領袖，如何保證他不被其他野心家掀翻又是另一個難題。而且，就算這一代考迪羅英明神武，也難保他的繼任者繼續如此。自古敗家容易治家難，稍有不慎，整個基礎全部被打爛也是常見的。

另一方面，拉美各國由於資源豐富，在殖民時期，西班牙、葡萄牙把這裡當作簡單的原料產地，形成了單一大種植園經濟模式，靠出口咖啡、蔗糖、菸草等賺錢，工業底子很薄弱。西班牙、葡萄牙的殖民統治模式，導致他們幾百年來雖然從美洲掠奪了大批金銀和原物料，自身的產業結構卻越來越落後。宗主國都這樣，殖民地脫身之後，又如何能突飛猛進呢？而在政治方面，這些大種植園主經濟又使得封建保守勢力強大，他們阻礙改革，壓制下層人民，使得拉美國家的每一步都走得很艱難。相對來說，北美的美國、加拿大在殖民地的時期，由於英國一貫的相對開明的統治，民眾要活躍得多，工業化建設的底子也更好。還有南美的巴西，靠著領土遼闊、資源豐富、戰亂較少，發展得也算不錯。

此外，拉美國家雖然轟走了西班牙、葡萄牙兩個日薄西山的老牌殖民國家，卻有一個更加強大的英國摻和進來，想方設法地把這廣袤的美洲建設成自己的餐廳。英國多次出兵入侵拉美，試圖搶點地盤（最大成果是在1833年轟走了阿根廷人重新佔領了馬島），還搞經濟入侵。英國利用獨立後拉美各國經濟薄弱的機會，放出「閻王債」。借給各國的大量外債，動輒上千萬、幾千萬英鎊，而且利息都非常高。更惡劣的是，

英國人的高利貸在借出的時候，就要先扣除一筆手續費和幾期利息，經常高達本金的一半左右，而還款必須全額還款。透過這些債務，英國還控制了拉美各國的經濟命脈。各國一旦借了「閻王債」，那就是走上了無盡的地獄之路，每年「割腎賣血」，就為了還利息，很多債務直到如今都沒還完。英國又迫使各國簽訂低關稅協定，英國商品潮水般湧入拉美國家，擠佔所在國市場，把拉美國家自己剛剛起步的工業建設衝擊得七零八落。這麼一來，拉美國家經濟就成了英國的「肉牛」，想怎麼「宰」，就怎麼「宰」。

光是一個英國，已經壓得拉美國家喘不過氣來，而美洲本土崛起的美國，同樣把「魔爪」伸向這些兄弟國家。美國獨立最早，實力一開始就比其他美洲國家要高出一大截，人口眾多，又曾經和大英帝國打了兩場大戰，信心十足，自然要尋求自己的地位。早在1823年，當拉美各國剛剛獨立時，美國第五任總統詹姆士・門羅（1758—1831年）就向歐洲列強提出了三條原則：第一，從今以後，歐洲各國不要妄想再在美洲殖民了；第二，美國不會干涉歐洲的事務；第三，今後歐洲各國也別干涉美洲的事務。這三點被稱為《門羅宣言》，其實歸根到底就是一句話：今後，美洲不是你們歐洲列強的菜地了——它應該是我們美國的菜地！

那時候美國的力量與英、法等歐洲列強相比還有一大段差距，但它已經開始竭盡所能地玩「遠交近攻」了。對於近處的土地，繼續想法子吞併進來；對於一時打不到的地方，則建立政治、外交、經濟關係，想方設法滲透。靠著「近水樓台先得月」的機會，美國和老東家英國在美洲展開了競爭。這樣一來，其餘美洲國家自然又倒楣了。

歐洲文藝復興運動

拜占庭帝國滅亡
1500—

1600—

1700—
工業革命

法國大革命
1800—

共產黨宣言
1850—

日本明治維新

普法戰爭

1900—

中華民國
第一次世界大戰

第二次世界大戰

1950—

越戰爆發

兩伊戰爭

東西德統一

2000—

漁利！烏拉圭戰爭

　　南美洲的巴西和阿根廷兩國，從西班牙、葡萄牙殖民時期就結了仇，獨立後繼續開戰。19世紀20年代的「第一次烏拉圭戰爭」消停了沒幾年，兩國又一次為烏拉圭大打出手。

　　烏拉圭呢，夾在兩大國之間，必然也有兩邊抱大腿的習慣。當時烏拉圭有兩個政黨，一個叫紅黨，一個叫白黨。紅黨傾向於自由派，包括一批中產階級、進步知識分子，以及沿海地區的商人們，黨魁叫里維拉。白黨則是保守派，主要由內地的大種植園主組成，首領叫奧利維。里維拉親近巴西，還得到阿根廷自由派的支持，和英、法也稍有聯繫。奧利維的後台則是阿根廷的保守派。所以，烏拉圭紅白兩黨之爭，背後離不開巴西和阿根廷的攪和。兩黨你上我下，鬥得不亦樂乎。

　　1839年，烏拉圭自由派紅黨得勢，里維拉成為總統，把保守派的白黨首領奧利維轟出國。奧利維沒法子，就去找背後的老大——阿根廷獨裁者羅薩斯。羅薩斯立刻出兵烏拉圭，又把里維拉逼離烏拉圭。奧利維在羅薩斯的保護下奪回政權，好日子也長不了。他的後台老闆羅薩斯得罪了法國。里維拉趁機找法國要了一支人馬，又聯合了反對羅薩斯的阿根廷軍閥，再次起兵把奧利維轟了出去。

　　羅薩斯嚥不下這口氣，立刻調集大隊人馬，跟奧利維再次殺入烏拉圭。1842年，阿根廷和白黨聯軍包圍了烏拉圭首都蒙特維多。緊跟著，白黨軍隊四處進攻，佔領了大部分的烏拉圭領土，眼看能夠在烏拉圭取得全面勝利了。可是，因為奧利維和羅薩斯計畫讓烏拉圭併入阿根廷，

激怒了想保持獨立的烏拉圭人。不但全城軍民頑強抵抗，而且在首都的外國僑民也紛紛組成志願軍，抵抗阿根廷軍隊。

城裡面的義大利人也組建了一個軍團，雖只有700人，軍團的指揮官卻是義大利獨立英雄——加里波底。那時，他正因為在本土的革命失敗，流亡到此。義大利志願軍身穿紅色軍服，因此被稱為「紅衫軍」。在加里波底的打擊下，阿根廷人損兵折將，銳氣大挫；而加里波底的紅衫軍也正是在阿根廷戰場上磨煉得英勇善戰，後來回國才能馳騁疆場，贏得了義大利的獨立解放。

由於加里波底等人的英勇戰鬥，阿根廷始終打不下這座城市。後來加裡波第雖然離開南美回國，但英、法的艦船卻源源不斷地向烏拉圭紅黨運送補給，甚至封鎖了阿根廷首都。等到1851年，巴西皇帝佩德羅二世看不下去了：要是讓羅薩斯真把烏拉圭吞併，那巴西豈不糟糕？於是乎，巴西出兵，聯合烏拉圭紅黨和阿根廷的反羅薩斯力量，一起發動反攻。羅薩斯呢，他在烏拉圭打了這麼多年仗，早已經筋疲力盡，很快招架不住。蒙特維多城在被包圍9年以後終於解圍。巴西、紅黨聯軍不但將羅薩斯和白黨逐出烏拉圭，還進一步反攻，殺入了阿根廷境內。1852年，聯軍殲滅了羅薩斯的主力部隊，迫使這位獨裁者逃亡到英國。戰爭雖然重創了阿根廷，但使得烏拉圭從此不必再擔心遭到吞併了。

但另一筆帳單卻讓烏拉圭人肝膽俱碎：為了酬謝巴西的「義舉」，烏拉圭紅黨被迫把北方部分領土割讓給巴西。看看這「第二次烏拉圭戰爭」的結果：阿根廷的獨裁者羅薩斯出兵打了10年，耗費兵馬錢糧無數，不但沒有撈到半點好處，反而自己垮台了，他倒台後阿根廷陷入了布宜諾斯艾利斯地方政府和阿根廷中央政府之間的內戰，可謂偷雞不成蝕把米。烏拉圭呢，因為兩黨內訌，自家領土被戰火蹂躪了10年，首都被圍了9年，國內人口損失慘重，還割讓了部分領土給巴西，甚至一度成為巴西的附庸。唯一的好處是，此戰後烏拉圭獲得了一段時間的和平，

明朝

哥倫布發現新大陸
— 1500

— 1600
清朝　五月花公約

— 1700

美國獨立
— 1800

門羅主義

美墨戰爭
— 1850
日本黑船事件

中美天津條約

南北戰爭

購買阿拉斯加

美西戰爭
「門戶開放」政策
— 1900

中華民國

經濟大蕭條

日本偷襲珍珠港
— 1950　韓戰

甘迺迪遇刺

911事件

— 2000

歐洲文藝復興運動

拜占庭帝國滅亡
1500—

1600—

1700—
工業革命

法國大革命
1800—

共產黨宣言
1850—

日本明治維新

普法戰爭

1900—

中華民國
第一次世界大戰

第二次世界大戰

1950—

越戰爆發

兩伊戰爭

東西德統一

2000—

人們可以安心種地，發展經濟。唯有巴西，先是坐山觀虎鬥八、九年，然後一舉出兵，沒打兩年就大獲全勝，收穫了不少領土，向著南美霸主的目標又邁進了一步，真是賺大了。

阿根廷獨裁者羅薩斯

羅薩斯（1793—1877年），南美洲第一代考迪羅，出身於布宜諾斯艾利斯的大地主家族。阿根廷獨立後，他組織了一支地主武裝參加內部戰爭，成為省軍區總司令，圍剿印第安人，奪取土地。

1835年依靠軍隊和街頭暴動奪取政權，實行獨裁統治。其統治期間，推行有利於大地主的政策；公開以「復辟派」自詡，鎮壓改革派，導致土地兼併加劇，貨幣貶值；他打擊世俗教育，殺害進步知識分子等2萬多人。對外則扶持烏拉圭白黨，並試圖兼併烏拉圭。

1852年被反對派、巴西軍隊及烏拉圭紅黨聯軍擊敗，被迫逃亡歐洲。

侵吞！美墨戰爭

　　巴西藉著「第二次烏拉圭戰爭」擴張了些土地，這比另一個國家——美國可差遠了。美國自獨立以後就在不斷擴張，到19世紀20年代，領土已經從北美十三州的80萬平方公里擴張到500餘萬平方公里。可是還不夠啊！北方的加拿大有英國撐腰，暫時不敢動，美國人的眼光投向了南方：墨西哥兄弟，就你了，來吧。

　　那時候的墨西哥也算一個龐然大物，領土達400餘萬平方公里，不過，大部分人口集中在南部的墨西哥半島，其北方與美國接壤的地區，原本就是西班牙後期征服的殖民地，地廣人稀，正好下手。另一方面，墨西哥自從獨立後內亂不絕，統治者換了一個又一個，屬於你不打他，他自己都混亂的國家，是一個絕好的被欺負對象。於是，美國人毫不客氣地開整了。當時墨西哥東北部緊靠美國西南邊境的是德克薩斯，面積達100萬平方公里。美國人從19世紀20年代就開始往當地源源不斷地移民，去的還有不少是美國南方的奴隸主，攜家帶眷，還牽著大群奴隸，很快超過了墨西哥本地人的數量。到30年代中期，德克薩斯的4萬餘人中有八成以上都是美國人了。墨西哥領土、美國公民，這現象本來就挺不和諧。更別說兩方還有諸多衝突。比如說，墨西哥政府是禁止奴隸制的，可美國來的奴隸主理你才怪，德州的黑奴人數幾乎趕上墨西哥本地人了。又比如說，墨西哥政府是天主教國家，老百姓要繳納給教會十分之一稅金，美國人一聽，這是什麼爛規矩，不交！還有，為了解決國內饑荒問題，墨西哥政府規定所有農場必須種糧食或者養牲畜，美國奴

明朝

哥倫布發現新大陸
— 1500

— 1600
清朝　五月花公約

— 1700

美國獨立
— 1800

門羅主義

美墨戰爭
— 1850
日本黑船事件

中美天津條約

南北戰爭

購買阿拉斯加

美西戰爭
「門戶開放」政策
— 1900

中華民國

經濟大蕭條

日本偷襲珍珠港
— 1950　韓戰

甘迺迪遇刺

911事件

— 2000

隸主更不樂意了：「棉花在歐洲能賣多少錢你懂嗎？我佔的地，愛種什麼作物，關你什麼事？」這麼一來，兩方衝突越來越激烈。美國移民不肯服從墨西哥政府管理，還組建了民兵；墨西哥政府就出動員警、憲兵對付這些耀武揚威的美國人。1835年，美國人和墨西哥人之間開始了零星的武裝衝突。年底，墨西哥獨裁者安納率領7000人的軍隊開赴德克薩斯，準備鎮壓美國人的暴動。而美國人的答覆是：我們宣布獨立，成立了「德克薩斯共和國」，又叫「孤星共和國」。

就這樣，一群美國移民跑到墨西哥的領土上成立了一個共和國，而背後的老闆則是萬惡的美國。墨西哥政府當然不同意。1836年2月，安納的墨西哥軍圍攻阿拉莫要塞。駐守當地的200餘名美國民兵經過半個多月頑強抵抗，斃傷數百名墨西哥軍人，墨西哥最後幾乎全軍覆沒。從這一戰可以看出，墨西哥人軍隊的戰鬥力在美國人面前確實不怎麼樣。而在阿拉莫戰死的美國人，則被同胞看作「烈士」。德克薩斯的美國移民紛紛高呼：「記住阿拉莫！」

按說安納拿幾千人圍攻200人打成這樣，怎麼著也該掂量一下自己實力了。結果他量招再現，又犯了兵家大忌，把主力分成五路搜捕美國民兵。他自己這一路約有1200人，某天正在聖哈辛托河河邊休息，忽聽槍聲大作，原來是德克薩斯民兵將領休士頓率領900名美國民兵突襲而來。在美國人的槍口下，墨西哥軍隊瞬間就垮了。獨裁者安納還想溜之大吉，跑到河邊卻發現橋斷了。他左思右想，還是保命重要，只得乖乖當了俘虜。這一戰，墨西哥全軍覆沒，而美軍只傷亡9人。獨裁者安納被俘後，墨西哥軍隊只好撤退。安納被押到美國後，看見了殺氣騰騰的美國總統安德魯・傑克森（1767—1845年），什麼也別說了，趕緊簽字承認德克薩斯獨立吧。

美國人建立的這個德克薩斯共和國，這時候雖然得到了墨西哥獨裁者安納的同意，但墨西哥政府可不答應。安納居然屈膝投降，他憑什

麼代表我們墨西哥？不行，廢了這傢伙！至於安納簽訂的條約，他被俘了就已經喪失了總統職權，我們拒不承認！不過墨西哥政府的抗拒也只能限於嘴巴上，畢竟他們沒有力量再攻打德克薩斯這群叛賊。雙方就這麼陷入僵局。到1845年，德克薩斯終於加入了美國，成為美國的第28個州。隨後，美軍進入德克薩斯。

這下子墨西哥再也不能容忍了。1846年4月，雙方在德克薩斯邊界發生武裝衝突，墨西哥騎兵打死和俘虜了一些美國兵。到底開戰地點是在墨西哥境內還是在德州境內，誰也說不清楚。美國的民主黨主戰派宣稱是「墨西哥人在美國領土進攻了美國軍隊」，可當時反戰的輝格黨人（如林肯）則認定是美軍越過邊境挑釁墨西哥，目的就是引發全面戰爭。總之，在5月裡兩方相互宣戰。美墨戰爭正式開始了。

美國和墨西哥雖說都是大國，可實力真不是同一個檔次。美國人口有2000萬，而且曾經和大英帝國對陣過，軍隊裝備精良，訓練有素。墨西哥呢，人口不過700萬，當初連德克薩斯的幾萬美國移民都打不過，拿什麼和美國正規軍比啊？開戰不久，美軍迅速攻入墨西哥領土，依靠來福槍和新式火炮，頻頻以少勝多，打得墨西哥軍滿地找牙。此外，如同德克薩斯戰爭一樣，在墨西哥北部的幾個地廣人稀的省份，美國早在幾十年前就進去了大批移民，如今也紛紛起事，組織了民團配合美軍。內外夾攻下，墨軍不是潰敗，就是投降。6月，加利福尼亞的美國移民造反，建立了「加利福尼亞共和國」，7月併入美國。8月，美軍佔領新墨西哥地區。至此，墨西哥北部地方盡數淪陷。次年3月，美國海軍艦隊配合陸軍，攻克了墨西哥東海岸的維拉克魯斯港口。隨後美軍向墨西哥城推進，沿途不斷擊潰墨軍，8月兵臨墨西哥城下。經過猛烈的炮火轟擊和慘烈的巷戰，美軍在9月中旬進入了墨西哥城。雖然被佔領地區的墨西哥軍民還在頑強抵抗入侵，但墨西哥政府首腦已經嚇破了膽，趕緊求和談判。戰爭中，美軍總共死了1.3萬人，但其中大半都是傷病醫治無效死

明朝

哥倫布發現新大陸
— 1500

— 1600
清朝　五月花公約
— 1700

美國獨立
— 1800

門羅主義

美墨戰爭
— 1850
日本黑船事件
中美天津條約
南北戰爭
購買阿拉斯加

美西戰爭
「門戶開放」政策
— 1900

中華民國

經濟大蕭條

日本偷襲珍珠港
— 1950　韓戰

甘迺迪遇刺

911事件
— 2000

歐洲文藝復興運動

拜占庭帝國滅亡
1500—

1600—

1700—
工業革命
法國大革命
1800—

共產黨宣言
1850—

日本明治維新
普法戰爭

1900—

中華民國
第一次世界大戰

第二次世界大戰

1950—

越戰爆發

兩伊戰爭

東西德統一

2000—

亡，戰死的只有1700人。墨西哥陣亡了約2.5萬人。

1848年2月，兩國達成《瓜達盧佩‧伊達爾戈條約》。條約除了確認德克薩斯併入美國外，墨西哥還得把面積100多萬平方公里的新墨西哥和加利福尼亞地區也割讓給美國。作為「補償」，美國支付1500萬美元的購地款，以及豁免墨西哥政府應該賠給美國人的300多萬美元。說起來，美國有個最大特點，打仗割了人家的地，還要象徵性地給人家一點錢意思意思，儘管這個條件看起來簡直是在繼續羞辱墨西哥。

經此一戰，美國不但掠奪了大片領土，也徹底擊垮了墨西哥的國家信心。1853年，美國向墨西哥提出購買墨西哥北部邊境（當然是割讓大片領土後的北部邊境了）的梅西亞河谷地區。墨西哥開始不同意，美國人眼一瞪：不同意，要不要再打一仗？墨西哥嚇怕了，只好乖乖簽字，以1000萬美元把這7.7萬平方公里的領土賣給美國。就這樣，在不到20年時間裡，美國透過巧取豪奪，先後從墨西哥割走了200多萬平方公里土地，導致墨西哥領土面積縮小了一大半；再加上1846年從英國手中搶來的奧勒岡地區；後來又在1867年以720萬美元從沙皇俄國手中購買了北美洲西北角的阿拉斯加（約170萬平方公里），於是今天這個面積930多萬平方公里的巨無霸基本定型了。

同期，美國在亞洲也開始擴張他的勢力。鴉片戰爭後，美國強迫清政府簽訂了《中美望廈條約》，後來美國艦隊衝到日本，強迫日本簽訂了《日美親善條約》，然後又在第二次鴉片戰爭中配合英軍入侵中國，簽下了《中美天津條約》……不過這時候，領土和勢力急劇擴張的美國，就要面對自己內部的一個激烈衝突了。

墨西哥獨裁者安納

桑塔‧安納（1794—1876年），墨西哥的考迪羅。出身於下層百姓，16歲即加入西班牙軍隊，鎮壓墨西哥革命。伊圖爾維德獨立稱帝後，

他轉而支持獨立，向西班牙軍隊發動反擊。此後在墨西哥內部動盪中他不止一次更換陣營。1829年，他擊敗西班牙的入侵，確保了墨西哥的獨立，被奉為民族英雄。1833年他成為總統，開始實行獨裁統治，但因德克薩斯戰敗而被罷黜。為了重奪大權，他投靠美國，並在美國支持下企圖回國掌權，被墨西哥軍隊擊敗。1846年美墨戰爭爆發後，安納被美國作為代理人送回墨西哥，結果他反戈一擊，領導墨西哥繼續抵抗美國，直到兵敗被流放。此後，當馬克西米利安皇帝和胡亞雷斯在墨西哥對峙時，安納分別向兩者表示願意合作，卻遭到兩者的拒絕，最後雖然返回墨西哥，卻在貧困中死去。

糕點戰爭

1838年，在墨西哥的一家法國糕點店裡，因為老闆嘲諷墨西哥軍隊被美國揍得淒慘，激怒了幾個墨西哥軍官，把店給砸了。法國趁機以此為由，向墨西哥宣戰。兩方大戰了一年，才在英國調解下停戰，墨西哥賠償了60萬披索。

明朝

哥倫布發現新大陸
— 1500

— 1600
清朝　五月花公約
— 1700

美國獨立
— 1800

門羅主義

美墨戰爭
— 1850
日本黑船事件

中美天津條約

南北戰爭

購買阿拉斯加

美西戰爭
「門戶開放」政策
— 1900

中華民國

經濟大蕭條

日本偷襲珍珠港

— 1950　韓戰

甘迺迪遇刺

911事件
— 2000

歐洲文藝復興運動

拜占庭帝國滅亡
1500—

1600—

1700—
工業革命
法國大革命
1800—

共產黨宣言
1850—

日本明治維新
普法戰爭

1900—

中華民國
第一次世界大戰

第二次世界大戰

1950—

越戰爆發

兩伊戰爭

東西德統一

2000—

崩潰！罪惡奴隸制

　　困擾美國的內部問題，就是黑奴制度的保存或廢除。歐洲人到美洲後，從非洲抓來不少黑人，這一問題無論是在北美還是在拉美都一樣。但進入18世紀後，各地黑奴的處境卻漸漸有了差別。平心而論，美國的各項政治制度、人民權利，從獨立前的英國殖民地時代開始，就比西屬、葡屬的拉美地區要先進得多，獨立後更是比政變不休、戰火不絕的拉美各國要強。但唯有在對待有色人種的歧視和壓迫方面，美國部分地區卻是分外殘酷。大概因為美國人口中白人佔絕對多數（西屬拉美人口半數是印第安人，葡屬巴西人口半數是黑人，各自還有大批混血兒；而美國人口中白人始終佔八成以上，混血兒也很少），可以放手欺負其他人種。

　　比方說，在西屬、葡屬殖民地，混血兒根據混血的比例，是可以享有一定社會地位的，白人血統達到一定比例以上就可以享受白人待遇。而在美國，混血兒的祖先中只要有一個黑人，就只能被當成低賤的奴隸，這被稱為「一滴血原則」。很多白人奴隸主蹂躪了女奴（黑人或混血）生下孩子，然後把自己的親骨肉當作奴隸，隨意欺壓甚至販賣，這種情形完全符合當時美國的公正價值觀。相反，如果哪個有良心的奴隸主敢把這些私生子真的當子女對待，就會遭到社會輿論的嘲笑甚至迫害。在拉美，黑奴雖然也遭受殘酷壓迫，但至少宗教界人士在不斷地呼籲「黑人也是我們的兄弟」。在學校裡面，黑人小孩、白人小孩、印第安小孩和混血兒一起讀書。而在美國的蓄奴州，牧師們公然宣稱「上帝

造出黑人就是要他們當奴隸」。

等到18世紀初，歐洲各國都廢除了奴隸制，英屬加拿大也廢除了奴隸制，原西班牙殖民地的拉美國家在獨立後也紛紛廢除了奴隸制。而美國呢，這個幾乎是當時全世界名義上最民主的國家，依然把黑人當作「牲口」一樣的毫無人性地對待。

當然，美國國內廢奴的呼聲也是很高的。除了一大批精英階層站在人道主義角度要求解放黑奴之外，北方的資本家們正經歷工業革命，正在大辦工廠，迫切希望打開勞動力市場，他們也要求要壓縮奴隸制莊園，免得奴隸制經濟對自由勞動力造成不平等競爭，這就跟南方的種植園主產生了尖銳的利益衝突。而美國又是屬於「自下而上」建立的國家，各個州有權頒布自己的法律，因此北部廢除奴隸制的「自由州」和南部保留奴隸制的「蓄奴州」，兩者間的鬥爭沒完沒了。由於美國政府認為黑奴屬於受保護的「私有財產」，所以北方並不敢直接廢除黑奴制度，只想避免奴隸制繼續蔓延擴大。在美國不斷地擴張過程中，兩者都希望擴大自己的陣營，於是美國每擴張一個州，北方就想方設法在該地禁止奴隸制，而南方則絞盡腦汁要在其中實行奴隸制。每一個州都要經過漫長的議會鬥爭，甚至發展到自由農民和奴隸主武裝之間的小規模內戰。

到19世紀中葉，關於奴隸制的問題已經到了不可調和的地步。一些主張廢奴的政黨也建立起來，南方蓄奴州的黑奴們不斷逃亡，廢奴主義者組織「地下鐵路」，冒著生命危險，把南方的黑奴偷運到北方自由州。

同時，南北各州在國家政治舞台上的鬥爭也是愈演愈烈。本來論州的實力，北方自由州無論是人口還是經濟水準都大佔優勢，而且反對奴隸制在道義上也更說得過去。但是，南方蓄奴州有一招無敵大法。一旦逼急了，他們就躺地上打滾，你不讓我行奴隸制？不同意，我就退出聯

明朝

哥倫布發現新大陸
— 1500

— 1600
清朝   五月花公約
— 1700

美國獨立
— 1800

門羅主義

美墨戰爭
— 1850
日本黑船事件

中美天津條約

南北戰爭

購買阿拉斯加

美西戰爭
「門戶開放」政策
— 1900

中華民國

經濟大蕭條

日本偷襲珍珠港
— 1950   韓戰

甘迺迪遇刺

911事件
— 2000

歐洲文藝復興運動

拜占庭帝國滅亡
1500—

1600—

工業革命
法國大革命 1800—

1700—

共產黨宣言
1850—

日本明治維新

普法戰爭

1900—

中華民國
第一次世界大戰

第二次世界大戰

1950—

越戰爆發

兩伊戰爭

東西德統一

2000—

邦,自立一國!北方的自由州什麼都不怕,就怕國家分崩離析,所以一遇到這種情況,他們就妥協退讓。南方奴隸主們靠著這種無賴戰術,逼得北方各州不斷讓步。再加上接連的幾任總統,有的雖然從情感上反對奴隸制,但為了維持合眾國統一只能討好南方,還有的本身就是傾向於奴隸制的,於是奴隸主們的氣焰反而不斷高漲。

1850年,國會通過《追緝逃奴法》,蓄奴州的奴隸即使逃到自由州也沒用,自由州的員警必須幫助蓄奴州的奴隸主把逃奴抓回去。而且,一個白人要如何證明一個黑人是奴隸呢?只要發誓就可以了!至於正義之士若敢出來阻撓抓捕逃奴?罰款,判刑!這條法律把整個美國變成了拘禁黑奴的大網。1854年,國會通過《堪薩斯-內布拉斯加法案》,取消以前「北緯36度半以北不得施行奴隸制」的限制。

曾有個黑奴斯科特,30年代曾到自由州數年,根據當地法律,已經獲得了自由。後來他回到蓄奴州,又被販賣為奴。他向法院提起申訴,要求恢復自由。結果到1857年,美國最高法院判決:這個黑奴是奴隸主的財產,不是美國公民,財產哪來申訴的權利?私有財產受憲法保護,黑奴到哪裡都是黑奴,不管是不是在自由州。

判決一下來,等於完全取消了對奴隸制的限制。所有反對奴隸制的人都暴怒了。1859年10月16日,一個叫約翰·布朗的廢奴義士率領20多個人揭竿而起,要推翻慘無人道的奴隸制。由於力量對比懸殊,起義僅僅兩日便被南方民團鎮壓下去。約翰·布朗在絞刑架前坦言:「我現在堅信,只有用鮮血才能清洗這個有罪的國土上的罪惡。」約翰·布朗之死讓全美國的正義人士更加激憤。在緊接著的1860年大選中,新成立不久、高舉反對奴隸制擴張大旗的共和黨獲得勝利,大高個兒林肯(1809—1865年)當選第16任總統。注意,這時候的林肯也只是反對奴隸制在美國繼續擴張,他並沒有魄力把現在奴隸主的「私有財產」——黑奴解放出來。

南方的各蓄奴州呢？他們這幾年已經見識過林肯作為在野黨議員的厲害，知道這個新總統一定不會讓他們有好日子過。左思右想，這幫奴隸主決定先下手為強：此地不留爺，自有留爺處。不陪你玩了！1861年初，他們把持了11個南部蓄奴州的政權，宣布退出美利堅合眾國，另外建立了一個「國家」——美利堅邦聯，選舉戴維斯為總統。林肯總統這回不含糊了，我不想入侵你們南方各州，但你們既然要反叛美國，那就毫不容情，打！4月，南方軍隊進攻聯邦軍要塞，美國南北戰爭正式爆發。

當時的實力對比，北方佔絕對優勢。比人口，北方有2000多萬，南方不到1000萬，還包括幾百萬黑奴。論工業水準和經濟實力，北方工業產值在全世界各國的排名也靠前，而南方還是種植園經濟。雙方的軍工業水準壓根不是同一個層級。這麼一比，北方應該勢如破竹才對，可是一打起來卻完全不是那麼回事。北方軍勝少敗多，南方軍氣焰囂張。

這裡面有好幾個原因。首先，北方壯丁雖多，然採取的是募兵制，志願兵打幾個月仗就回去休息；而南方是把民團徵集起來，從頭打到尾，如此北方的兵力優勢並沒有人口對比那麼大，士兵經驗也不如南方軍。再加上「窮文富武」，南方奴隸主莊園裡頗有些槍馬嫻熟的少爺，兵精將勇。

其次，林肯政府縮手縮腳，並不打算展開全面內戰，只想打幾仗讓南方放棄獨立，不敢把事情做絕了，還想把其他幾個沒有叛變的蓄奴州籠絡住。所以他一面派兵打南方，一面還繼續保護南方的奴隸制，甚至有的南方奴隸叛逃到北方軍隊中，林肯還將其抓起來送回到奴隸主那裡去。這麼一搞，別說南方的黑奴大失所望，連北方軍士兵都覺得失望，敵人的奴隸來投奔我們，我們還得給送回去，這是打仗嗎？而南方反而藉機壓榨奴隸來維持日常生產，把白人壯丁大部分騰出來打仗。潛伏在北方的「銅頭蛇」等反動組織也肆無忌憚地搞破壞，給北方戰爭帶來很

哥倫布發現新大陸
— 1500

— 1600
清朝　　五月花公約

— 1700

美國獨立
— 1800

門羅主義

美墨戰爭
— 1850
日本黑船事件

中美天津條約

南北戰爭

購買阿拉斯加

美西戰爭
「門戶開放」政策
— 1900

中華民國

經濟大蕭條

日本偷襲珍珠港

— 1950　　韓戰

甘迺迪遇刺

911事件

— 2000

大困擾。

當時，北方聯邦軍的總司令麥克萊倫是個同情奴隸主的民主黨人，他並不想和南方大打出手，一心和談，還想等著下屆選舉時和林肯競選總統。這傢伙連基本立場都不堅定，他要能認真打仗那才奇怪。所以，麥克萊倫指揮作戰，進如龜，退如風；不動如山，不求有功，但求無過，北方的優勢根本發揮不出來，越拖下去越疲。尤其是麥克萊倫親自指揮的東線，打一仗輸一仗。

這麼折騰了兩年，林肯一看這不行啊，我得拿出點辦法來，不然下次選舉多半麥克萊倫要上台，然後就是繼續向南方奴隸主妥協，弄不好美國分裂就成定局了。他左思右想，放出了「大招」。

大招第一步就是解放黑奴。林肯在1862年宣布，要是南方各州再堅持叛亂，那麼到1863年他們所有的黑奴都將獲得自由。這句話一放出來，南方的黑奴們樂瘋了，成千上萬地黑人逃出莊園投奔北方，頓時把南方的後勤基地攪成了一團亂。到1863年，林肯正式頒布《解放黑奴宣言》，所有叛亂州的奴隸都獲得自由。這一招是釜底抽薪之計，摧毀了南方奴隸主的統治基礎，也把400萬黑人從南方同盟的聽話工具，變成了政府軍最堅強的同盟者。宣言還使得美國南北戰爭從一場「分裂與統一」的戰爭，變成了「維護奴隸制與反對奴隸制」的戰爭，這就讓北方在全世界面前站到了道德制高點上。比如英國，原本暗中支持南方，想趁機削弱美國。但林肯公開宣布取消奴隸制後，英國工人紛紛上街支持美國聯邦政府，英國政府也不敢再過度摻和了。

大招的第二步是鼓勵北方白人西部大開發。林肯在1862年頒布《公地放領法》，規定任何忠於聯邦政府的成年人，只要交10美元，就可以在西部領取64.74公頃土地，耕種5年後就是自己的土地了。這下子，窮人的眼都亮了，政府分房、分地給我們啊，那當然是都堅決反擊叛軍！北方軍隊士氣頓時高漲。

黑人、白人都受到了激勵，林肯又採取多項措施增強軍事力量。他在1863年把募兵制改為徵兵制，又准許黑人參加北方軍。黑人們頓時潮水般湧向北軍，有的做後勤工作，有的直接拿起武器當兵，那些逃亡的奴隸為了自由，真是滿腔熱血，做起事來一個頂兩個，特別能吃苦耐勞。這樣一來北方軍的人力也充裕了。然後，林肯提拔智勇雙全的名將格蘭特（1822—1885年，美國第18任總統）為總司令，指揮戰爭。格蘭特是共和黨人，和麥克萊倫完全不同。他的戰略很簡單：我們北方軍人多，那就集中優勢，進攻要點，用實力去碾壓南方軍，分割他們，集中優勢去和他們主力會戰。只要打垮他們的主力，還怕戰爭不會勝利嗎？

1863年7月，南、北雙方的16萬大軍在東線蓋茲堡展開決戰，南軍傷亡2.8萬人，被迫撤退；北軍雖然也損失2.3萬人，卻贏得了戰場主動權。同時，格蘭特在西線奪取了密西西比河的要塞維克斯堡，以不到1萬人的傷亡，全殲南方軍5萬，其中俘虜3.7萬。隨後，北方軍又攻佔哈德遜港，完全控制了密西西比河這條運輸大動脈，更把南部同盟分割成東西兩段。這樣，北方奪取了有利態勢，可以開始「絕對碾壓」了。

1864年，格蘭特發動總攻。他親率大軍在東線大舉南下，南方軍總司令羅伯特·李將軍（1807—1870年）慌忙前去攔截，兩軍展開拉鋸戰，殺得炮火連天。南方軍主力都被吸引過去後，格蘭特手下的悍將薛曼（1820—1891年）卻帶領10萬大軍，忽然從西線出現，直撲南部同盟的大後方。南方軍主力都跟格蘭特對拚去了，只能勉強抽調6萬人來攔截。薛曼打仗很有一套，他不去進攻敵人的堅固陣地，而是仗著優勢兵力，迂迴到了敵後，切斷其退路，迫使南方軍自己放棄陣地後撤。這樣到了9月，薛曼便攻佔了南部同盟第二大城市亞特蘭大，一把火把這座城市燒成一片廢墟。

隨後，薛曼開始了恐怖的「向海洋進軍」行動。他帶領大軍，從內陸的亞特蘭大直撲沿海城市薩凡納。行軍打仗，後勤糧草最重要，薛

明朝

哥倫布發現新大陸
— 1500

— 1600
清朝　五月花公約

— 1700

美國獨立
— 1800

門羅主義

美墨戰爭
— 1850
日本黑船事件

中美天津條約

南北戰爭

購買阿拉斯加

美西戰爭
「門戶開放」政策
— 1900

中華民國

經濟大蕭條

日本偷襲珍珠港

— 1950　韓戰

甘迺迪遇刺

911事件
— 2000

曼卻不要後勤。他把軍隊分成多路縱隊，命令大家只帶20天糧草，浩浩蕩蕩向東南進發，所到之處，把奴隸主莊園的錢糧全部徵集為軍糧、軍餉，浮財都分給黑人，種植園、工廠、房屋一律摧毀、燒掉。薛曼說：「這些南方人既然敢叛亂，就讓他們知道叛亂的下場。我就是要讓整個喬治亞州都鬼哭狼嚎，我就是要讓整個喬治亞變成地獄，我就是要讓所有喬治亞人都感受到刻骨銘心的痛苦。」薛曼軍隊所到之處，城鎮鄉村盡成廢墟，南方白人心驚膽戰，黑人們卻興高采烈地扶老攜幼，載歌載舞，推著鍋碗瓢盆，跟著薛曼大軍一路前進。12月21日，薛曼軍隊終於佔領了薩凡納。在他身後，留下一條500公里長、近百公里寬的無人地帶。南部同盟原本就被切成了東西兩段，如今其統治核心的東半部領土再次被一分為二，而且戰爭潛力遭到了慘重的破壞。從此，南方只能苟延殘喘。

在薛曼大開殺戒之時，格蘭特的東線大軍也把李將軍的南方軍主力壓縮到了其首都里奇蒙附近。到1865年，已經勝券在握的北方軍只剩下臨門一腳了。格蘭特繼續死纏著李將軍猛追猛打；薛曼一把火燒了薩凡納，然後揮師北上夾擊李將軍，一路上故伎重施，繼續對奴隸主莊園打砸搶燒；北方軍海軍則奪取了南方的最後港口。3月，薛曼與格蘭特會師，李將軍陷入包圍之中。4月，李將軍投降，此後一個多月裡，南方軍殘部有10多萬人先後放下武器，南北戰爭結束。南北戰爭既是場維護統一的戰爭，也是反對奴隸制的北方戰勝試圖維護奴隸制的南方的戰爭，美國既在國際上贏得了好聲譽，又實現了南北的統一。當然，戰爭的代價也是很大的。

1864年，美國進行了新一屆總統選舉。由於此時聯邦軍已經取得絕對優勢，共和黨的林肯以絕對優勢擊敗民主黨的麥克萊倫，贏得連任。可是就在1865年4月14日，即李將軍投降後的5天，林肯在劇院被一個同情南方的演員開槍刺殺。這位偉大的「船長」，這位帶領美利堅這艘大

船乘風破浪、勝利歸航的「船長」，卻倒在了已經能望見港口旗幟的前甲板上。林肯死後，1865年12月美國國會通過了憲法修正案，確定在美利堅合眾國的所有土地上都禁止實行奴隸制。當然，對於廣大黑奴來說，這只是獲取自由的第一步，接下來，他們還將面臨殘酷的資本主義競爭，和大部分白人的種族歧視乃至虐殺。黑人不能進白人學校，不能坐白人的公共汽車座位……尤其在南方，許多州仍剝奪黑人的選舉權及被選舉權，白人極端分子組成3K黨，到處虐殺黑人，鬧得滿城血雨腥風。甚至有些黑人因為之前運氣好遇上比較善良的奴隸主，他們覺得還不如在莊園裡舒坦呢。黑人爭取平等的戰爭，還需要上百年的艱險征途。

黑白分離

美國白人（以及整個英屬殖民地白人）對黑人的種族歧視根深蒂固，包括很多廢奴主義者都認為，黑人比白人低賤，兩者難以平等共處。為了防止黑人被作為奴隸，他們主張把黑人都送回非洲去。於是從19世紀初，廢奴主義者們在西非海岸佔了一塊地，不斷把黑奴運回去，這樣形成了一塊美國黑人殖民地，叫作賴比瑞亞。

1847年，擔任總督的美國黑人羅伯茲（1809─1876年，其實是黑白混血）宣布獨立建國。由於有美國撐腰，賴比瑞亞在19世紀末歐洲列強瓜分非洲的狂潮中得以保持獨立。美國黑人的後裔在當地稱王稱霸，勾結美國大公司，欺壓佔人口絕大多數的本地黑人。

《湯姆叔叔的小屋》和《白奴》

19世紀中期，美國出版了兩本廢奴主義名著，即斯托夫人的《湯姆叔叔的小屋》（1852年）和希爾德烈斯的《白奴》（1836年）。《湯姆叔叔的小屋》的主角是一位虔誠能幹的老黑奴湯姆，為人正直，任勞任

明朝

哥倫布發現新大陸
─ 1500

─ 1600
清朝　五月花公約
─ 1700

美國獨立
─ 1800
門羅主義

美墨戰爭
─ 1850
日本黑船事件

中美天津條約

南北戰爭

購買阿拉斯加

美西戰爭
「門戶開放」政策
─ 1900

中華民國

經濟大蕭條

日本偷襲珍珠港

─ 1950　韓戰

甘迺迪遇刺

911事件
─ 2000

怨，卻因不幸的命運，輾轉於各個奴隸主之間，最後被一個殘暴的奴隸主折磨而死。書中透過描述一個如此善良溫馴的黑奴依然難逃厄運的故事，向讀者揭示了奴隸制度的殘酷，並從「愛」的角度，批駁蓄奴行為的荒謬和血腥。而《白奴》則要激進得多，它描寫一位僅有少數黑人血統的奴隸（也是奴隸主的私生子），遭到包括其生父和同父哥哥在內的多個奴隸主壓迫，最終走向反抗的道路，在「第二次美英戰爭」中倒戈，並獲得英國國籍且救出了自己的妻兒。書中還塑造了一位勇敢的逃奴首領「野人湯姆」，他殺傷了多名奴隸主，最後在火刑架上從容就義，與湯姆大伯恰是兩個相反極端。兩本書風格迥異，卻都道出了奴隸制的罪惡，並且尖銳地指出，即使是那些善良有愛心的奴隸主，也是在助長這種罪惡。林肯總統將《湯姆叔叔的小屋》稱為「引發了南北戰爭的一本書」。

南部各州情況

加入南部同盟的11個州是：南卡羅來納、密西西比、佛羅里達、阿拉巴馬、喬治亞、路易斯安那、德克薩斯州、維吉尼亞、阿肯色、田納西、北卡羅來納。此外，當時尚未成為美國州政權的奧克拉荷馬、亞利桑那等地也支持南部同盟，新墨西哥等地的部分勢力也企圖加入同盟。同為蓄奴州的馬里蘭、德拉瓦、華盛頓特區則堅持維護美國統一，而維吉尼亞州的西部地區也宣布不跟隨維吉尼亞反叛，獨立出來自成一州，繼續擁護合眾國。

南北戰爭傷亡

南北戰爭處於軍事史上的一個特殊時期，先進武器已經出現，而軍隊戰術還沒跟上，於是雙方士兵用過去滑膛槍時代的密集隊形，去迎接來福槍的可怕射擊，因此雙方傷亡極大。短短4年的戰爭裡，總人口3000萬的美國，總共有300餘萬人參軍，戰死約80萬，傷殘約40萬，還有至少數十萬平民死於戰火，陣亡人數基本相當於美國歷史上其他各次戰爭的總和。

聯合！加拿大自治

就在美國勝利扳倒奴隸制時，北方的鄰國加拿大也正式開始獨立進程。英屬北美的各個殖民地，從19世紀40年代開始陸續建立了各自的「責任政府」，就是說現在這些地方的事務，基本由他們本地官員而不是倫敦派的總督來管理。上、下加拿大也合併成一個加拿大。當然，這個加拿大面積只等於現在加拿大的國土面積的一小半。對於大英帝國來說，北美這些地方也是他們的一個心病：美國人虎視眈眈，時刻想著將其吞併。若真要是丟給美國，捨不得，也嚥不下這口氣；可是不肯呢，那就得日夜提防，勞心勞力。所謂「只有千日做賊，哪有千日防賊」，英國政府逐漸覺得，與其這麼成天提心吊膽，不如乾脆把這些殖民地聯合成一個國家，一個在大英帝國框架下的聯邦，讓他們自己對抗美國。

1861年爆發的南北戰爭，把美英、美加衝突推到了極致。當初加拿大內亂，美國煽風點火、趁火打劫，如今美國內戰，英國和加拿大也樂得看戲，保持中立的同時還有點同情南方。英國幫南方造了新式軍艦，使得北方海岸線風聲鶴唳；南方叛亂分子搶劫了北方銀行跑到加拿大，加拿大把錢還給南方，還把人給保了下來……凡此種種，讓美國人大為不爽。北方的報紙公開叫囂，等滅了南方叛賊，就收拾加拿大這幫混蛋！

他們這一嚷，加拿大、英國都害怕了。眼看北方軍節節勝利，英國趕緊調了1萬多名精兵到加拿大。可是美國實力早已今非昔比，真要開打，這1萬多人有什麼用啊？想來想去，還是趕緊讓加拿大建國吧，免得

明朝

哥倫布發現新大陸
— 1500

— 1600
清朝　五月花公約

— 1700

美國獨立
— 1800

門羅主義

美墨戰爭
— 1850
日本黑船事件

中美天津條約

南北戰爭

購買阿拉斯加

美西戰爭
「門戶開放」政策
— 1900

中華民國

經濟大蕭條

日本偷襲珍珠港

— 1950　韓戰

甘迺迪遇刺

911事件
— 2000

歐洲文藝復興運動

拜占庭帝國滅亡
1500—

1600—

1700—
工業革命
法國大革命
1800—

共產黨宣言
1850—

日本明治維新
普法戰爭

1900—

中華民國
第一次世界大戰

第二次世界大戰

1950—

越戰爆發

兩伊戰爭

東西德統一

2000—

被美國一塊一塊地吃掉。

　　另一邊，美國也在勾引加拿大與之合併。原來先前美國和英屬北美的幾塊殖民地之間的商業貿易經營得相當好，還簽訂了《自由貿易協定》。協定有效期在1865年到期，殖民地想續簽，美國趁機說：續簽什麼啊，你們直接加入我大美利堅就好了！

　　這一下，北邊的殖民地也來了脾氣：你美國如此欺負人！誰稀罕加入你美國？我們直接自己建國！當時，加拿大省的內部問題也很多，有英裔和法裔的問題、有保守派和自由派（改革派）的問題。但是大多數政黨都加入了一個聯盟，共商建國大計。1864年，加拿大省、愛德華王子島、紐芬蘭島、新布藍茲維省、新斯科細亞省的代表聚會。他們一邊大吃大喝，跳舞打牌；一邊聊建國的事，包括國體、政體、憲法、中央和地方的分權、如何保護不同種群利益、如何處理和英國宗主關係等等。討論出來的結果再拿到各省議會去表決。結果有的省同意，有的省反對。

　　正在相持不下時，美國人又派出一群恐怖分子，越境襲擊北美殖民地，目的是為了報復英國。這一下可幫了加拿大的大忙，各省代表一看，美國人欺人太甚，我們趕緊建國吧！於是聯合的事情一下子順利多了。英國維多利亞女王也在1867年簽署了《英屬北美法案》。於是，「加拿大自治領」誕生了，最初它包括新斯科細亞、新布藍茲維、魁北克（即下加拿大）和安大略（即上加拿大）四個省。這個聯邦擁有大部分主權，名義上的國家元首是英國女王，實際掌握大權的是總理。外交和國防權力交給大英帝國。約翰・麥克唐納（1815—1891年）成為首任總理。

　　這時的加拿大自治領，只包括今天加拿大東部的部分土地。但就在加拿大建國的這一年，美國從沙皇俄國手中把阿拉斯加買了下來。這個大手筆在美國國內招致罵聲一片：花720萬美元的民脂民膏，就為了買一

個寸草不生的地方嗎？但美國此舉卻把加拿大人嚇壞了。現在美國對我們形成了南北夾擊之勢，照這個趨勢，他要再買一塊，豈不是把我們西邊到太平洋的路給封死了嗎？

於是加拿大政府趕緊下手。在1869年，加拿大用僅僅150萬元，從英國哈得遜灣公司手中買下了一整塊魯珀特地區和西北領地，它相當於今天加拿大國家的西半部分，好幾百萬平方公里呢。然後，又在1871年說服了太平洋邊上的英屬哥倫比亞也加入加拿大。這樣，加拿大和美國一樣，成為一個從大西洋到太平洋的龐然大物，當然人口比美國少很多。

新的疆域並不太平，很多印第安人接受了加拿大政府的條件，拿錢賣地，也有的不肯賣祖宗的地，和加拿大政府鬧彆扭。還有當地的梅蒂人（法國移民和印第安人的後裔，以捕獵野牛為生）也會不時地鬧騰一下。美國匪徒也經常從南邊入侵加拿大西部，屠殺當地印第安人。為此，加拿大政府專門建立了一支騎警部隊巡邏。接著，東邊的愛德華王子島在1873年加入加拿大。至此，加拿大基本已經和現代版圖的加拿大差不多了（紐芬蘭還要再等70多年，1949年才加入加拿大）。加拿大最大的問題是地廣人稀，而且各省動不動就和中央爭權，導致很多工作都沒法貫徹下去。

加拿大西北叛亂

加拿大領土西擴後，隨著大批英裔移民西遷，對原本居住在當地的梅蒂人（法國、印第安混血人，信仰天主教）和印第安人構成了壓力。雙方衝突不斷激化，最終梅蒂人和印第安人發起了暴動。1885年，梅蒂人領袖里爾宣布成立臨時政府，組建民兵攻打加拿大騎警。印第安克里人、蘇族人和阿西尼博因人也在酋長大熊、龐德美克等的帶領下進攻白人。但此時橫貫加拿大東西的大鐵路已經修建大半，加拿大政府迅速調兵5000人

明朝

哥倫布發現新大陸
— 1500

— 1600
清朝　　五月花公約
— 1700

美國獨立
— 1800

門羅主義

美墨戰爭
— 1850
日本黑船事件

中美天津條約

南北戰爭

購買阿拉斯加

美西戰爭
「門戶開放」政策
— 1900

中華民國

經濟大蕭條

日本偷襲珍珠港

— 1950　韓戰

甘迺迪遇刺

911事件

— 2000

坐火車趕到，經由鐵路線開始圍剿。面對裝備精良的政府軍警，梅蒂人和印第安人很快彈盡糧絕，沒幾個月叛亂就被平息，里爾被俘。加拿大總理麥克唐納意圖安撫法裔人，留下里爾的性命，但法庭還是判處其絞刑。

　　直到今日，里爾在英裔加拿大人眼中是個「叛國賊」，在法裔加拿大人眼中卻是英雄。此外，鎮壓叛亂凸顯了加拿大西部大鐵路的重要性，使得眼看要破產的鐵路建設專案起死回生。叛亂平息之日，也是大鐵路完工之日。

歐洲文藝復興運動

拜占庭帝國滅亡
1500—

1600—

1700—
工業革命
法國大革命
1800—

共產黨宣言
1850—

日本明治維新
普法戰爭

1900—

中華民國
第一次世界大戰

第二次世界大戰

1950—

越戰爆發

兩伊戰爭

東西德統一

2000—

殺戮！巴拉圭戰爭

美國南北戰爭4年就死了上百萬人，算得上近代少有的慘烈血戰了。

可稍後的一場規模要小得多的戰爭，卻異常殘酷。這就是巴拉圭戰爭。巴拉圭在南美各國中獨立時間算早的，西班牙1808年被拿破崙滅掉後，巴拉圭在1811年就獨立了。幾年後，何塞・弗朗西亞博士（1766—1840年）建立了獨裁統治。弗朗西亞也是一位出色的考迪羅，他採用鐵腕統治，對政敵嚴厲打擊，禁止反對派的政治活動。但同時，他組織了高效清廉的政府，打擊貪腐，把土地分配給農民，減租減稅，大力發展農業和教育、安撫印第安人。因此彈丸小國巴拉圭經濟飛速發展，民心安定，成為南美幸福感最強的國家。1840年弗朗西亞去世，巴拉圭統治者換成他的侄子卡洛斯・洛佩斯（1792—1862年）。洛佩斯繼承叔叔遺志，建設鐵路，發展與鄰國的貿易外交，更開始了工業化建設。由於巴拉圭獨立時間早，不像其他南美國家一樣經過漫長的獨立戰爭，加上弗朗西亞先前打下的基礎，所以到19世紀60年代，小而富的巴拉圭不但少見地擁有了較為完整的工業體系，而且還是當時唯一沒有欠下外債的拉美國家，真是拉美的希望。然而，洛佩斯去世後，他的兒子索拉諾・洛佩斯（1827—1870年）接過了總統的權杖。這位小洛佩斯堪稱將門虎子，20歲就當上了總司令。後來，小洛佩斯奉父親之命赴歐洲各國考察，不但購買了大批新式武器，聘請了大批技工人才，還學習了歐洲列強的政治、軍事體制。他對軍事強國普魯士的體制非常羨慕，也很崇拜

明朝

哥倫布發現新大陸
— 1500

— 1600
清朝　　五月花公約

— 1700

美國獨立
— 1800

門羅主義

美墨戰爭
— 1850
日本黑船事件

中美天津條約

南北戰爭

購買阿拉斯加

美西戰爭
「門戶開放」政策
— 1900

中華民國

經濟大蕭條

日本偷襲珍珠港

— 1950　韓戰

甘迺迪遇刺

911事件

— 2000

歐洲文藝復興運動

拜占庭帝國滅亡
1500—

1600—

工業革命 1700—
法國大革命 1800—

共產黨宣言 1850—

日本明治維新

普法戰爭

1900—

中華民國
第一次世界大戰

第二次世界大戰

1950—

越戰爆發

兩伊戰爭

東西德統一

2000—

當時歐陸霸主——法國皇帝拿破崙三世。對兩國進行了盲目學習，這讓洛佩斯野心膨脹，決心用武力保衛巴拉圭的生存空間。

巴拉圭彈丸之地，夾在巴西、阿根廷兩大強國之間，旁邊還有個烏拉圭，又弱又亂，國內紅黨、白黨爭奪幾十年，還引起了「第二次烏拉圭戰爭」。由於西、葡統治時期，各殖民地的劃界本來就很亂，巴西和阿根廷跟巴拉圭都有領土糾紛。尤其阿根廷一向對巴拉圭心懷不軌，妄想吞併巴拉圭。這時候，對巴拉圭來說，最好的策略當然是一面臥薪嚐膽，一面動用外交手段，在兩強中找到平衡點，逐步自強。可是小洛佩斯自以為「巴拉圭經濟發達、軍隊精銳，他們個子大有何可怕？」於是他在南美非常高調，大有「誰打我，我打誰」之勢。

就在小洛佩斯繼位後不久，烏拉圭的紅白兩黨再次發生鬥爭。這回，紅黨首領弗洛雷斯同時得到巴西、阿根廷兩大強國的支持，把白黨的貝洛總統轟下了台，把持了烏拉圭政權。貝洛眼見對手後台硬，只好向小洛佩斯求援。小洛佩斯精神一下子來了：阿根廷和巴西居然干涉烏拉圭內政，太過分了！他向巴西、阿根廷發出照會，請他們解釋這算怎麼回事？

巴西皇帝佩德羅二世接到照會，又好氣又好笑。小洛佩斯你真把自己當個人物了？這位皇帝年齡比小洛佩斯大不了幾歲，卻比他要老道得多。他一面暗中和阿根廷定了盟約，一面對小洛佩斯的警告置若罔聞，反而下令巴西軍隊進入烏拉圭境內。

這時候更傳來一則流言，說是巴西和阿根廷兩國已經達成陰謀，由巴西吞併烏拉圭，阿根廷吞併巴拉圭。這在小洛佩斯看來，刀子都已經架到自己脖子上了，箭在弦上，不得不發，乾脆先下手為強！1864年11月，洛佩斯對巴西宣戰，巴拉圭軍隊長驅直入，攻入巴西。

烏拉圭紅黨首領弗洛雷斯一看，帶著烏拉圭向巴拉圭宣戰。沒多久，弗洛雷斯的另一個後台阿根廷也加入了巴西陣營。三國簽署了秘密

條約，約定一起把巴拉圭往死裡揍，揍完了還要其割地賠款。這樣，巴拉圭同時面臨三個鄰國的圍攻。這三國加起來領土有1100多萬平方公里，人口有1000多萬，而巴拉圭只有52萬平方公里土地和80萬人口，對比也太懸殊了。

小洛佩斯不怕。他口出狂言，要學習普魯士的腓特烈大帝，要學習法國的拿破崙皇帝，以一挑三，教訓下這幫不知天高地厚的落後國家。可惜他忘了，腓特烈和拿破崙雖然都曾面臨強敵圍攻，但國力對比也沒這麼懸殊啊。再說，腓特烈好歹還有個大英帝國支持他呢，你洛佩斯有什麼呢？

但洛佩斯有一點看準了，巴拉圭的整體實力和這三國相差太遠，只能發動進攻，速戰速決，利用初期軍隊動員充分的優勢取得先機。畢竟巴拉圭此時有正規軍和後備軍8萬，論軍隊數量和敵人差不多，而且受過普魯士教官訓練，且裝備精良。就短期軍事實力來說，巴拉圭在三個敵國之上，正好對敵人各個擊破。要是等巴西和阿根廷兩大強國的後續部隊全部徵集起來，那就死無葬身之地了。於是，洛佩斯兵分兩路，一路攻入阿根廷，自己率領一路軍攻入巴西，仗著兵精械良，打了不少勝仗，佔領不少領土，真是威風凜凜。

然而洛佩斯的軍事才幹畢竟無法和腓特烈、拿破崙相比。這種兩路出擊看似威風，卻分散了兵力。尤其大隊人馬進入巴西的遼闊領土，攻城略地也沒什麼意義。相反，三國同盟仗著後勁足，很快徵集了大量兵力投入戰場。這樣一來，巴拉圭地狹人少的短處就逐漸顯現出來了。1865年6月，巴西海軍擊潰了洛佩斯的海軍。9月，攻入阿根廷境內的一支巴拉圭軍隊遭到優勢敵軍包圍，被迫投降。1866年，三國聯軍開始反攻並攻入了巴拉圭。這樣一來，巴拉圭軍隊轉攻為守。

由於在戰爭一開始，洛佩斯就把巴拉圭的所有青壯年男子都投到了戰場，現在他為了補充損失，只能把老人、孩子、病人都拉進隊伍。

明朝

哥倫布發現新大陸
— 1500

— 1600
清朝　　五月花公約
— 1700

美國獨立
— 1800
門羅主義

美墨戰爭
— 1850
日本黑船事件
中美天津條約
南北戰爭
購買阿拉斯加

美西戰爭
「門戶開放」政策
— 1900

中華民國

經濟大蕭條

日本偷襲珍珠港
— 1950　　韓戰

甘迺迪遇刺

911事件
— 2000

歐洲文藝復興運動

拜占庭帝國滅亡
1500—

1600—

1700—
工業革命

法國大革命
1800—

共產黨宣言
1850—

日本明治維新

普法戰爭

1900—

中華民國
第一次世界大戰

第二次世界大戰

1950—

越戰爆發

兩伊戰爭

東西德統一

2000—

可是即使這樣傾盡全力拼湊出來的軍隊，面對是其20多倍人口的敵國聯盟，也還是太單薄了。單是巴西，便在1866年召集了14萬人參軍，還有大批黑人為了自由而加入了戰爭。於是，戰爭淪為一次次殘酷的消耗戰。

洛佩斯依舊想學習腓特烈，用不斷的進攻來消耗敵人，可消耗得更快的是他自己的兵力。在圖優迪，他率領2萬多人去進攻兵力幾乎是他2倍的聯軍，雖然也給予了敵人重大創傷，自己的隊伍卻損失了三分之二以上，被迫敗退。在各個戰場上，巴拉圭軍隊都英勇玩命，上演出了一幕幕可歌可泣的壯舉。然而實力差距讓他們越來越無奈，這些壯舉也加速了民族和國家的悲劇的到來。後來，天花和霍亂等疫病流行，巴拉圭軍隊又遭到了進一步打擊。1869年1月，巴拉圭首都亞松森被聯軍佔領。這時候，城裡面乃至整個巴拉圭，基本上已經找不到四肢齊全的男人了。

然而，戰爭還沒結束。小洛佩斯組織了1萬多人繼續展開游擊戰。可悲的是，這支游擊隊裡面全是老人、兒童、婦女，連8歲的孩子都戴著假鬍子參加了戰鬥。就靠著這支殘缺不全的隊伍，小洛佩斯跟巴西人又打了1年多，神出鬼沒的游擊隊，經常使巴西軍隊暈頭轉向，甚至一度再次攻入巴西境內。然而所有的這些頑強抵抗，只不過是給其個人增加一絲傳奇色彩而已。他的人馬越來越少，彈藥也快要用盡了。1870年，他被包圍在東北山區。3月1日，這位總統吃了敗仗，被巴西軍隊包圍。他拒絕投降，被敵人亂刀砍死。巧的是就在整整半年後，他的偶像法皇拿破崙三世，在色當要塞兵敗被俘，向普魯士投降。

小洛佩斯的頑強戰鬥意志，使他的身上帶上了濃厚的悲情色彩，連後來的古巴領導人卡斯楚都很佩服他。然而，80萬名巴拉圭人因為戰爭和疾病損失了差不多60萬，剩下的20來萬人中，連老人和小孩在內，只有2萬多男人。此外，巴拉圭還被迫割地賠款，割讓給巴西和阿根廷10多

萬平方公里土地，賠款15億披索。為了還債，之前從不欠債的巴拉圭被迫借了英國的高利貸，而先前弗朗西亞和老洛佩斯兩代領導人辛辛苦苦幾十年，蓋的交通、工業、農業建設，也被戰火燒了個精光。昔日那個富饒強盛的小國巴拉圭，完全被戰爭摧毀了。此後，巴拉圭陷入了政治動盪、經濟蕭條中，淪為一個貧弱落後的內陸國家。

三國同盟也在戰爭中損失慘重，不但花了大筆軍費，還死傷了10多萬士兵，當然沒巴拉圭那麼慘。從收穫來說，阿根廷、巴西各自佔了幾萬平方公里土地，而且藉由這場勝仗，提高了各自政府的威望。烏拉圭也透過助拳兩位老大，得到了夾縫中生存的地位，總算是少賠多賺。而若把南美國家作為一個整體來說，這種慘烈的戰爭，則給大家都帶來了難以撫平的創傷。

明朝

哥倫布發現新大陸
— 1500

— 1600
清朝　五月花公約
— 1700
美國獨立
— 1800
門羅主義

美墨戰爭
— 1850
日本黑船事件
中美天津條約
南北戰爭
購買阿拉斯加

美西戰爭
「門戶開放」政策
— 1900

中華民國

經濟大蕭條

日本偷襲珍珠港

— 1950　韓戰

甘迺迪遇刺

911事件
— 2000

悲劇！墨西哥皇帝

　　墨西哥從獨立時代開始就多災多難。先是因為緊臨美國，被割走了一半多的領土。接下來，其他歐洲列強也紛紛插手。美墨戰爭之後，獨裁者安納喪師辱國兼割地，引起眾怒，被人民推翻。此後，改革派和保守派又大打出手。革命者胡亞雷斯（1806—1872年）擊敗對手，成為領導人。他打擊教會勢力，改革土地制度，安撫印第安人，把國家經營得有聲有色。可是，改革就得花錢，而現在墨西哥欠著歐洲列強不少外債，每年光還債就是巨大負擔。1861年，胡亞雷斯決定暫緩兩年還債。這下歐洲強國可不樂意了。法國皇帝拿破崙三世勾結英國、西班牙，拿「逼債」做藉口，殺奔墨西哥而來。要說墨西哥邊上還挨著個蒸蒸日上的美國呢，美國早就宣布「門羅主義」了，美洲國家只許自己蹂躪，不許歐洲欺負啊。可拿破崙三世也聰明，這美國不正好在打「南北戰爭」嗎，機不可失，失不再來！當然，以當時的美國實力，根本無法對抗歐洲三國。法國也是看準了實力差距，才敢於出兵墨西哥！

　　胡亞雷斯不想和三大強國開戰，只好派代表去談判。可是拿破崙三世哪裡是真為了逼債，他的目的是想藉機征服墨西哥。西班牙和英國一看，先後撤兵。拿破崙三世一個人玩得更大，他直接向墨西哥宣戰，不斷增兵。胡亞雷斯也算明白了，你要滅亡我國，我只能豁出去和你打！兩方正式開戰。別看墨西哥對付美軍時那個慫樣，對付遠道而來的法軍還是能打一打的。可是終究國力相差太大，拿破崙三世源源不斷增兵到了幾萬人，終於在1863年6月打進了墨西哥城。胡亞雷斯帶著弟兄們跑到

山裡面打游擊去了。

拿破崙三世佔了墨西哥，也想要扶持一個代理人，可墨西哥本地人他看不上，也不信任。想來想去，他看中了奧地利皇帝的弟弟馬克西米利安，哄騙他去當墨西哥皇帝。

這位馬克西米利安親王其實是個好人，不但思想進步，而且沒有太多功利心。他原本只想到美洲考察植物，不想當什麼皇帝。拿破崙三世為了說服他，騙他說，孩子，我在墨西哥人民中舉辦了投票，他們做夢都想讓你這位開明進步的君主去統治他們。為了墨西哥人民，你就辛苦一下吧。馬克西米利安的老婆一心想當皇后，也大力慫恿老公拿出點男人的氣魄，別錯過這個機會。於是馬克西米利安興致勃勃地跨越大西洋，順應「民心」當皇帝去了。

1864年，馬克西米利安到了墨西哥，加冕登基，史稱墨西哥皇帝馬克西米利安一世。這位皇帝一心想把墨西哥建設成富強、民主、文明的國家。他召集民眾代表，準備搞君主立憲，建立一個民選議會，還想立法禁用童工、限制工作時間、保護印第安人……他還收養了之前的墨西哥皇帝的兩個孫子當養子。這麼多親近民眾的措施，墨西哥人民總能接受我這個皇帝了吧？

做夢。馬克西米利安太天真了。當初墨西哥獨立就是為了反對歐洲人，他這外來的歐洲人皇帝本身就有了原罪。儘管他準備繼續胡亞雷斯的改革，還想要赦免胡亞雷斯，但胡亞雷斯和那些共和主義者才不領這個人情呢！我們墨西哥不需要皇帝，你是皇帝，我們就是不共戴天！而馬克西米利安實行的那些保護民眾權利的進步措施，非但沒能取悅下層人民，反而把那些保守派的貴族、土豪們也得罪了。這位可憐的皇帝迅速陷入了眾叛親離之中，只能靠拿破崙的刺刀保護了。

但是這個保護者也快到頭了。1865年美國內戰結束，第17任總統安德魯・詹森眼看拿破崙三世竟敢跑到我們大美利堅的勢力範圍胡鬧，

明朝

哥倫布發現新大陸
— 1500

— 1600
清朝　五月花公約
— 1700

美國獨立
— 1800

門羅主義

美墨戰爭
— 1850
日本黑船事件

中美天津條約

南北戰爭

購買阿拉斯加

美西戰爭
「門戶開放」政策
— 1900

中華民國

經濟大蕭條

日本偷襲珍珠港
— 1950　韓戰

甘迺迪遇刺

911事件
— 2000

那還了得！他當即派出5萬大軍陳兵在美、墨邊境。美國剛打完南北戰爭，擁兵百萬，拿破崙三世不敢觸這個霉頭，只好從1866年開始撤軍。

這下，馬克西米利安失去了唯一的靠山，胡亞雷斯的游擊隊趁機反攻。旁人都勸馬克西米利安快走，別傻站著了。皇帝可又發了書呆子脾氣：當初我就不想來，你們偏說是民心所向。現在既然來了，哪有皇帝棄國而逃的？我寧可死，絕不離開墨西哥！這位浪漫主義皇帝倒是真有那麼一點君王氣度，可惜時代已經不同了，氣度救不了他的江山，也救不了他的命。

1867年5月，馬克西米利安被胡亞雷斯的人逮住審判，以「顛覆墨西哥共和國」的罪名被判處槍決。羅馬教皇、美國總統、大批歐洲君主，還有大文豪雨果、傳奇名將加里波底等人都紛紛寫信勸解，希望胡亞雷斯不要殺馬克西米利安，但胡亞雷斯拒絕了。我們墨西哥的內政絕不容許外國人干涉！在生死關頭，馬克西米利安面無懼色，只是希望法庭不要處死忠於他的幾個將軍。

皇帝一死，「墨西哥第二帝國」宣告覆滅，胡亞雷斯的共和國再度光復。1872年胡亞雷斯因病去世之後，其部將迪亞斯在1876年政變成功成為獨裁者，此後統治墨西哥30多年，直到20世紀初才被革命推翻。

南美太平洋戰爭

在智利、秘魯、玻利維亞三國交界處，有一片阿塔加瑪沙漠，盛產鳥糞、硝石，屬三國爭議地區。1878年，因玻利維亞撕毀與智利簽訂的條約，沒收了智利礦業公司，智利遂在英國支持下對玻利維亞宣戰。玻利維亞的盟友秘魯亦加入戰爭，兩國共同對抗智利。智利軍隊裝備精良，訓練嫻熟，尤其海軍實力遠勝秘魯、玻利維亞聯軍。憑藉海軍優勢，智利軍節節勝利，不僅擊潰秘、玻兩國海軍，更輸送陸軍登陸，至1880年初已佔領玻利維亞全部沿海地區。

1881年1月，智利佔領秘魯首都利馬。1883年10月，秘魯與智利簽約，秘魯將塔拉帕卡省割讓給智利，並將塔克納和阿里卡兩塊地區交給智利管轄10年。玻利維亞則先後於1884年和1904年與智利簽訂了《瓦爾帕萊索協定》和「和平友好條約」，玻利維亞喪失了安地斯山脈與太平洋沿岸之間的全部領土，變成了一個沒有出海口的內陸國。

明朝

哥倫布發現新大陸
— 1500

— 1600
清朝　五月花公約

— 1700

美國獨立
— 1800

門羅主義

美墨戰爭
— 1850
日本黑船事件

中美天津條約

南北戰爭

購買阿拉斯加

美西戰爭
「門戶開放」政策
— 1900

中華民國

經濟大蕭條

日本偷襲珍珠港

— 1950　韓戰

甘迺迪遇刺

911事件

— 2000

欧洲文藝復興運動

拜占庭帝國滅亡
1500—

1600—

1700—
工業革命

法國大革命
1800—

共產黨宣言
1850—

日本明治維新

普法戰爭

1900—

中華民國
第一次世界大戰

第二次世界大戰

1950—

越戰爆發

兩伊戰爭

東西德統一

2000—

別了！佩德羅二世

墨西哥皇帝馬克西米利安一世挺倒楣，千里迢迢跑來美洲當了沒幾年皇帝，就給抓住槍斃了。另一位美洲皇帝卻要幸運得多，他就是巴西皇帝佩德羅二世（1825—1889年）。佩德羅二世的老爹佩德羅一世領導了巴西獨立，後來因為和臣民鬧矛盾，年紀輕輕就退位回了歐洲。佩德羅二世當時還是個小娃娃，無法執掌國政，只能由攝政大臣負責。可是巴西獨立不久，地盤太大，各種利益衝突太多，佩德羅一世堪稱一時雄主，他都搞不定，攝政大臣又有何能耐？於是在這些年裡，巴西國內暴動、起義不斷，老百姓怨聲載道。大家把希望寄託在這位年輕的君主身上，紛紛呼籲「趕緊讓皇帝加冕」，最後在全國人民的一致要求下，竟然違反傳統，不等佩德羅二世滿18歲。1840年，他15歲時在萬眾歡呼聲中戴上了皇冠。

一群老官僚搞不定的事，拖個15歲的少年出來扛，這幫傢伙也真會想。說起來，君主制和共和制作為國家體制，各有所長。共和制賦予人民更多權利，但也可能成為政客們爭權奪利的舞台；君主制效率可能更高，但如果遇上昏君、暴君那就倒楣了。算巴西人運氣好，這位巴西皇帝真是讓他們賺了不少土地和財富。

論個人才華，佩德羅二世並不是凱撒、拿破崙那種霸氣十足的天縱英才，但他有一個最大的優點：謙虛。他知道自己的不足，懂得請教別人。後來他曾教誨女兒伊莎貝爾公主說：要當好一個君主，只要你聽專家的話、聽媒體的話、聽全國人民的話，就沒錯！他挑選了一些政治、

經濟、法律方面的飽學之士或是資深官員，專門聽取他們的建議來治理國家。當時，巴西是由保守黨和自由黨兩黨競選執政地位。按照巴西的憲法，皇帝有權任命高級官員，有權解散議會，雖然兩黨競選，實際決定誰當權的，卻是皇帝本人。但佩德羅二世並不因此就胡作非為。他判斷讓誰上台的主要依據，是看誰更有可能得到老百姓的支持，換言之，皇帝透過「猜測民意」的方式來任命內閣。事實上這樣做的效果也很好，他選擇的內閣大多數都得到了民眾擁護。佩德羅二世不像有些拉美統治者般自以為了不起，喜歡胡亂下命令，到處指手畫腳。相反，他很少去干涉地方事務，並且尊重地方上的豪強，儘可能讓事務順其自然地發展。

在兩黨之間的鬥爭，以及國內各階層的矛盾衝突裡，佩德羅二世盡可能作為一個協調者，讓大家坐下來好好談，各退讓半步，達成妥協。畢竟，以皇帝之尊來做這個和事佬，很多人是會給面子的。這麼一來，巴西國內的政治衝突就被控制得比較好，包括兩黨之間的關係也不像美國民主黨、共和黨那樣水火不容。巴西的兩黨經常妥協，政策相似度很高，這個黨在任上的政策、項目，另一個黨上台後也可能繼續下去，而不是人亡政息。有時候老百姓都搞不懂現在在台上的人到底是哪個黨了。佩德羅的這種作風，也深受人民的敬愛。有一段時間，佩德羅和天主教皇發生了矛盾，結果全國各黨派毫無異議地支持皇帝，把教皇使者罵得狗血淋頭。

佩德羅二世很關心國計民生。他頂著英國的壓力，提高了關稅，既增加了貿易收入，又保護了本國產業。同時他又允許免稅進口機器，支持企業主們擴大生產。這樣，巴西的工業得到長足發展。佩德羅二世執政期間，恰逢工業大革命，佩德羅對這些新生事物非常感興趣，積極鼓勵並給予實際支持。於是在19世紀50-60年代，巴西的銀行誕生了，外國銀行也進駐巴西。有線電報在巴西出現了，到1885年巴西已經擁有171個

明朝

哥倫布發現新大陸
－ 1500

－ 1600
清朝　　五月花公約

－ 1700

美國獨立
－ 1800

門羅主義

美墨戰爭
－ 1850
日本黑船事件
中美天津條約
南北戰爭
購買阿拉斯加

美西戰爭
「門戶開放」政策
－ 1900

中華民國

經濟大蕭條

日本偷襲珍珠港
－ 1950　　韓戰

甘迺迪遇刺

911事件
－ 2000

歐洲文藝復興運動

拜占庭帝國滅亡
1500—

1600—

1700—
工業革命

法國大革命
1800—

共產黨宣言
1850—

日本明治維新
普法戰爭

1900—

中華民國
第一次世界大戰

第二次世界大戰

1950—

越戰爆發

兩伊戰爭

東西德統一

2000—

電報站和6000多公里長的電報線，1874年首都里約熱內盧經由海底電纜與歐洲進行直聯。蒸汽輪船出現在亞馬遜河上，速度比帆船快了數倍。1854年，巴西建成南美洲第一條鐵路，到1889年鐵路總長度已近萬千米。交通和通訊把巴西廣袤的國土串聯起來，促進了經濟的發展，文化的傳播。巴西的工業開始起步，工廠從1850年的50家增加到1889年的600多家。城市發展壯大起來，里約熱內盧人口到1868年已經超過60萬。外國移民紛紛來到巴西，每年多達數萬人。教育也得到發展，各種技術學院誕生。種種變化，使得巴西出現了新興的城市利益集團，產生了資產階級。各種進步思想也開始在巴西的知識分子間流傳。這個當初只出產巴西紅木的殖民地，如今正意氣風發地向著近代化的道路邁進。

佩德羅二世在位期間，巴西除了內部叛亂、起義，還跟鄰國打了幾仗。在19世紀50年代的「第二次烏拉圭戰爭」中，巴西不但扶持了自己的小弟烏拉圭紅黨，吞併了烏拉圭北部一些土地，還連帶著把敵對的阿根廷獨裁者羅薩斯轟下了台，換上一個比較友好的阿根廷政權。而在60-70年代的「巴拉圭戰爭」中，巴西雖然傷亡數萬士兵，畢竟剷除了一個足以挑戰自己的強國，又收穫了數萬平方公里領土。

巴西還跟美國建立了外交關係。美國是一心要獨霸美洲，可他當時對南美還鞭長莫及，結交南美老大巴西自然是有必要的。不過兩國關係中間有一些不愉快。在「南北戰爭」期間，巴西當時也是奴隸制國家，掌握地方大權的種植園主們對美國南方的種植園主很是同情，宣布支持南部同盟。這下兩國鬧僵了，尤其是一艘美國聯邦軍艦直接闖進巴西港口，把一艘在此休整的南方軍艦給抓走，這件事赤裸裸地侵犯了巴西的主權。雖然美國後來向巴西道歉，但兩方關係還是挺生分。不過到了19世紀70年代，美國大批購買巴西的咖啡和糖後，兩國的經濟往來日趨頻繁。有生意做就是好夥伴，所以兩國關係也逐漸融洽起來。

佩德羅二世被他的臣民們尊稱為「高尚者」。然而天下無不散的筵

席，君主制終究落後於時代。在巴西始終存在一批共和主義者，一心推翻皇帝統治，建立共和國，只不過他們力量不夠，無法威脅到德高望重的皇帝。可是隨著皇帝日漸年邁，臣民對他也逐漸厭倦起來。畢竟許多人都是容易忘恩記仇的，政府做得好大家都覺得理所當然，做得不好就都被記下了，最後全歸到皇帝頭上。這時，巴西又發生了兩件大事，動搖了佩德羅的統治根基。

其一是廢奴。佩德羅是一位很有愛心的皇帝，一貫討厭奴隸制，他很早就把自己的奴隸釋放了。但對於那些掌握國家基層大權的大奴隸主，他不敢動他們。然而隨著時代發展，廢奴呼聲越來越高，而且隨著經濟結構變化，奴隸生產也越來越不划算。不斷有大地主站到廢奴一邊，釋放自己的奴隸，國家也逐步頒布法律，把符合這樣、那樣條件的奴隸解放。到1888年，巴西1500萬人口中只剩下75萬黑奴了。佩德羅二世覺得差不多了，就讓女兒伊莎貝爾公主簽署了《黃金法》，將這75萬奴隸全部解放，同時給了奴隸主一些補償。從此，整個美洲再無奴隸制。

這本來是多麼好的一件事啊，奴隸解放了，奴隸主也沒吃虧。可是佩德羅二世這一來卻把各方面都得罪了：最後這些奴隸主覺得皇帝廢除奴隸制，是侵犯了自己的權益；先前釋放奴隸的奴隸主也很不爽：憑什麼這幫最後釋奴的老頑固可以拿到補償，我們這些積極分子反而沒補償？激進廢奴主義者呢，覺得居然還要拿國家的民脂民膏給這幫奴隸主補償，這算什麼呢？甚至黑奴們也不滿意。他們原本期望自由後一步登天得到幸福，結果發現獲得自由之後，自己依然是頭上無片瓦，也覺得被皇帝騙了。於是乎，皇帝佩德羅成為眾矢之的。這也難免，要做大事，本來就得做好被各方面攻擊的心理準備。

這些有權有勢的奴隸主，原本多數是保守派，是維護皇權的重要基礎，如今他們心懷不滿，很多人轉投了共和派反對皇權，佩德羅二世

明朝

哥倫布發現新大陸
— 1500

— 1600
清朝　　五月花公約
— 1700

美國獨立
— 1800
門羅主義

美墨戰爭
— 1850
日本黑船事件
中美天津條約
南北戰爭
購買阿拉斯加

美西戰爭
「門戶開放」政策
— 1900

中華民國

經濟大蕭條

日本偷襲珍珠港
— 1950　韓戰

甘迺迪遇刺

911事件
— 2000

歐洲文藝復興運動

拜占庭帝國滅亡
1500—

1600—

1700—
工業革命
法國大革命
1800—

共產黨宣言
1850—

日本明治維新
普法戰爭

1900—

中華民國
第一次世界大戰

第二次世界大戰

1950—

越戰爆發

兩伊戰爭

東西德統一

2000—

的地位就有些不穩了。接下來軍人也不滿了。在巴西，原本軍隊的力量是很弱的，可是自從巴拉圭戰爭後，巴西的軍隊規模一度擴張到10多萬人，將軍們的勢力就大了起來。戰爭打完了，政府想要裁減軍隊，節省經費，這讓將軍們覺得皇帝要卸磨殺驢。共和主義者們一勾引，軍人也過去了。保守派和軍人都倒戈了，皇權的垮台也就必然了。1889年11月15日，比皇帝小兩歲的德奧多羅元帥（1827—1892年）發動軍事政變，不流一滴血地終結了巴西帝國。而民眾只是冷漠地旁觀帝國垮台。年過花甲的佩德羅二世悵然地離開了待了59年的皇位，流亡歐洲，並於1892年去世，享年67歲。儘管最終被臣民廢黜，這位謙虛平和的巴西皇帝，依然堪稱是巴西歷史上的一位偉大人物。自他死後，美洲再無帝王。

從此，巴西進入共和國時代。不過當上總統的德奧多羅日子過得並不好，他作為軍人總統，很快和那幫共和派的政客文官吵得不可開交。過去有個老皇帝居中協調，各種勢力的問題可以商量化解，如今沒了皇帝，就得自己分個勝敗了。德奧多羅軍人脾氣上來，在1891年直接解散了議會，動用武力開始戒嚴。可是你的刀子快，難道別人就沒有刀子嗎？巴西海軍的勢力又插了進來，他們支持議會對付德奧多羅，並威脅要發動起義。德奧多羅不願意讓同胞流血，他算是體會到幾年前老皇帝的痛苦了。最終，老元帥黯然辭職，次年病故。

第六章：美國崛起——帝國主義與世界大戰

（西元19世紀晚期到20世紀上半葉）

　　「一戰」爆發，歐洲列強打得血肉橫飛、筋疲力盡，蓄勢待發的美國實力躍居全球首位，獲得了上位機會。不料，戰後巴黎和會召開，威爾遜的雄心壯志在英、法的排擠下化為泡影。但只要有實力，機會永遠不會缺少。在更加慘烈的「二戰」中，美國終於憑藉強大的力量，成為當之無愧的西方世界領袖。

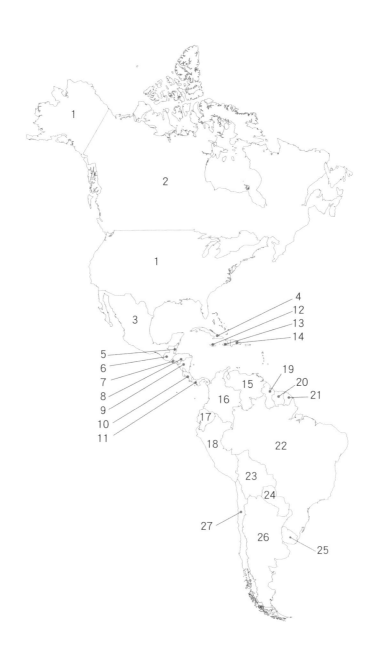

1. 美國　　6. 瓜地馬拉　　11. 巴拿馬　　16. 哥倫比亞　　21. 法屬蓋亞那　　26. 阿根廷
2. 加拿大　　7. 薩爾瓦多　　12. 牙買加　　17. 厄瓜多　　22. 巴西　　27. 智利
3. 墨西哥　　8. 宏都拉斯　　13. 海地　　18. 秘魯　　23. 玻利維亞
4. 古巴　　9. 尼加拉瓜　　14. 多明尼加　　19. 蓋亞那　　24. 巴拉圭
5. 伯利茲　　10. 哥斯大黎加　　15. 委內瑞拉　　20. 蘇利南　　25. 烏拉圭

「緬因」號！列強入場券

美利堅合眾國一直是整個美洲最強大、最富裕的國家，強大後的美國想要進一步擴張它的勢力。等到1865年打完南北戰爭，廢除了奴隸制，消除了國家分裂的威脅，前進路上最後一個障礙也被搬開了，自此，美國的資本主義開足馬力，奮勇直前。開工廠、修鐵路、鋪電纜……沒多久，美國實力不但冠絕美洲，而且具備了向歐洲強國挑戰的資格。在南美洲國家的幾次爭端中，美國都扮演了強有力的調停人角色。

有了老大的實力，當然要進一步樹立老大的地位。美國擴張勢力的首選還是美洲，畢竟近水樓台先得月嘛。南邊的墨西哥已經被它割走一半土地了，再繼續揍好像有點無聊；北邊的加拿大畢竟後台是英國，還是當好兄弟做生意為妙。墨西哥再往南呢？有了，中美洲這幾個小國家，什麼哥斯大黎加啊、洪都拉斯啊、瓜地馬拉啊，一個個土地肥沃，國小力弱，正好是實現「門羅主義」的好地方。

美國從19世紀70年代開始，就往中美洲擴充勢力。財大氣粗的美國公司跑到當地修鐵路、建商場、收購當地的產品，又勾結當地的大地主、軍閥。那些小國家的人眼見財神爺來了，白花花的鈔票撒了出來，各個爭先恐後地前來效忠。於是沒過多久，美國公司就成為這些小國的「太上皇」，控制了這些國家的命脈，把這些國家變成美國的境外農場。國民經濟完全掌握在美國公司手中，他們唯一的活路就是給美國公司提供初級產品，什麼香蕉啊、咖啡啊，至於工業化、強國富民等等，

明朝

哥倫布發現新大陸
— 1500

— 1600
清朝 五月花公約
— 1700

美國獨立
— 1800

門羅主義

美墨戰爭
— 1850
日本黑船事件

中美天津條約

南北戰爭

購買阿拉斯加

美西戰爭
「門戶開放」政策
— 1900

中華民國

經濟大蕭條

日本偷襲珍珠港
— 1950 韓戰

甘迺迪遇刺

911事件
— 2000

歐洲文藝復興運動

拜占庭帝國滅亡
1500—

1600—

1700—
工業革命

法國大革命
1800—

共產黨宣言
1850—

日本明治維新

普法戰爭

1900—

中華民國
第一次世界大戰

第二次世界大戰

1950—

越戰爆發

兩伊戰爭

東西德統一

2000—

別做夢了！有識之士想要反抗美國公司的壓榨，不可能！美國公司在當地都有駐軍，而且你要真把這些「大爺」惹急了，美國大軍刷刷地就開來了，怕不怕？就連這些國家的總統，都是美國的傀儡，不聽話就換。於是乎，這些中美洲國家就等於是美國的附庸國，人送雅號「香蕉共和國」。比如著名的聯合果品公司，就在中美洲國家擁有大片莊園，自定法律、自設軍營、任意逮捕和槍殺不聽話的當地工人，成為「國中之國」。

控制這些中美洲國家，對美國來說是順理成章的事。接下來，它們準備幹一票大的，揚名立萬，便將霸氣十足的目光投向了西班牙。

當年曾經佔領小半個地球的西班牙，如今早已日薄西山，奄奄一息。

18世紀初的「西班牙王位繼承戰爭」，使其喪失了歐洲的義大利、荷蘭；19世紀初，它又被拿破崙滅了一輪，路易斯安那、佛羅里達都落到美國手裡，拉美殖民地也紛紛獨立。現在，西班牙只能算是一個二流偽強國。衰落歸衰落，大船雖破尚有三千鐵釘，堂堂西班牙在殖民時代的遺產也還剩下若干，比如在美洲還有幾個島嶼，在亞洲還有菲律賓等殖民地，在非洲還搶了一點地盤，湊一起也值不少錢呢。這裡面，最重要的殖民地是加勒比海第一大島——古巴。

19世紀拉美獨立時，古巴的黑人們也反抗過幾次，但都被鎮壓下去了。美洲其他殖民地上忠於王室的西班牙人，在殖民地獨立後有很多都跑到古巴去，把古巴變成了「親西派」的大本營，馬德里政府的鐵打江山。西班牙在美洲只剩這麼一塊「肥肉」，當然要使勁「榨油」。古巴出產的咖啡、菸草、蔗糖和畜牧產品，給西班牙帶去了源源不斷的財富——要知道，現在已經不是當初成船成船從美洲往歐洲運金銀的時代了，西班牙窮了，古巴這點收入可少不得呢！

但是，古巴交的稅越多，西班牙政府就越貪婪，尤其進入19世紀下

半葉，在短短不到20年的時間裡，稅收增加到原來的3倍。美國這時候已經開始在中美洲建自己的供貨站了，由此古巴的出口受到影響，經濟開始下滑。而西班牙呢，照舊是敲骨吸髓。這下古巴人也來脾氣了：您老不能光盯著一隻羊取毛啊！

真巧，1868年西班牙本土發生革命，王室被革命推翻了，建立了共和國。古巴的土生白人們也趁機在種植園主的領導下，發起了起義。經過10年激戰，起義軍和西班牙殖民軍誰也不能打敗了誰，於是在1878年各退半步，起義軍停止造反，西班牙減輕賦稅，暫時和平共處。這就是古巴革命第一階段——10年戰爭。戰爭讓宗主國和殖民地兩敗俱傷，西班牙戰死、病死14萬人，花費巨額軍費，而古巴不但死傷無數，債台高築，本地經濟也被完全破壞。

古巴老百姓不肯向西班牙屈服，繼續展開持久的游擊戰。一批自由主義精英跑到美國建立革命黨，號召古巴人民團結抗爭，爭取完全獨立。美國人一看樂壞了，趕緊鼓勵道：對對對，這麼做很對，美洲人不能受歐洲人欺負！加油啊兄弟，我們支持你們！1895年，革命黨人在古巴各地發動全面起義，經過數年激戰，付出慘重代價，殲滅大批西班牙部隊。到1898年初，古巴起義軍已經擁兵5萬，佔據了大半國土，獨立大潮已然不可阻擋。

正在一邊磨刀的美國人一看到這機會，還不趕緊補刀，更待何時？古巴就在我們美利堅門口，必須得掌握在我們自己手裡啊！於是美國趕緊把軍隊派到古巴，藉口「保護僑民」。西班牙呢，知道美國人來者不善，可是自己已經被起義軍打得筋疲力盡，實在顧不得背後這隻大老虎了。

在1898年2月15日，停在古巴哈瓦那港的美國軍艦「緬因」號忽然爆炸沉沒，死了200多個官兵。這下子，美國人跳起來了：陰謀！這是西班牙人的陰謀！為「緬因」號報仇啊！

明朝

哥倫布發現新大陸
— 1500

— 1600
清朝　五月花公約

— 1700

美國獨立
— 1800
門羅主義

美墨戰爭
— 1850
日本黑船事件
中美天津條約
南北戰爭
購買阿拉斯加

美西戰爭
「門戶開放」政策
— 1900

中華民國

經濟大蕭條

日本偷襲珍珠港

— 1950　韓戰

甘迺迪遇刺

911事件
— 2000

歐洲文藝復興運動

拜占庭帝國滅亡
1500—

1600—

1700—
工業革命
法國大革命
1800—

共產黨宣言
1850—

日本明治維新
普法戰爭

1900—
中華民國
第一次世界大戰

第二次世界大戰

1950—
越戰爆發

兩伊戰爭

東西德統一

2000—

西班牙人納悶，這生死關頭，誰會幹這傻事啊！他們趕緊對美國說：兄弟息怒，這軍艦到底怎麼炸的，容我們一起仔細調查清楚，一定找出真兇，給您一個交代。

美國人眼一瞪：還調查什麼！我說是你炸的，就是你炸的！沒得說，宣戰！

1898年4月，美西戰爭正式爆發。當時的海軍副部長西奧多·羅斯福（1858—1919年，第26任總統）率領裝備精良的美國陸海軍，氣勢洶洶地直撲古巴而去。西班牙本是老破車一輛，軍隊裝備落後，而且大多是老弱病殘，還被古巴義軍打得筋疲力盡。而美軍呢，早幾年前就在準備動手了，官兵個個精壯，擁有最先進的槍炮裝備。6月，美軍在聖地牙哥登陸。7月，美軍殲滅了在古巴的西班牙艦隊，西班牙軍隊2萬多人投降。

同時，美軍還提前幾個月在亞洲部署了一支強大的部隊，由杜威將軍率領，只等兩國一宣戰，立刻攻打西班牙在亞洲的殖民地。亞洲的西班牙軍隊照樣不堪一擊，更別說菲律賓人也發動了起義，反抗西班牙的殖民統治。開戰僅幾天，西班牙的亞洲艦隊就全軍覆沒；8月，在菲律賓的西班牙軍投降。美軍還順手把關島也收入囊中。

就這樣，昔日的「美洲殖民之王」西班牙，在新興的「美洲王」美國面前，僅僅幾個月就被揍趴了。又經過兩個多月談判，雙方簽訂《巴黎和約》。西班牙允許古巴獨立，並將美洲的波多黎各島、亞洲的菲律賓和關島割讓給美國。說起美國欺負外國的條約，有一個最大的特點，就是它經常割了你的地就不要賠款，有時反而還象徵性地給你一點錢，讓你有點面子。比如這次，美國付給西班牙2000萬美元。這樣，西班牙徹底退出美洲、亞洲。而美國呢，靠著這場戰爭，在弱肉強食的帝國主義擴張時代，拿到了「帝國主義列強」的入場券，成為世界八大帝國（英、美、法、德、日、俄、奧、義）之一。

古巴名義上獲得了獨立，但實際上只是美國的傀儡。而菲律賓人呢，他們最初聽說美國軍隊是來解放他們的，因此積極配合美軍作戰。等到轟走了西班牙人，他們突然發現，怎麼美國人又變成了新的統治者啊？菲律賓人一時不忿，繼續起兵抗擊美軍。美軍花了3年，才把菲律賓人徹底打敗。其間燒殺淫擄，虐待戰俘，自不在話下。而菲律賓叢林中戰死和傷病造成的死亡，比「美西戰爭」中的還多。

控制了中美洲諸國，又從西班牙手中搶到古巴，美國的勢力就囊括了幾乎全部北美洲（除了加拿大）。星條旗繼續往南搖晃。南美洲北部的哥倫比亞（當時還包括巴拿馬），本來是英雄玻利瓦爾建立的國家，如今也成了美國資本家的盤中飧。美國公司先在巴拿馬修建了鐵路，然後逐步滲入。1889年，原本由法國公司開鑿的巴拿馬運河因公司破產而停工，美國乘機把開鑿運河權接了過來。當時的巴拿馬屬哥倫比亞，哥倫比亞參議院心想：要是運河被你美國人控制了，我們國家只怕要和墨西哥、中美洲其他國家一樣危險了。於是，他們拒絕批准。美國冷笑道：你不同意？好，我找別人同意。於是在美國的策劃下，巴拿馬在1903年從哥倫比亞獨立出來。哥倫比亞想要鎮壓，美國卻開來了軍艦。哥倫比亞政府掂量下自己的兵力，在美軍面前只怕塞牙縫都不夠資格，只得忍氣吞聲作罷。於是，當初玻利瓦爾辛辛苦苦建立的大哥倫比亞最後一塊地方也被分裂了。

新上台的巴拿馬政府本就是美國人扶持的傀儡，立刻簽下了不平等條約，允許美國永久使用、佔有和控制運河區。1914年巴拿馬運河通航後，太平洋和大西洋的船隻可以從運河往來，而不必再繞行南美洲合恩角，足足縮短了1萬多公里的航程。對地跨兩洋的美國來說，這個意義是非常大的。巴拿馬人可就不爽了，儘管面臨美國的威脅，但他們一直在抗爭，直到20世紀末。

再比如在多明尼加，1916年的政客鬥爭導致親美的總統下台。美國

明朝

哥倫布發現新大陸
— 1500

— 1600
清朝　五月花公約
— 1700

美國獨立
— 1800
門羅主義

美墨戰爭
— 1850
日本黑船事件
中美天津條約
南北戰爭
購買阿拉斯加

美西戰爭
「門戶開放」政策
— 1900

中華民國

經濟大蕭條

日本偷襲珍珠港
— 1950　韓戰

甘迺迪遇刺

911事件
— 2000

歐洲文藝復興運動

拜占庭帝國滅亡
1500—

1600—

1700—
工業革命
法國大革命
1800—

共產黨宣言
1850—

日本明治維新

普法戰爭

1900—

中華民國
第一次世界大戰

第二次世界大戰

1950—

越戰爆發

兩伊戰爭

東西德統一

2000—

總統威爾遜很乾脆,直接派出海軍陸戰隊登陸多明尼加,將多明尼加完全置於美軍的管制之下,直到8年後選舉出一個親美的新總統,美軍這才撤軍。美國擁有遼闊的領土(幾乎相當於整個歐洲),豐富的資源,充足的人口,發達的工業、教育體系,還有兩個大洋隔絕本土與其他強國的地利。再加上有大半個相對弱小的拉丁美洲當後院,既能提供資源,也可傾銷商品。這些得天獨厚的條件,使美國實力飛速增長。早在1870年,美國的工業產值就佔了全球的22%,僅次於英國。而到了1913年,美國工業產值已經佔全世界的38%,遠遠超過英國(已經衰退至14%),加上僅次於英國的貿易量,美國已經成為一等一的世界強國。在美國崛起的同時,南美洲的巴西也在繼續擴充實力。巴西自己內部經常內亂,政客下台,軍隊政變,或者老百姓起義等都是家常便飯。不過巴西的實力畢竟擺在那裡,尤其是它並沒像拉美其他國家那樣陷入大規模內戰。巴西跟周邊國家的領土爭議,在外國的調解下,基本上解決了,巴西從中獲利頗多,得到了30多萬平方公里的土地。透過開發亞馬遜叢林的廣闊土地,種植橡膠,巴西經濟得到長足發展。同時,透過跟美國及歐洲列強結交,巴西在世界上的發言權也漸漸從無到有。

美國吞併夏威夷

太平洋上的夏威夷群島,在1810年統一為一個王國,其後美國、日本的移民和商人不斷前來,兩國展開爭奪。南北戰爭時期,美國逐漸加強對夏威夷的控制。夏威夷王室準備與日本加強合作抗衡美國。1893年,美軍登陸夏威夷,支持當地美國人發動政變,並軟禁、廢黜女王。1894年,他們建立了夏威夷共和國。1898年,美國藉戰勝西班牙之勢,正式將夏威夷吞併。至今,夏威夷本地勢力依然在呼喚獨立。

歐戰——美洲的機遇

明朝

哥倫布發現新大陸
— 1500

— 1600
清朝　五月花公約
— 1700

美國獨立
— 1800

門羅主義

美墨戰爭
— 1850
日本黑船事件

中美天津條約

南北戰爭

購買阿拉斯加

美西戰爭
「門戶開放」政策
— 1900

中華民國

經濟大蕭條

日本偷襲珍珠港

— 1950　韓國

甘迺迪遇刺

911事件

— 2000

　　1914年，歐洲列強因為爭奪世界霸權時分贓不勻，而爆發了**轟轟**烈烈的第一次世界大戰。英國、法國、俄國、義大利、日本組成協約國，德國、奧匈帝國組成同盟國，兩者間展開了曠日持久的廝殺，上千萬士兵在戰場上流血犧牲。

　　美洲國家也被戰爭所波及。首先說加拿大，這個英帝國下屬的自治領立刻義無反顧投身到「一戰」中，幾十萬加拿大小夥子踏上歐洲，為英國女王而戰，4年多打下來，有6萬人戰死，近20萬人受傷。

　　其他美洲國家沒有立刻捲入戰火，但戰爭對它們的影響同樣很大。比如美國，就是利用「中立」地位大發戰爭財。歐洲列強在戰場上開動戰爭機器，一邊不斷流血死人，一邊花大錢買各種工業產品（尤其是軍需品）投入到戰爭中；而美國呢，則隔著大西洋開動生產機器，不斷地產出軍需產品，輕鬆地賺歐洲國家的錢，真是賺**翻**了。

　　不過平心而論，美國並沒有像有些文章所說的「賺兩方錢」，它主要是在賺協約國一邊的錢。一來戰前美國和英、法貿易就比德國要多，二來當時英國海軍佔優勢，大西洋航線都是被英國人掌控的，德國人就算想買美國工業品，也運不過來啊。所以開戰後兩年，美國賣給同盟國的東西，還不到它賣給協約國東西的零頭。1914年美國和協約國貿易達8億美元，和同盟國只有1.7億。到1916年，前者增加到32億，後者下降到100多萬。

　　要說美國大把地賺英、法的錢，可是英、法口袋裡也沒那麼多現金

歐洲文藝復興運動

拜占庭帝國滅亡
1500—

1600—

1700—
工業革命

法國大革命
1800—

共產黨宣言
1850—

日本明治維新

普法戰爭

1900—

中華民國
第一次世界大戰

第二次世界大戰

1950—

越戰爆發

兩伊戰爭

東西德統一

2000—

啊。不要緊,現在不是有金融業了嗎?英、法就直接跟美國借錢,然後拿這個錢在美國買當地企業生產的軍需品,再運過大西洋到戰場上消耗掉。這麼一來,美國企業和股民就成了英、法的債主,美國賺了上百億美元,但沒有收到英國一分錢的黃金——都變成英國欠美國的債了。

時間長了,美國很高興:賺翻了。英國也很高興:嘿嘿,我們欠著美國這麼多債,它就不敢不繼續賣東西給我,他就得乖乖地當我的後勤基地;不然,要是我打了敗仗,國家破產,這些債找誰還啊?

在這件事上確實是英國老奸巨猾。沒多久,美國的有錢人和中產階級幾乎全成了英國的債主,尤其摩根財團更是拿了英國政府一大堆借據。這樣,美國經濟其實已經跟英國綁在一起了,美國人的屁股也就越坐越歪,只能拚命祈禱德國趕緊打敗仗吧,打了敗仗,才能等著英國還錢啊。為此,在國際事務上,美國也明顯開始偏向一邊。

比如說,戰前英、德兩國都從美洲進口物資,開戰後,英國的強大海軍把德國的航線完全切斷了,糧食、藥品什麼都不許運入,致使德國國內陷入饑荒。德國海軍打不過英國,只能用潛艇襲擊。一開始,德國潛艇遇到去英國的商船都是先上來警告,讓商船上的人棄船上救生艇逃命,然後再擊毀空船。英國人立刻趁機派出武裝商船,專門等德國潛艇浮上來警告的當口開炮。這麼一來,德國只好搞無限制潛艇戰,不警告就把船炸沉。美國第28任總統威爾遜(1856—1924年)就警告德國:你這樣不行哦,再亂搞我要出手了!德國人趕緊告饒:要不你和英國說說,我可以不搞潛艇戰,但英國也別擊沉我的運糧船,好歹讓德國的平民能吃上飯吧。威爾遜聳聳肩:我管你德國人有沒有飯吃。

可惜就算美國這麼偏袒,德國人還是太生猛,到1917年,德國已經打得協約國中的沙皇俄國內部發生了革命,退出戰爭,羅馬尼亞也投降了,義大利就差一口氣也將被幹掉。威爾遜一看不行,再這樣下去協約國要垮了,那美國的錢不是全拿不回來了嗎?於是,他在1917年4月6日

向德國宣戰。宣戰理由是什麼呢？是因為英國客輪「盧西塔尼亞」號被德國潛艇擊沉，導致1000多名旅客喪生，其中100多名是美國人。問題在於，這艘船是在兩年前的1915年5月7日被擊沉的，而且調查顯示，這艘船上確實有5000箱給英軍的彈藥，並不是純粹的民船；此外德國在此事之後為了不激怒美國，也早就停止攻擊客輪了。但威爾遜不管，他和整個美國，其實只需要一個宣戰的藉口而已。這麼一來，世界八大列強中最龐大的一個國家，也參加了第一次世界大戰。

短短幾個月，美軍參戰人數從40萬增加到400萬，滿船的美國大兵雄赳赳地踏上了歐洲的土地。相對於已經在戰場上打滾了幾年的英、法、德等國，美國人的「財大氣粗」讓他們瞠目結舌。當歐洲士兵衣衫襤褸，皮靴掉底，連馬鈴薯和乾麵包都吃不到時，美國人不但有豐富的罐頭、肉食，還有大批巧克力、美酒、糖果，甚至運來了2000萬頂蚊帳。但英法聯軍對美國陸軍的戰鬥力還有疑問，畢竟在美西戰爭中，雖然美國海軍輕易全殲西班牙海軍，但在陸地上面對西班牙人時卻打得很爛。德軍也十分輕視美軍。然而很快，潘興將軍麾下的美軍用實際行動證明了自己的實力。吃飽喝足、養精蓄銳的美國大兵們，手持精良的武器，拿出在西部草原上人人玩槍的把式，猛衝猛打，使那些身經百戰的德國官兵膽戰心驚。很快，美軍壓垮了德軍的防線，在歐陸縱橫數年的德軍被打得節節敗退。

1918年11月，德國國內爆發革命，威廉皇帝被推翻，德軍宣布無條件投降。美國在第一次世界大戰中首次扮演了「救世主」的角色。當然，代價也不小，總共有100萬美軍在戰爭中傷亡，其中戰死和傷病致死的約40萬人。至於那些拉美國家呢？他們是不是也能學美國，趁機發點戰爭財呢？

很不幸，美國工業發達，賣給歐洲的是軍需品，所以英國人越打仗，美國人生意越好，錢賺越多；拉美國家出產的多數是些蔗糖、咖

明朝

哥倫布發現新大陸
— 1500

— 1600
清朝　五月花公約

— 1700

美國獨立
— 1800

門羅主義

美墨戰爭
— 1850
日本黑船事件

中美天津條約

南北戰爭

購買阿拉斯加

美西戰爭
「門戶開放」政策
— 1900

中華民國

經濟大蕭條

日本偷襲珍珠港
— 1950　韓戰

甘迺迪遇刺

911事件
— 2000

啡、菸草、肉食等初級產品,一打起仗來誰還有閒工夫買這個?加上英國的海軍絞殺和德國的潛艇襲擊,東西都運不出去。所以拉美國家開戰後一個個都慘澹得不得了,農場蕭條,工人挨餓。直到美國對德國宣戰,這才開始大批採購他們的東西,把拉美的出口生意給啟動了。拉美國家趕緊開足馬力生產。正生產得興高采烈時,德國投降了,於是一批產品積壓下來簡直賠慘了。總之,拉美國家在「一戰」中的教訓就是:國家弱小落後,在貿易鏈中處於底層,那麼就算機會來了你也無法抓住。

拉美國家裡面,也就巴西稍微露了一下臉。因為德國潛艇擊沉了他們的船,巴西也對德國宣戰,並且出動艦隊巡邏南大西洋,幫助英國和美國分擔了一部分任務,也算給協約國的勝利立下些功勞,有點南美大國的模樣。美洲其他國家等到美國宣戰後,很多也都對德國中止了外交,算是站在了協約國陣營一邊,不過都沒有宣戰。

國聯！他人的嫁衣

「一戰」結束，美國總統威爾遜志得意滿：瞧我多英明，前兩年嚴守「中立」，讓英、法、德自己耗，然後再一擊制勝。這回該輪到美國當老大啦！他興致勃勃，在萬眾歡呼聲中，跑到巴黎參加和談。此行，威爾遜隨身帶去了兩件寶貝。

一件寶貝是「威爾遜十四點計畫」。該計畫是他在1918年初提出，說的是戰後國際重建原則。大致來說，這十四點的主要內容有：和約公開化、保證航海自由、平等貿易、削減軍備、各國撤出戰爭中佔領的土地等。對於同盟國的奧匈帝國和土耳其，十四點要求讓他們境內的其他民族獲得自治。應該說，這十四點還算是相對溫和的和平建議，尤其對同盟國的老大德國，威爾遜還不想把他們打壓得太狠。

另一件寶貝是「國際聯盟」的提案。過去的外交，主要就是看誰拳頭大，以及誰的盟友拳頭大，佔這兩點者就更有發言權。威爾遜說：這樣不行，我們應該建立一個大多數國家的聯盟，在聯盟內大家講道理，依靠投票表決，公平合理地解決爭端。

威爾遜捧著這兩件寶貝，背靠美國的龐大實力，可謂是又有巴掌又有棗，滿以為這次巴黎和會一定能夠凱旋，為美國贏得世界老大的地位，結果一去完全不是那麼回事。在這個分贓會議上，不光要看國家實力，還要看政治手腕和傳統影響力。

巴黎和會總共有30多個國家參加，其中主導的是英、法、美、義、日這五個大國。五國中日本地位最低，所以有決定性作用的是英國首相

勞合‧喬治、法國總理克列孟梭、美國總統威爾遜和義大利總理奧蘭多這四個人，而真正的說話人是英、法、美三國領袖。所以整個巴黎和會的進程，也就是三巨頭不斷吵架的過程。威爾遜這時候才發現，面對老奸巨猾的勞合‧喬治和克列孟梭，自己還是太嫩了點。

　　美國不想把德國逼得太狠，想讓德國保持幾分元氣，也好在歐洲牽制住英國、法國，但克列孟梭卻強硬堅持要狠狠收拾德國，最後不但把德國殖民地全切了，連本土都割掉了百分之十幾的領土，軍隊限制在上限10萬。美國主張航海自由，是想打破英國對海洋的霸權，好讓實力強勁的美國得到更好的發展空間。但勞合‧喬治不上當，堅決要求保障自己的霸權，並反過來要求美國不許和英國進行海上軍備競爭。威爾遜也有脾氣，你倆都欠我幾十億美元的債，神氣什麼啊？克列孟梭和勞合‧喬治眨眨眼：小威啊，你不是一心想建立國聯嗎？那就別在這些地方動我們的乳酪。不然，嘿嘿，若我們英、法都反對，你國聯能建得起來？還有，我們要德國多賠款，你也別鬧。德國不賠款，我們欠你的債拿什麼還啊？威爾遜無奈，只得讓步。

　　當時很多弱國小國，因為仰慕威爾遜的十四點計畫，把美國看作主持正義的大哥。比如中國代表團，因為巴黎和會準備把原先被德國侵略的山東讓給日本，遂向威爾遜求助，希望他制止這一蠻橫無理的操作。結果，威爾遜也只能表示道義上的同情，因為他還要和日本在太平洋問題上分贓，不敢跟日本徹底翻臉。

　　巴黎和會開了半年，終於簽訂了對德的《凡爾賽和約》。這個和約跟威爾遜當初設想的「十四點」完全不一樣，實惠全讓英、法撈去了。包括原先德國的殖民地和鄂圖曼土耳其的領土，也全部被英、法、日、義和英國自治領「託管」，美國什麼都沒撈著。唯一的收穫，是建立了「國際聯盟」這個理想中的組織。但是國聯也和美國想像的很不一樣。美國原先設想，在國聯中加入一票小國家，包括被美國控制的10多個美

洲國家，就可以削弱英、法的勢力。最後結果出來，國聯有5個常任理事國，美國只是其中之一；反之，在全體投票時，大英帝國的每個自治領都有一票。實際上把持國聯的還是英、法兩國，美國辛辛苦苦搭建的這個機構，只是為英、法做了嫁衣裳。

這時美國的兩黨內訌又來拖後腿了。總統威爾遜是民主黨人，國會卻是由敵對的共和黨把持。於是國會投票，拒絕加入國際聯盟。威爾遜這下傻眼了，自己費盡心力建立的組織，美國反而不加入，這不是笑話嗎？他為了說服國內民眾，玩命地到處演說、辯論，結果勞累過度，中風了，半身不遂，一隻眼睛也失明，沒幾年就去世了。

儘管如此，威爾遜創立「國際聯盟」的舉動，畢竟是國際關係史上的一個極大創舉。因此他被授予了諾貝爾和平獎。在美國民眾心中，威爾遜是僅次於華盛頓、林肯和富蘭克林・羅斯福的第四位偉大總統，他的頭像也被印到了美元上，而且是美元中的最高額度——10萬美元的金圓券。

雖然威爾遜的雄心壯志未能盡展，但美國在「一戰」中的收益還是相當可觀的。它從一個債務國變成了最大的債權國，軍事、經濟實力長足發展。為了還債，世界一半的黃金都被運到了美國。趁著「一戰」的當下，美國繼續在美洲推行霸權，用武力干涉了尼加拉瓜、墨西哥、海地、古巴、巴拿馬等國的政權更替。而在全球事務上，美國也不再是一個旁觀者，而成了舉足輕重的說話人。

就在巴黎和會兩年後的1921年，為了討論對東亞、太平洋地區的利益瓜分，美國邀請英、日、法、義、荷、比、葡、中八國在華盛頓開會。在這次會議上，美國以實力為支撐，充分發揮外交手段，先是拉攏法、義對抗英、日同盟，然後又拉攏英國，拆散了英、日同盟，最後再藉著英、美聯手的聲威壓制法、義，大獲全勝。會議通過5大國的海軍主力艦噸位，英：美：日本：法國：義大利為100：100：60：35：

明朝

哥倫布發現新大陸
— 1500

— 1600
清朝　　五月花公約

— 1700

— 1800
美國獨立

門羅主義

美墨戰爭
— 1850
日本黑船事件

中美天津條約

南北戰爭

購買阿拉斯加

美西戰爭
「門戶開放」政策
— 1900

中華民國

經濟大蕭條

日本偷襲珍珠港

— 1950　　韓戰

甘迺迪遇刺

911事件

— 2000

35，美國取得了和老牌「海上霸王」英國對等的權力。日本覺得不公平，想把以上主力艦噸位比例中自己的60提高到70，美國一瞪眼：那你造吧，你造1艘我就造4艘！嚇得日本退縮了。法、義兩國呢，覺得自己當初好歹是海軍強國，他們聯手提議，也想把自己的35提高到70，同樣被英、美給回絕了。此外，美國在《九國公約》中表示要尊重中國主權完整，但同時承認先前簽訂的不平等條約，這就讓日本得以繼續維護其在華利益，同時又給了美國自己的「門戶開放」預留了空間。美國在華盛頓和會上一掃巴黎和會的灰頭土臉，真正是揚眉吐氣。

除美國之外，另兩個美洲國家也在「一戰」後聲威大震。其一是加拿大，作為英聯邦自治領，加拿大從頭到尾參加了「一戰」，功勳卓著。仗著這份功勞，加拿大連同其他幾個英帝國的自治領，什麼南非啊、澳大利亞啊，都藉機要求更多的自主權，尤其是獨立的外交權。英國呢，一方面看到自治領獨立自主的大勢已定，二來國聯建立了，讓自治領成為外交實體，也有助於自家在國聯多幾個兄弟投票。於是，英國在1926年發表《貝爾福宣言》、1931年通過《威斯敏斯特法案》。從此以後，加拿大成為一個幾乎獨立的國家，不但它的政府擁有行政權，而且議會也擁有立法權，並且擁有獨立的外交權。唯一和獨立國家有所區別的是，加拿大不能自己修改憲法，憲法還是由英國議會來訂定。

另一個就是巴西。巴西在巴黎和會上也是出盡了風頭。當時巴黎和會的各國全權代表人數，5大強國是每國出5人，巴西、比利時、塞爾維亞每國出3人，而其他國家每國只能出1-2人，換句話說，巴西獲得了前8的地位。而且，比利時、塞爾維亞都是跟德國、奧匈帝國血戰了4年，拿命填出來的地位，巴西呢，輕輕鬆鬆派幾艘船護航就成了。此後，巴西還多次被選為國聯的非常任理事國。但是巴西還不滿意。美國既然不參加國聯，就讓我巴西頂上美國的缺好了。結果，巴西的要求沒有得到支持。一怒之下，巴西也在1926年退出國聯，繼續回到拉丁美洲稱王。

混亂！墨西哥革命

因第一次世界大戰，美國、加拿大、巴西都提高了自己的地位，另一個美洲大國墨西哥卻倒楣得很。他們趕在世界大戰之前就爆發了革命戰爭，然後一直打到世界大戰結束還沒完，雖然推翻了殘暴的統治，卻因為內部紛爭把自己弄得四分五裂，可慘了。

迪亞斯在1876年成為墨西哥的獨裁者。之後，這傢伙在寶座上坐了30多年。這30多年裡正趕上世界向現代化邁進，墨西哥的發展也不小。相比之前的統治者主要從農民那裡收稅，迪亞斯拓展了新的收入來源，包括賣礦藏、出口經濟作物，以及把地皮讓給外國資本家換來收入。尤其到20世紀初，墨西哥發現了豐富的石油礦，更是日進斗金。美國公司也進來修鐵路，墨西哥的交通更為便捷了。相比之前的戰亂不絕，迪亞斯確實給墨西哥帶來了一段時間的穩定。

老百姓卻被掠奪得越來越窮了。最慘的是底層農民，尤其是印第安人。迪亞斯為了自己的統治，縱容地主和教會大肆吞併農民的田地，或者直接奪走農民土地去開礦、開種植園。廣大墨西哥農民窮得活不下去了，只能去給種植園主打工，或者到工廠上班。可是去了這些地方，也是很辛苦，工資低得不像話。稍有反抗，迪亞斯的軍警直接就開槍鎮壓。這麼下去，窮人們對迪亞斯的憤怒已經積蓄得滿槽了，一個火星子就能使其爆炸。

另一方面，國內的資產階級雖然日子過得還不錯，也賺了不少錢，但他們也不滿迪亞斯。其中一個原因是迪亞斯為了自己的位子坐得穩，

明朝

哥倫布發現新大陸
— 1500

— 1600
清朝　　五月花公約

— 1700

美國獨立
— 1800

門羅主義

美墨戰爭
— 1850
日本黑船事件

中美天津條約

南北戰爭

購買阿拉斯加

美西戰爭
「門戶開放」政策
— 1900

中華民國

經濟大蕭條

日本偷襲珍珠港

— 1950　韓戰

甘迺迪遇刺

911事件

— 2000

歐洲文藝復興運動

拜占庭帝國滅亡
1500—

1600—

1700—
工業革命

法國大革命
1800—

共產黨宣言
1850—

日本明治維新

普法戰爭

1900—

中華民國
第一次世界大戰

第二次世界大戰

1950—

越戰爆發

兩伊戰爭

東西德統一

2000—

毫無下限地勾結外國資本家，遏制了墨西哥本地資產階級的發展。另外，那些有抱負的資本家們對迪亞斯一直把大權攬在手裡也很不爽，覺得現在都20世紀了，你怎能一直當獨裁者呢，應該換大家輪流「坐莊」才是。包括迪亞斯一夥的政客、將軍，也覺得他該把寶座讓出來了。

迪亞斯看從上到下的呼聲這麼厲害，也不好再嘴硬，就在1908年裝腔作勢地對美國記者說：「要是我們國家真能組織一個合法有效的政黨，在競選中當選，那麼我在1910年退位讓賢也是沒關係的。」

迪亞斯這話一出口，頓時引來了一個野心勃勃的豪門地主公子馬德羅（1873—1913年）。他趕緊在1910年寫了一本書，建議墨西哥行民主政治。他還真組織了一個「反對連任黨」，表示要參加競選。迪亞斯一看頓時怒了：我只不過和美國記者敷衍兩句，你這小子居然蹬鼻子上臉，真想奪我的權啊？迪亞斯派兵把馬德羅抓了起來，然後自己宣布自己第8次當選總統。

馬德羅呢？見迪亞斯居然如此野蠻，不禁把牙一咬：你不仁休怪我不義！他逃出監獄跑到了美國，組織一個革命團體，頒布了「聖路易斯波托西計畫」。這個計畫主要是抨擊迪亞斯的獨裁，號召進行公平的選舉。同時，為了吸引廣大農民和印第安人，該計畫裡也含糊地提了一下要把被霸佔的土地還給農民。馬德羅還號召廣大民眾揭竿而起，武裝推翻迪亞斯的統治。

事實證明，馬德羅雖然無拳無勇，但迪亞斯的統治早已天怒人怨。

1910年年底，各地的農民、無產階級蜂擁而起，席捲全國。其中最主要的有三支力量：北方的奧雷斯克和維拉（1878—1923年），以及南方的薩帕塔（1879—1919年），他們都奉馬德羅為名義上的首領。在起義軍的衝擊下，迪亞斯的統治如同紙搭的房子一樣垮台了。迪亞斯畢竟久經風浪，看情勢就知道自己的統治到頭了。他匆匆地與馬德羅簽訂了一個協定，然後在5月26日登船去了歐洲。馬德羅則在幾個月後的選舉中

勝利當選為墨西哥新一任總統。

　　到這裡，「推翻迪亞斯」的革命目標算是完成了，但革命陣營內部又發生了分裂。馬德羅本身就是大地主的公子哥兒，他的革命只是想轟走迪亞斯，恢復「民主」，至於說當初講的「讓農民拿回屬於自己的土地」，不過是隨口一說罷了，時過境遷，誰還承認？但拿起武器參加革命的廣大農民、印第安人可不這麼想，他們是想要拿回屬於自己的土地，擺脫被人奴役的地位。這個衝突是不可調和的。

　　另一方面，馬德羅和迪亞斯達成協議後，把迪亞斯政府的官吏、員警全部保留了，舊軍隊也原封不動。他要求幾支革命起義軍趕緊解散，對於罷工的工人，馬德羅照樣出動軍警鎮壓。這是什麼情形？革命領袖馬德羅背叛革命了！

　　面對馬德羅的倒行逆施，南方的起義軍首領薩帕塔挺身而出：馬德羅叛變了，我們繼續革命！他不再服從總統馬德羅，而是自己頒布了「阿亞拉計畫」，宣布要把土地分給農民和印第安人。這也是整個拉丁美洲的第一份土地改革計畫。為此，薩帕塔得到了廣大民眾尤其是印第安人的熱忱擁戴。馬德羅勃然大怒，命令迪亞斯的部將韋爾塔（1850—1916年）鎮壓自己的革命兄弟薩帕塔。叛徒和反動派勾結在一起了，那還有什麼話說，薩帕塔舉兵造反，發動「二次革命」，風潮很快席捲墨西哥南部。到1912年3月，北方的奧雷斯克也起來反馬德羅，同樣宣布要把土地還給人民。這樣，馬德羅才當了1年總統，地位就搖搖欲墜了。

　　眼看大位難保，馬德羅只好抓住韋爾塔這根救命稻草，指望靠這個獨裁者迪亞斯的舊部拯救自己的政治生命。韋爾塔真是老奸巨猾，他表面上服從馬德羅的命令，在南邊鎮壓薩帕塔，在北邊，聯合三大起義軍中唯一還支持馬德羅的維拉，打得奧雷斯克大敗。接著，韋爾塔藉口維拉「違抗軍令、搶劫馬匹」，竟要把維拉判處死刑。馬德羅趕緊出面求情，這才保住了維拉的性命。維拉見狀，覺得跟這個老大也沒什麼前途

了，於是一溜煙跑到德克薩斯了。

這樣，大少爺馬德羅原本依靠的三支革命力量全部被打垮了，成了孤家寡人。這時候，獨裁者迪亞斯的兒子菲利克斯・迪亞斯又率領舊部發起叛亂，向首都進攻。馬德羅慌了手腳，趕緊請韋爾塔抵擋，而韋爾塔到此時才露出了真面目。在美國公使亨利・萊恩・威爾遜的牽線搭橋下，同為迪亞斯舊部的韋爾塔和菲利克斯狼狽為奸，在1913年2月發動武裝政變。可憐的革命先驅馬德羅被叛軍抓住，先是被迫下台，隨後被槍殺了。野心家韋爾塔則自封為墨西哥總統。

韋爾塔殺害了馬德羅，但沒有力量控制墨西哥全境。在北方又有個州長卡蘭薩和土豪奧夫雷貢起兵討逆，當初被韋爾塔陷害的維拉更是拉起一支人馬殺回墨西哥，誓與反動軍閥韋爾塔決一死戰。南邊呢，薩帕塔的革命軍越戰越勇。在四路大軍包圍之下，韋爾塔的地位岌岌可危。雪上加霜的是，韋爾塔殺害民選總統的事情做得太過分，連美國總統威爾遜都對他不滿了，美國大兵也開始動手討伐他。內外交攻之下，韋爾塔只得在1914年7月辭職。這個野心家後來還想靠著德國皇帝威廉二世的支持殺回墨西哥重新奪權，卻被美國人逮捕了，1916年死於酒精中毒。

韋爾塔下台了，墨西哥剩下的四路英雄誰都不服從誰。後來保守派奧夫雷貢和卡蘭薩聯合在一起，推選卡蘭薩為總統，奧夫雷貢為參謀長，召開了立憲大會。可是作為農民起義隊伍首領的維拉和薩帕塔不肯聽，一個佔了南方，一個佔了北方，與卡蘭薩鼎足而立。他們繼續代表農民，要求卡蘭薩分配土地，還不斷進攻卡蘭薩，哥倆輪番佔領墨西哥城。這時候正是「一戰」爆發的時間，墨西哥人沒精力參加「一戰」，就自己在家裡關著門打仗。

面對南北夾擊，卡蘭薩深知若不能弄點東西出來讓民眾滿意，自己就會重蹈迪亞斯、馬德羅和韋爾塔的舊轍。於是他宣布，允許農民取回屬於他們自己的土地，並且支持城市勞工建立自己的組織，保障自己

的權益。這下子，卡蘭薩立刻得到了大批底層民眾的支持。在北方戰線上，工會成員配合卡蘭薩的軍隊擊敗了維拉的騎兵；同時，美國和其他拉美國家也開始承認卡蘭薩是合法的政府。1915年深秋，美國允許卡蘭薩的軍隊穿過自己的領土，將維拉的軍隊殲滅。

維拉原先在北邊打得這麼好，很大程度上是靠了來自美國的支持。如今美國人翻臉不認人，維拉有種被出賣的感覺。於是開始向美國人報復。1916年1月，他攔截了一輛火車，殺死了10多個美國人。3月，他又帶領100多人進攻美國的哥倫布市。這一戰維拉遭到美國民團和軍隊的反擊，傷亡慘重，但美國老百姓也死了10多個。美國總統威爾遜大怒，派遣潘興將軍率領5000軍人南下，配合卡蘭薩的政府軍一起圍剿維拉。不過，這件事更多只是一種姿態，1917年2月美軍就撤離了。南方的薩帕塔也在卡蘭薩的猛攻下節節敗退，被迫轉入游擊戰。

軍事上取得了優勢，卡蘭薩趁熱打鐵，在1917年頒布了憲法。客觀地說，這部憲法裡面反映了墨西哥各階層的要求，在當時算是比較激進的了。首先設總統一人，由民選直接產生，任期4年，不得連任，保證不出現獨裁者。國會由兩院組成，參議院每州2個名額，眾議院按人口比例分配名額。在民眾權利上，凡年滿21歲，有合法職業的男子，均有選舉權。憲法還明訂了土地、礦產、河流均屬於國家，對外國人有權加以限制，並把迪亞斯時期掠奪的部分土地分給村鎮，轉讓給小農戶經營。對勞工來說，憲法規定了每週6天，每天8小時的工作制度，確定了最低工資，以及保護女工和童工，並且規定勞工有組織工會和罷工的權利。依靠這部憲法，卡蘭薩得到全國多數人的擁戴，正式當選為墨西哥總統。他的兩個對手則每況愈下。1918年，薩帕塔死於一次伏擊。1919年，大勢已去的維拉投降（後來在1923年被暗殺身亡）。至此，墨西哥革命引發的內戰告一段落。

這期間還發生了一件讓人無語的事。因為歐陸大戰打得激烈，德國

明朝

哥倫布發現新大陸
— 1500

— 1600
清朝　　五月花公約

— 1700

美國獨立
— 1800

門羅主義

美墨戰爭
— 1850
日本黑船事件

中美天津條約

南北戰爭

購買阿拉斯加

美西戰爭
「門戶開放」政策
— 1900

中華民國

經濟大蕭條

日本偷襲珍珠港

— 1950　　韓戰

甘迺迪遇刺

911事件

— 2000

歐洲文藝復興運動

拜占庭帝國滅亡
1500—

1600—

1700—
工業革命
法國大革命
1800—

共產黨宣言 1850—

日本明治維新
普法戰爭

1900—
中華民國
第一次世界大戰

第二次世界大戰

1950—
越戰爆發

兩伊戰爭

東西德統一

2000—

為了牽制美國，不擇手段到了喪心病狂的地步。他們制定了一個計畫來找卡蘭薩：一旦美國參戰，就由德意志支援你們墨西哥進攻美國本土，這樣，你就可以收復當初被美國奪走的新墨西哥、德克薩斯等領土了，墨西哥人會把你當作民族英雄。如何，這個計畫挺好吧？卡蘭薩心想：我腦袋沒病好不好。別說美國我現在惹不起，只要維拉還在北邊，薩帕塔還在南邊，美國人只要給他們送點槍彈錢糧就足夠了！他拒絕了這個「天方夜譚」般的勾引，繼續在戰爭中保持中立。

此後，墨西哥又經歷了數次政局動盪。1920年，卡蘭薩的戰友奧夫雷貢發動政變，卡蘭薩死於暗殺。1928年，因為新憲法動搖了天主教會的權力，加上政府官員迫害宗教成員，神父們暗殺了奧夫雷貢，發動克里斯特羅起義，再次引發內戰。奧夫雷貢的繼任者卡列斯則在1934年被自己的學生卡德納斯（1895—1970年）推翻。這幾位總統在位期間，都曾發起一些社會改革，分配土地給農民，建立勞動組織，推廣教育（尤其是農村教育），並在外國資本的面前保護本國的勞工和國家權益。在這20年裡，墨西哥農民獲得了全國約四分之一的土地，兒童入學率從之前的三分之一增長到了三分之二。

這樣，經歷了漫長的動盪，付出了慘重的代價（上百萬人死亡）之後，墨西哥終於擺脫了獨立百年來的戰亂不絕的怪圈，獲得了一個相對穩定的政局。卡列斯的墨西哥革命黨連續執政70餘年。

好萊塢英雄維拉

維拉第二次起兵反對韋爾塔期間，為了籌集軍費，和好萊塢達成協議，准許他們將自己的征戰過程拍成電影。於是好萊塢派來了隨軍的全套編導攝影團隊，拍了不少影片，賺的錢由維拉和好萊塢均分。當然，在這個過程中很多影片內容都是「虛構」的。為此，維拉在美國名聲大震，成為活生生的「好萊塢英雄」。

妙手！羅斯福新政

「一戰」之後，世界獲得了20年的短暫和平。歐洲各國恢復著戰爭創傷的同時，還得彼此提防著仇敵報復。相對來說，美洲各國可以一心發展經濟了。當然，大家生產力仍舊落後，也缺少資金，但那有什麼好怕的？美國有錢啊，多到花不完！美國在拉美的投資急劇增長，到1929年已達54億美元，接近英國的59億美元。幾個大國，包括巴西、阿根廷、墨西哥等都開始了工業化的進程。全世界繁榮昌盛，形勢一片大好。

然而樂極生悲。到1929年，美國經濟忽然從巔峰上跌了下來。為什麼呢？簡單說，一是因為世界各國欠了美國太多的債，導致他們沒有錢來進口美國商品，市場萎縮；二是美國國內生產力大幅度增長，物價增高，但工人工資卻沒跟著增加，百姓也沒錢來買東西消費了。資本家的商品沒地方賣，那可是天塌下來了啊。於是乎，美國經濟迅速垮台，整體經濟倒退10多年；股市暴跌，股票成了廢紙；銀行發生擠兌，紛紛破產；資本家關閉工廠，解僱工人；工人大批失業。另一方面，大批物資積壓著賣不出去，牛奶、小麥往海裡倒，幾百萬頭豬扔進密西西比河淹死。富人和窮人都遭遇了雙輸。1929年上台的第31任總統胡佛雄心壯志，決心整頓經濟，化解危機，結果卻輸得一塌糊塗，黯然下台。

美國經濟一垮，那些靠美國資本支持的歐美國家也都慘了。在歐洲最終導致了希特勒等一批納粹分子上台，而在美洲，各國也都發生了政局動盪和兵變，一批獨裁者上台。

明朝

哥倫布發現新大陸
— 1500

— 1600
清朝　五月花公約
— 1700

美國獨立
— 1800
門羅主義

美墨戰爭
— 1850
日本黑船事件
中美天津條約
南北戰爭
購買阿拉斯加

美西戰爭
「門戶開放」政策
— 1900

中華民國

經濟大蕭條

日本偷襲珍珠港
— 1950　韓戰

甘迺迪遇刺

911事件
— 2000

　　這時候，美國選出了一位新總統，他就是民主黨的富蘭克林‧羅斯福（1882—1945年）。羅斯福上台後，高舉「新政」的大旗對付經濟危機。

　　他說：美國底子這麼好，為什麼經濟還會垮？就是因為過去的政府一味放任自由市場，導致惡性競爭，落到這個下場。要想拯救美國，必須適當加強總統權力，加強政府對市場的干預力度，有計畫地調整生產和市場。要知道，在一貫標榜「自由」的美國，這種觀點是有點犯忌諱的。但當時老百姓已經被經濟危機折騰得只剩一口氣了，死馬當活馬醫，也就接受了羅斯福的「新政」。

　　羅斯福的「新政」主要有幾方面措施：第一，整頓銀行，讓美元貶值，以此恢復銀行信用，使得出口商品降價，讓外國買得起；第二，政府干預企業，控制生產規模，減緩惡性競爭；第三，讓農民減少生產，國家給農民補貼，以穩定農產品價格；第四，對於失業的窮人，政府聘用他們從事一些基礎建設工作，發給工資，這叫「以工代賑」，免得大批無業遊民上街擾亂社會；第五，大力興建公共工程，既增加社會福利，又刺激生產和消費；第六，建立社會保障體系，使退休工人、失業者、幼兒和殘疾人士得到補助；第七，對陷入困境的老百姓發放救濟金。

　　這麼一來，美國人民生活有保障了，大家有工作，有工資拿。企業和農民雖然遭受了一些損失，畢竟沒有餓死，慢慢又緩了過來，美國經濟開始復甦。此後，羅斯福又推出了《公平勞動標準法》，規定每週工作最高40小時，每小時工資最低40美分；禁止僱用童工。他又實行所得稅累進制，錢多的繳稅比率也高，錢少的繳稅比率則低。這些都緩解了美國的階級衝突，讓窮人生活得更好。而窮人生活得更好，短期看確實要富人多付出，實質上卻增加了窮人的購買力和改善了整個社會的經濟狀態，從長遠來看，也能讓富人賺得更多。

由於羅斯福的力挽狂瀾，美國經濟最早從危機中恢復過來。相對來說，歐洲列強則被折騰得七葷八素，美國的優勢更大了。因為這個功勞加上之後在「二戰」反法西斯戰爭中的戰績，羅斯福深得美國人民愛戴，多次被評為「最偉大的美國總統」，也是唯一破天荒擔任了四屆總統的人。

不過，羅斯福對美國人民來說是個好總統，可對拉美人民來說就未必了。為了化解美國危機，急需一個相對穩定的拉丁美洲作為後院，為美國繼續提供廉價的原物料。為此，羅斯福領導下的美國政府，大力支持聯合果品公司等跨國壟斷企業，繼續把持拉美各國的經濟命脈，同時還扶持了一批臭名昭著的獨裁者統治拉美各國，鎮壓群眾運動。

就這樣，美洲中小國家進一步淪為美國的附庸，大國巴西則在逆境中艱難前進。然而，世界性經濟危機爆發讓巴西也慘不忍睹，倉庫裡積壓的咖啡夠全世界喝一年，美國資本對海外市場投入減少了，這既是一種困難，也是一種機遇。巴西政府把目標轉向國內市場建設，號召巴西人購買國貨。與此同時，巴西廣泛探察國內礦產，逐漸改善工人工作條件，努力建設社會福利制度，把單一經濟發展轉變為多樣化經濟發展。到1940年，巴西人口已經達到4100萬，產業工人則達147萬，比20年前增加了5倍。另一個南美大國阿根廷，這幾年則和德國做了不少生意，從而使經濟得以復甦。不過，端人的飯碗，難免就受人影響。阿根廷成為一個親德的國家後，在其國內甚至出現了大批親納粹分子。

隨著德國的納粹頭目希特勒上台，加上早已統治義大利的墨索里尼等群魔亂舞，歐洲從30年代中期就開始戰雲密佈。實力已經躍居全球第一的美國，連同美洲的其他國家，都將面臨新的挑戰。

格蘭查科戰爭

格蘭查科地區位於玻利維亞、巴拉圭兩個南美弱國的邊界上，荒涼貧

明朝

哥倫布發現新大陸
— 1500

— 1600
清朝　五月花公約
— 1700

美國獨立
— 1800
門羅主義

美墨戰爭
— 1850
日本黑船事件

中美天津條約

南北戰爭

購買阿拉斯加

美西戰爭
「門戶開放」政策
— 1900

中華民國

經濟大蕭條

日本偷襲珍珠港
— 1950　韓戰

甘迺迪遇刺

911事件
— 2000

瘠。兩國對其北部26萬平方公里土地存在爭議。19世紀20年代,據稱當地發現了石油,因此兩國爭端加劇。玻利維亞得到美孚石油公司和智利的支援,巴拉圭則得到英荷殼牌公司和阿根廷的支持。1932年6月,玻利維亞向巴拉圭宣戰,戰爭正式爆發。玻利維亞從美、英購買了大批飛機、坦克,軍隊裝備和數量均佔優勢,但指揮笨拙。而巴拉圭軍裝備雖差,指揮官能力卻更勝一籌,以弱勝強,步步反攻。1933年年底,戰線已推進到玻利維亞控制區,1年後巴拉圭佔領爭議區,並攻入玻利維亞國境。此後雙方均損失慘重,無力再戰,於是在國聯協調下停火簽約。這場戰爭,玻利維亞戰死約6萬人,巴拉圭戰死4萬人,這使兩個窮國的經濟面臨崩潰。最後,戰前爭議的格蘭查科北部地方,約70%歸巴拉圭所有,約30%由玻利維亞獲得。可是事後查明,該地區其實並沒有多少石油。兩國為了一個虛假的礦業報告,打了一場透支國力的惡仗。

榮耀！反法西斯勝利

　　20世紀30年代，世界範圍內已然出現戰爭苗頭。1931年日本入侵中國東北，1932年日本入侵中國上海，1935年希特勒撕毀《凡爾賽條約》，墨索里尼入侵衣索比亞……到1937年7月7日，日本發動全面侵華戰爭，第二次世界大戰實際上已經打響。中國的領袖蔣介石眼巴巴指望美國人出來主持公道。這時候，羅斯福從道義上是同情中國的，可是美國國內的政客們想要藉美日同盟穩定太平洋局勢，大商人們捨不得放棄和日本做生意的利潤，老百姓害怕再打仗，像「一戰」一樣妻離子散。因此大家討論到最後，別說支援中國遏制日本了，美國還照樣和日本做生意。1939年日本85%的石油都是從美國買來的，此外還有棉花、鋼鐵等重要的戰略物資。甚至12月份日本飛機炸了美國輪船，也僅是口頭道歉了事。

　　不過，隨著日本在中國的步步進逼，加上德國吞併奧地利，進而入侵捷克斯洛伐克，美國意識到了世界性的戰爭即將爆發，對中國也越來越同情。1938年年底，美國給了中國2500萬美元的貸款。同時，羅斯福有意識地開始了擴大軍工生產的籌備。1939年7月，美國廢除了《美日通商及航海條約》，但即使到這時，美國依然下不了決心制裁日本。

　　1939年9月，希特勒進攻波蘭，「二戰」在歐洲爆發，英、法對德宣戰。然而，英、法的「綏靖妥協」已經養壯了德國，在短短不到1年的時間裡，波蘭、丹麥、挪威、比利時、荷蘭、盧森堡等先後被攻佔，東歐各國紛紛投入法西斯陣營，連歐洲老大法國都在6個星期的激戰後向德

明朝

哥倫布發現新大陸
— 1500

— 1600
清朝　　五月花公約
— 1700

美國獨立
— 1800

門羅主義

美墨戰爭
— 1850
日本黑船事件

中美天津條約

南北戰爭

購買阿拉斯加

美西戰爭
「門戶開放」政策
— 1900

中華民國

經濟大蕭條

日本偷襲珍珠港

— 1950　韓戰

甘迺迪遇刺

911事件
— 2000

第六章：美國崛起——帝國主義與世界大戰 | 199

國投降，英國退守孤島。這時候，羅斯福認定，如果美國不能竭盡全力支持盟軍抵抗下去，那麼全世界都可能陷入法西斯的暴政之下。1941年3月，美國通過了《租借法案》，開始向英國提供軍用物資。1941年6月蘇德戰爭爆發後，蘇聯也獲得了大批美援物資。

既然已經拉下臉要反法西斯，美國對日本的態度也逐漸強硬起來。

1940年9月，美國對日禁運鋼鐵。到1941年7月，由於日本開始佔領法屬印度支那，美國終於宣布對日本實施經濟制裁，全面禁運包括石油在內的戰略物資。這一下子就掐住了日本的命脈。日本鋌而走險，在1941年12月7日，派出艦隊偷襲美國太平洋艦隊駐地——夏威夷珍珠港。太平洋戰爭爆發了。

美國加入了反法西斯陣營。美國國內軍工廠馬力全開，美利堅龐大的生產力化為滾滾鋼鐵洪流，傾入歐洲的盟軍陣地。美國豐富的人力也殺奔歐洲、非洲和太平洋戰場。

美國軍工廠成為法西斯國家的噩夢。單在1941年，蘇、德、英、日四國生產的飛機分別為1.5萬、1.1萬、1萬和5000多架，而美國一家的飛機產量就有2.6萬架。到1942年，美國生產了4.8萬架飛機，並支援蘇、英各2萬多架，三家總計生產了9.7萬架，而德國和日本加起來才2.4萬架。靠著海量的美國飛機，英國打贏了不列顛空戰，迫使希特勒無限期推遲攻打英倫三島的計畫；靠著漫山遍野的美國坦克，英軍元帥蒙哥馬利在北非僅僅玩「消耗戰」，就活活地把德軍悍將隆美爾的部隊給吃光了；依靠美國援助的幾十萬輛卡車，蘇聯在廣袤國土上實現了大突破、大穿插、大包抄，步步進逼，奪回主動權；依靠美國援助的輕武器和航空隊掩護，中國戰場的部分國民黨軍隊裝備已經優於日軍，並擁有了一定的制空權。

開戰第一天，日本偷襲珍珠港，擊沉美軍4艘戰列艦，重創太平洋艦隊，並惋惜「讓3艘航空母艦跑掉了」。可是從1941年到1945年，美

軍共下水了航空母艦35艘，護航航空母艦115艘，戰列艦10艘，巡洋艦48艘，驅逐、護衛艦800多艘。而日本同期只造了航空母艦5艘，護航航空母艦12艘，戰列艦2艘，巡洋艦9艘，驅逐艦63艘。日本造船數量只有美國的零頭，怎麼打？就算再讓日本打一個珍珠港，又能如何？依靠優勢的裝備，美軍對德軍、義大利軍、日軍進行了猛烈打擊。

在北非戰場，美軍和英軍聯手，於1942年末登陸非洲西北部，然後一路向東，與埃及的英軍蒙哥馬利部隊，一起對隆美爾率領的德意聯軍進行腹背夾擊，在1943年將其全殲於突尼西亞。隨後美軍登陸義大利，嚇得墨索里尼政府垮台，義大利政府倒戈加入盟軍。然後美軍與英、法軍一起從義大利南部逐漸往北一寸一寸地開進，到1945年4月終於在當地游擊隊配合下收復整個義大利。1944年，美軍與英、法軍在諾曼地登陸。登陸當天，德國空軍只能糾集400架飛機，去迎戰盟軍遮天蔽日的1萬多架飛機。德軍「無敵」的裝甲軍團，面臨美軍戰列艦的萬炮齊轟和轟炸機的空中遮蔽，也只能如老鼠一樣晝伏夜行，往往在半路上便被從天而降的轟炸機滅亡。隨後美軍一路東進，不到1年，在易北河與東邊來的蘇聯紅軍會師。1945年4月底，墨索里尼被義大利游擊隊處死，希特勒在地下室自殺。5月，德國法西斯宣布投降。

東線的日本就更慘了。他們也就在1942年囂張了半年，佔領了東南亞大片領土，包括美國殖民地菲律賓。可是隨著6月中途島之戰的敗北，美軍後續艦船又源源不斷上來，日本軍隊的下場便註定了。他們只能在潮水般的美軍攻勢下步步後退。彪悍的日本士兵，逐個退守太平洋的島嶼，然後在美軍的航彈和艦炮的轟炸下粉身碎骨。

1945年3月9日，美軍出動300多架B-29重型轟炸機，投擲了2000多噸燃燒彈，將整個東京變成一片火海煉獄，燒毀城區40多平方公里，房屋20多萬間，燒死約10萬人。8月6日和9日，美國飛機在日本廣島、長崎兩個城市投下兩枚原子彈，直接造成約10萬日本人死亡，後續死亡約

歐洲文藝復興運動

拜占庭帝國滅亡
1500—

1600—

1700—
工業革命

法國大革命
1800—

共產黨宣言
1850—

日本明治維新

普法戰爭

1900—

中華民國
第一次世界大戰

第二次世界大戰

1950—

越戰爆發

兩伊戰爭

東西德統一

2000—

30萬。日本海軍已經被美軍完全摧毀，蘇聯也對日宣戰，消滅了盤踞在中國東北的日本關東軍，走投無路的日本只得宣布投降。就這樣，美軍作為台柱，與各國盟友一起，取得了世界反法西斯戰爭的偉大勝利。唯一的遺憾是，領導美國的羅斯福總統卻在勝利前夕（1945年4月）病故了。接替他迎接最終勝利的是杜魯門。為了勝利，美國付出了40萬人死亡、60萬人受傷的代價，大致和「一戰」相當。與之相應的是，在「二戰」前後，大批歐洲人才（尤其是德國）移民到美國，也大大提升了美國的人力資源。

反法西斯戰爭的勝利，讓美國站在了世界榮譽的巔峰。在幾十年前的「一戰」中，雖然也是美國的參戰導致德國垮台，但把持戰後局面的是英、法兩國，美國還在巴黎和會上被擺了一道。而這次完全不同，法國開戰不到1年就被打敗了，英國退縮到不列顛島上，完全靠美國支持才堅持下來。之後，美國一方面輸血給各大盟國，一方面自己派出數百萬大軍征戰歐洲、非洲、太平洋（「二戰」末期美國軍隊總人數達1200萬），血戰數年，將義大利、德國、日本法西斯逐一擊破。現在，不但世界各國感謝美國在反法西斯戰爭中的貢獻，而且面對東方新崛起的紅色蘇聯，英國、法國也必須依靠美國的庇護。100多年前，那個扛著破槍，在英、法爭霸的縫隙裡掙扎求生的殖民地，如今已經反過來成為宗主國的老大哥。

美國還與英國、蘇聯等一起，在1945年10月成立了聯合國，以美、蘇、英、法、中五大國為常任理事國。聯合國總部設在美國紐約，從一開始，美國就是聯合國裡影響力最大的國家。

但對美國來說，一切才剛剛開始。美洲其他國家本次的表現也比「一戰」時要更加活躍。北美「老二」加拿大作為英聯邦的重要成員，戰爭一開始便再次義無反顧地站在大英帝國一邊，竭盡全力反擊德國法西斯。英國首相邱吉爾也宣布：就算德國人佔領了大不列顛島，我們大

英帝國也會退到加拿大去繼續抵抗！在關係到英國存亡的不列顛空戰中，加拿大航空隊與英國空軍並肩作戰，殲滅德機上百架。此後，加拿大海陸軍又隨同英軍在世界各地戰鬥，包括香港、東南亞、北非、義大利、法國⋯⋯加拿大在反法西斯陣營中，排名海軍第三、空軍第四。整個戰爭期間，總共有100餘萬加拿大人（包括5萬女兵）挺身而出對法西斯作戰，犧牲4萬多人。同時，加拿大小夥子們打仗還不忘解決個人問題，「二戰」後帶回了近5萬個老婆（大部分是英國女孩）和2萬多個小寶寶。

南美「老大」巴西也大出風頭。戰前巴西和德國之間有不少貿易，開戰後英國封鎖德國，使巴西受到了一些損失。但等到1941年年末，日本開始進攻東南亞，東南亞的原料，包括咖啡、橡膠、菸草、木材、椰子、糖、棉花，全都斷了貨。巴西樂壞了：沒關係，我這裡有啊，盟軍盡量採購，保證價格優惠！隨後巴西召開了美洲國家會議，慷慨陳詞，帶頭和德國斷絕外交關係，後來又對德國宣戰。巴西組建了一支艦隊，包括2艘戰列艦、4艘巡洋艦、10艘驅逐艦，又建立了10萬人的陸軍和一支空軍。巴西在自己的東海岸修建了好幾個基地，為美國向北非、歐洲戰場轉運物資提供很大的方便。巴西的海軍負責了整個南大西洋的反潛巡邏，使美國能騰出更多的兵力。

此外，巴西還派出軍隊參加了歐洲戰場。德國人覺得簡直不可思議，還嘲笑說：「如果巴西軍隊能在歐洲打仗，那一條蛇就可以抽菸了。」結果巴西人果真組建了一支2.5萬人的師級戰鬥部隊，連同一整套行軍醫院，在義大利登陸，和英、美軍一起並肩打擊德國人。為了反擊德國人的嘲笑，這個師的徽章恰好就是一條抽菸的蛇。巴西軍隊在「二戰」中的表現，進一步提高了這個大國在世界上的地位。巴西是第一批加入聯合國的國家，並且多次擔任非常任理事國。整個「二戰」期間，本土未遭到直接進攻，而出大軍和法西斯真刀真槍幹過的國家，一共只

明朝

哥倫布發現新大陸
— 1500

— 1600
清朝　　　五月花公約

— 1700

美國獨立
— 1800

門羅主義

美墨戰爭
— 1850
日本黑船事件

中美天津條約

南北戰爭

購買阿拉斯加

美西戰爭
「門戶開放」政策
— 1900

中華民國

經濟大蕭條

日本偷襲珍珠港

— 1950　韓戰

甘迺迪遇刺

911事件

— 2000

歐洲文藝復興運動

拜占庭帝國滅亡
1500—

1600—

1700—
工業革命
法國大革命
1800—

共產黨宣言
1850—

日本明治維新

普法戰爭

1900—

中華民國
第一次世界大戰

第二次世界大戰

1950—

越戰爆發

兩伊戰爭

東西德統一

2000—

有6個：美國、加拿大、巴西、澳大利亞、南非、紐西蘭。

除了美國、巴西、加拿大這三強之外，其餘美洲國家在「二戰」期間就只是跑龍套的了。1942年1月在華盛頓發表《聯合國家宣言》的26個國家裡面，有11個美洲國家，但除了美、加兩個是真正在流血流汗之外，其他9國（哥斯大黎加、古巴、多明尼加、薩爾瓦多、瓜地馬拉、海地、洪都拉斯、尼加拉瓜、巴拿馬）無非是跟著美國老大搖旗吶喊。而南美國家多數深陷內亂，不少國家都有親德、親納粹的分子活動。南美「老二」阿根廷，甚至爆發了由親德集團發動的政變，即使遭到美國制裁，他們依然堅持不悔改。直到1945年3月，法西斯軸心國大勢已去，阿根廷才匆忙對德宣戰。正因為如此，「二戰」後不少納粹分子為逃脫懲罰，遂逃亡南美的阿根廷、智利等國尋求庇護。

美國曾準備突襲巴西

日本偷襲珍珠港之後，美國擔心巴西國內的親納粹勢力猖獗，又怕德軍搶先佔領巴西，還擔心巴西軍隊的親德化，故而曾計畫出動海軍陸戰隊突襲巴西，佔領其東北部地區，作為美軍向歐洲的轉運基地。後來因巴西及時站到反法西斯陣營一邊，該計畫才停止。

第七章：爭霸與掙扎——冷戰時代
（西元20世紀中後期）

　　三個軸心國成員國倒下去，兩個超級大國站起來，美國與蘇聯在全球陳兵千萬，核彈對瞄，展開了曠日持久的「冷戰」。卡斯楚的古巴革命打破了美國勢力的籠罩，其餘拉美各國卻難逃美國後院的宿命。偏左的領導人紛紛被政變轟下台，拉美多國進入了軍政府時期。而在美國北面的加拿大，也有它的內憂外患。

1. 美國　　6. 瓜地馬拉　11. 巴拿馬　　16. 哥倫比亞　21. 法屬蓋亞那　26. 阿根廷
2. 加拿大　7. 薩爾瓦多　12. 牙買加　　17. 厄瓜多　　22. 巴西　　　　27. 智利
3. 墨西哥　8. 宏都拉斯　13. 海地　　　18. 秘魯　　　23. 玻利維亞
4. 古巴　　9. 尼加拉瓜　14. 多明尼加　19. 蓋亞那　　24. 巴拉圭
5. 伯利茲　10. 哥斯大黎加　15. 委內瑞拉　20. 蘇利南　　25. 烏拉圭

爭霸！恐怖的均衡

「二戰」結束後，美國成了西方世界的第一，不但工業產值佔了西方世界一大半，美元也成為世界硬通貨，連當初的世界兩強英、法都只能聽美國的話。可這時候還有一個國家足以和它分庭抗禮，那就是蘇聯。德國滅亡時，美、蘇兩軍在中歐會師，基本上平分歐洲。隨後蘇聯對日宣戰，消滅了駐紮在中國東北的日本關東軍，又和美國把朝鮮半島一分為二，各佔一半。美國是資本主義國家，蘇聯是以共產主義為目標的社會主義國家，兩國從意識形態上就勢不兩立。過去為了對抗法西斯軸心國，大家勉強攜手抗敵。如今法西斯國家被打倒了，就該算算舊帳了。就算不論意識形態，單說為了國家利益，那也是一山難容二虎啊。於是，兩大強國在全球勾心鬥角，隱隱有翻臉之勢。

按說，美國整體實力是在蘇聯之上的：兩國人口差不多，美國經濟更發達，生產力更強大。尤其一場「二戰」打下來，美國雖然也傷亡了許多，但本土未受波及，經濟反而得到戰爭的激發，促使工業產能大大提高，其工業產值佔了全世界一大半；而蘇聯則死了兩、三千萬人，人口密集、經濟發達的國土大部分都被德軍踐踏了一遍。而美國海軍原本就比蘇聯強大得多。

問題是，美國雖然有這麼大的力量，但它和歐亞大陸隔著大洋啊。而蘇聯的800萬陸軍，幾萬輛坦克就在東歐，一旦開動起來，幾天就能席捲西歐。為這個，美國也不敢輕易得罪蘇聯。雙方只能各自劃分勢力範圍，拉幫結派，逐步爭奪全球「老大」的位置。

明朝

哥倫布發現新大陸
— 1500

— 1600
清朝　五月花公約
— 1700
美國獨立
— 1800
門羅主義

美墨戰爭
— 1850
日本黑船事件
中美天津條約
南北戰爭
購買阿拉斯加

美西戰爭
「門戶開放」政策
— 1900

中華民國

經濟大蕭條

日本偷襲珍珠港
— 1950　韓戰

甘迺迪遇刺

911事件
— 2000

1946年初，也就是「二戰」剛剛勝利半年，一貫反共反蘇的英國首相邱吉爾就跑到美國，發表了著名的《鐵幕演說》。美國人對此深以為然。1947年，第33任美國總統杜魯門（1884—1972年）宣稱，美國要援助「自由的人民」抵抗蘇聯，不管在世界的任何地方！這就是「杜魯門主義」。可以看出，100多年前門羅總統的宣言是「美國不去干涉歐洲，歐洲也不許干涉美洲」，而如今杜魯門則要在「世界任何地方」和蘇聯對抗。這標誌著美國正式放棄了「只掃美洲門前雪，休管歐亞瓦上霜」的西半球戰略，開始把整個世界都納入自己的戰略體系中。換言之，「美蘇爭霸」在全球開始了。

「二戰」後不久，希臘發生了保皇派和共產黨的內戰，美國出錢、出槍、出顧問，支持保皇派把共產黨武裝鎮壓下去，從而在蘇聯控制的東歐保留了一個資本主義的橋頭堡。1948年，朝鮮半島的蘇佔區成立了「朝鮮民主主義人民共和國」，美佔區成立「大韓民國」；1949年，德國的蘇佔區建立「德意志民主共和國」，美、英、法三國佔領區則建立了「德意志聯邦共和國」。整個世界逐漸朝「兩大陣營」的格局演變。

為了對抗蘇聯，杜魯門推行「馬歇爾計畫」，向他的盟友們提供大筆資金，幫助他們撫平戰爭瘡痍，恢復生產。在美元的輸血下，西歐各國都得到飛速發展，從1948年到1952年，經濟增長35%以上，農業恢復到戰前水準，並在之後繼續保持穩定發展20多年。

同時，美國又在1949年拉攏盟國，建立了軍事聯盟「北大西洋公約組織」（北約），與蘇聯等社會主義國家在1955年建立的「華沙條約組織」（華約）武裝對峙數十年，把整個歐洲變成了龐大的兵營。由於兩方都擁有龐大的兵力，也都擁有大量核武器（蘇聯在1949年也擁有了原子彈），一旦全面開戰，那必然是兩敗俱傷甚至同歸於盡，誰也討不到好。因此美、蘇兩國也不敢搞得太狠，他們更多採用的是政治攻勢、軍事威懾和扶持代理人、打局部戰爭等方式進行交鋒，這就是所謂的「冷

戰」。儘管沒有正式開戰，但兩大巨頭的核導彈都彼此對瞄，總量夠把人類毀滅，稍有不慎，只怕地球都要被毀滅。所以「冷戰」的這些日子，全世界都盯著兩位「老大」，尤其在他們對峙的主戰場歐洲，完全籠罩在「核戰爭」陰霾之下，大伙兒緊張得都要神經衰弱了。

除了美、蘇兩大陣營的「冷戰」之外，對於同屬北約的英、法兩國，美國也不懷好意：兩位老哥，現在時代不同了，你們當初在世界各國搶的那些殖民地，也該吐出來讓大家利益均霑了吧！美國積極參與亞、非、拉地區殖民地的獨立運動，一面撬英、法的柱子，一面趁機往裡面插入自己的勢力。而蘇聯基本上也在做這些事。於是乎，「冷戰」的同時，在亞、非、拉殖民地又形成了美、蘇實質上聯合起來挖英、法牆角的局面，其中最突出的是1956年的「第二次中東戰爭」。英、法為了搶奪蘇伊士運河，勾結以色列，對埃及大打出手，結果被美、蘇兩國聯手給打了回去。早已垂垂老矣的英、法，哪裡擋得住美、蘇的前後夾擊？沒多久，這兩國「辛辛苦苦」地搶了幾百年的殖民地，基本上都獨立了。美國趁機從中劃拉了一大塊，培養自己的代理人，當然少不了和蘇聯你爭我奪。為了擴大自己的勢力範圍，美國不惜支持那些擁兵自重的軍閥、獨裁者，只要獨裁者肯宣布「反共反蘇」，立刻要錢給錢，要槍給槍。

「冷戰」之初，美國實力雖強，但其重心放在歐洲，尤其在最前線的柏林等地與蘇聯針鋒相對，連連爆發危機，因此在亞洲等地力有不逮，連丟數分。1950年朝鮮半島內戰爆發，北朝鮮幾個月就把美國的「小弟」南朝鮮從「三八線」給打到了釜山。美國親自赤膊上陣，打著「聯合國軍」的旗號親自攻向北朝鮮，好不容易把戰線推到鴨綠江，對面的中國志願軍又殺了過來。經過數年浴血，聯合國軍傷亡慘重，戰線在「三八線」上穩定下來並停火。雖然蘇聯只是出了些裝備，但美國親自上戰場跟中國開打卻沒佔到便宜，難免大丟面子。相反，中國將美軍

明朝

哥倫布發現新大陸
— 1500

— 1600
清朝　五月花公約
— 1700

美國獨立
— 1800

門羅主義

美墨戰爭
— 1850
日本黑船事件

中美天津條約

南北戰爭

購買阿拉斯加

美西戰爭
「門戶開放」政策
— 1900

中華民國

經濟大蕭條

日本偷襲珍珠港
— 1950　韓戰

甘迺迪遇刺

911事件
— 2000

歐洲文藝復興運動

拜占庭帝國滅亡
1500—

1600—

工業革命
1700—

法國大革命
1800—

共產黨宣言
1850—

日本明治維新

普法戰爭

1900—

中華民國
第一次世界大戰

第二次世界大戰

1950—

越戰爆發

兩伊戰爭

東西德統一

2000—

從鴨綠江推到「三八線」，從此國威大振，成為美國敬畏的一個對手。

緊跟著，美國又在東南亞的越南、寮國、柬埔寨扶持親美勢力，打擊親蘇的越共等勢力。結果，越共靠著支援，越戰越勇。美軍在越南投入幾十萬大軍，耗費的彈藥超過「二戰」，從20世紀50年代一直打到70年代，最後還是無法取勝，國內更爆發了轟轟烈烈的反戰運動。無奈之下，美軍只得無奈地撤出了越南。

一連遭到這許多打擊，美國在「冷戰」中逐漸處於劣勢。這期間，資本主義陣營內部的許多夥伴也不滿美國指手畫腳、趾高氣揚，紛紛產生了離心。最桀驁不馴的是法國，以戴高樂為首的法國領導者們不甘心當美國的「小弟」，一直想建立歐洲一體化，和美國分庭抗禮。甚至「二戰」中被美國打趴下的日本也產生了異心。再這麼下去，只怕美國要輸掉「冷戰」了。

危急關頭，美國換上了第37任總統尼克森（1913—1994年）。尼克森分析了一下局勢，覺得我們美國實力還是有的。先前之所以吃這麼多虧，是因為一下子坐上世界首強寶座，太自大了，霸氣太盛，在全世界處處伸手，不但消耗了自己的實力，造成自己後勁不足，也得罪了不少不該得罪的人。在內部也是，美國對盟友管得太多，既耗費自己的人力、物力、財力，還讓盟友覺得被欺負了，兩頭不討好，何苦呢？

為此，尼克森制定了新的戰略——尼克森主義。簡單說，就是全面退守，減少干預，其最大的手筆是從越南撤軍，把幾十萬美國大兵解放出來。然後，對內部盟友如西歐、日本，他主張不再如過去那樣指手畫腳，而是建立相對平等的夥伴關係，這樣既照顧了盟友面子，又迫使盟友自己承擔部分防務，減輕美國負擔。對頭號敵人蘇聯，政策也從軍事爭霸，改為以實力為後盾的談判，透過兩強的溝通遏制戰爭，同時藉著經濟、文化交流的機會，展開意識形態滲透，將美式觀念悄然灌輸到蘇聯內部。尤其重要的是，尼克森利用中蘇關係惡化的機會訪問中國，這

一外交戰略，實際上是抽掉了蘇聯最重要的一個潛在外援。

尼克森的政策取得了成功。從20世紀70年代開始，表面上看似美國全面退縮，蘇聯則在布里茲涅夫領導下霸氣十足，全球進取。蘇聯的勢力範圍迅速擴大，蘇聯的盟友在其支持下紛紛入侵別國。可是蘇聯的這種耀武揚威，卻讓蘇聯取代美國成了眾矢之的。尤其是1979年蘇聯入侵阿富汗，不但使其陷入10年戰爭的泥淖，損失數萬士兵，耗費了大批財力，而且遭到全世界譴責，更是得罪了阿拉伯國家，可謂得了面子、輸了裡子。而美國則趁勢養精蓄銳，拉攏盟友。

同時，美國還盡可能開闢一些支線戰場，扶持一些協力廠商力量，消耗蘇聯實力。比如在安哥拉內戰中，美國就指使非洲「老大」南非出面支持「安盟」，跟蘇聯支持的「安人運」對抗。在蘇軍入侵阿富汗之後，美國更是出錢、出槍、出資料，支援賓·拉登的基地組織和蘇軍搗亂，又在巴基斯坦培訓大批阿富汗青年，支持他們採用游擊戰反抗蘇軍，這些青年後來組成了塔利班（即學生軍）。

這麼雙管齊下下來，等到20世紀80年代，蘇聯已經虛火上竄，腳步飄忽，成了強弩之末。再加上蘇聯領導人布里茲涅夫無力治國。這時候，美國再由柔轉剛，對蘇聯迎頭痛擊。尤其是第40任總統雷根（1911—2004年）在1981年上台後，推廣「星球大戰」計畫，利用美國領先的經濟實力，將蘇聯拖入軍備競賽的絞肉機。這樣，蘇聯迅速轉入下風，空有強大的軍力，經濟方面卻開始下滑，東歐盟國也紛紛生異心。

更讓美國開心的是，1985年上台的蘇共總書記戈巴契夫是個「空想改革家」。他覺得現在蘇聯的各種問題都是因為和美國對抗造成的，於是主動向美國求和，步步退讓。雷根則趁勢揮軍反攻。1989年，東歐社會主義國家紛紛政變，曾經威脅美國和西歐數十年的「華沙條約組織」土崩瓦解。這就意味著「冷戰」以美國的大獲全勝而告終。

1991年，蘇聯解體為主權獨立的15個共和國。

明朝

哥倫布發現新大陸
—— 1500

—— 1600
清朝　五月花公約
—— 1700

美國獨立
—— 1800

門羅主義

美墨戰爭
—— 1850
日本黑船事件

中美天津條約

南北戰爭

購買阿拉斯加

美西戰爭
「門戶開放」政策
—— 1900

中華民國

經濟大蕭條

日本偷襲珍珠港

—— 1950　韓戰

甘迺迪遇刺

911事件
—— 2000

歐洲文藝復興運動

拜占庭帝國滅亡
1500—

1600—

1700—
工業革命
法國大革命
1800—

共產黨宣言
1850—

日本明治維新
普法戰爭

1900—

中華民國
第一次世界大戰

第二次世界大戰

1950—

越戰爆發

兩伊戰爭

東西德統一

2000—

潮流！加勒比建國

　　美國是美洲第一個獨立國家，獨立於18世紀晚期。到19世紀上半葉，拉美獨立運動風起雲湧。北美洲的墨西哥、海地、多明尼加、瓜地馬拉、洪都拉斯、薩爾瓦多、哥斯大黎加、尼加拉瓜8國，南美洲的巴西、阿根廷、智利、秘魯、玻利維亞、哥倫比亞、烏拉圭、巴拉圭、厄瓜多、委內瑞拉10國紛紛獨立；到19世紀末，古巴獨立；20世紀初，巴拿馬在美國策劃下從哥倫比亞分裂出來；「一戰」後，加拿大取得獨立國家地位。這樣，美洲的獨立國家總數已有22個。剩下的除了南美洲東北的圭亞那地區、中美洲的英屬洪都拉斯，就只剩被歐美各國佔據的一些島嶼。到「二戰」後，這些地方也展開了獨立運動。

　　1962年，加勒比海的英國殖民島嶼牙買加獨立。

　　1962年，加勒比海的英國殖民島嶼千里達和托巴哥獨立。

　　1966年，加勒比海的英國殖民島嶼巴貝多獨立。

　　1966年，南美的英國殖民地圭亞那獨立。

　　1973年，加勒比海的英國殖民島嶼巴哈馬獨立。

　　1974年，加勒比海的英國殖民島嶼格瑞那達獨立。

　　1975年，南美洲的荷蘭殖民地蘇利南（荷屬圭亞那）獨立。

　　1978年，加勒比海的英國殖民島嶼多米尼克獨立。

　　1979年，加勒比海的英國殖民島嶼聖露西亞獨立。

　　1979年，加勒比海的英國殖民島嶼聖文森及格瑞那丁群島St.Vincent獨立。

1981年，中美洲的英國殖民地貝里斯（英屬洪都拉斯）獨立。

1981年，加勒比海的英國殖民島嶼安地卡及巴布達獨立。

1983年，加勒比海的英國殖民島嶼聖克里斯多福及尼維斯獨立。這些獨立的國家大部分是英屬殖民地，獨立的過程雖然各有波折，但基本上遵循了以下流程：英國先給他們內部自治權，然後宣告獨立。獨立之後，這些國家基本上也都加入英聯邦，成為英國的「小兄弟」。區別在於有的國家依然保持君主制，尊奉英國女王為名義上的國家元首；有的國家改為共和國，不再設國家元首。

獨立的國家數量雖然多，但大部分都是小國，面積一般只有數千平方公里，甚至幾百平方公里，人口多的也只有幾十萬、幾百萬，少的只有幾萬、十幾萬。這些國家決定抱團取暖，於是在1968年成立了「加勒比自由貿易協會」，又在1973年建立了一個加勒比共同體，至今已經有10多個國家加入。

除了獨立國家外，在美洲還有些地方，現在依然屬於歐洲國家的「海外領土」。最大的一塊就是南美大陸東北部的法屬圭亞那，算是法國的一個行政區。除此之外，英、法、荷還有不少島嶼，比如荷蘭的阿魯巴島、聖馬丁島、古拉索，英國的福克蘭群島（即馬爾維納斯群島）等。這些地方，有的老老實實當宗主國的海外領土，有的在鬧獨立，還有的和別國有主權爭議。

另外還有個地方比較特殊。那就是加勒比海上的波多黎各。波多黎各由一些島嶼組成，總面積1萬多平方公里，如今人口幾百萬，多數是西班牙人、葡萄牙人的後裔。波多黎各一直是西班牙殖民地，19世紀末「美西戰爭」後被割讓給美國。美國對這塊地盤，先是用軍政府統治，後來改成派總督文官統治，再後來允許當地人自己選舉總督。此後幾十年，波多黎各人企圖獨立的運動也發生了好幾次，都被美國鎮壓下去，還曾經有人想刺殺美國總統羅斯福。1952年，美國把波多黎各當作美國

明朝

哥倫布發現新大陸
— 1500

— 1600
清朝　　五月花公約
— 1700

美國獨立
— 1800

門羅主義

美墨戰爭
— 1850
日本黑船事件

中美天津條約

南北戰爭

購買阿拉斯加

美西戰爭
「門戶開放」政策
— 1900

中華民國

經濟大蕭條

日本偷襲珍珠港

— 1950　韓戰

甘迺迪遇刺

911事件
— 2000

歐洲文藝復興運動

拜占庭帝國滅亡
1500—

1600—

1700—
工業革命
法國大革命
1800—

共產黨宣言 1850—

日本明治維新
普法戰爭

1900—

中華民國
第一次世界大戰

第二次世界大戰

1950—

越戰爆發

兩伊戰爭

東西德統一

2000—

的一個「自由聯邦」，享有自治權，但外交由美國決定。後來，美國人想著把波多黎各變成自己的第51個州，而波多黎各內部對此也是紛爭不休，有的想加入美國，有的想獨立，還有的想維持現狀。

西印度聯邦

「二戰」後，在殖民地獨立運動風起雲湧之際，加勒比海的10個英國殖民地曾經於1958年建立了一個「西印度群島聯邦」，總人口幾百萬，還組隊參加了1960年的羅馬奧運會。但是，因為各殖民地內部衝突，這個聯邦很快維持不下去。1961年，聯邦內第一大省牙買加退出，第二年聯邦就瓦解了。

革命！古巴的英雄

明朝

哥倫布發現新大陸
— 1500

— 1600
清朝　五月花公約

— 1700

美國獨立
— 1800

門羅主義

美墨戰爭
— 1850
日本黑船事件

中美天津條約

南北戰爭

購買阿拉斯加

美西戰爭
「門戶開放」政策
— 1900

中華民國

經濟大蕭條

日本偷襲珍珠港

— 1950　韓戰

甘迺迪遇刺

911事件

— 2000

　　整個「冷戰」期間，美國在歐洲與蘇聯針鋒相對，在非洲拚命挖英、法牆角，在亞洲還吃了點虧。但唯有一個地方，美國死也不讓步，那就是拉丁美洲——美國的後院。因此，拉美地區只要一發生對美國不利的事情，美國立刻就是胡蘿蔔加大棒揮舞過來。誰敢不聽美國老大的，揍你沒商量！

　　然而就在這種強力控制下，還有一個離美國很近的地方，居然生生插起了一面社會主義旗幟，這可真要命。這個地方，就是古巴。

　　古巴的獨立比其他拉美國家晚了半個多世紀，直到19世紀末才從西班牙統治下獨立，而美國則在古巴獨立前夕就迫不及待地打敗西班牙，把古巴變成了自己的附庸國，古巴的外交和財政都由美國掌控。在美國的授意下，古巴接連經歷了好幾位獨裁者，他們共同的特點是都聽美國的話，幫著美國榨取古巴資源。1933年，在羅斯福總統的支持下，巴蒂斯塔將軍（1901—1973年）發動政變成為獨裁者。直到1944年，他選舉失敗下台。但到了1952年，巴蒂斯塔又在美國支持下再次發動政變。他宣布廢除憲法，解散議會，宣布「古巴人民社會黨」等進步黨為「非法」政黨，又禁止罷工和群眾集會。在他的高壓統治下，短短幾年中，古巴有好幾萬人遭到殺害或監禁，10多萬人流亡。

　　巴蒂斯塔這麼專制，美國為什麼支持他呢？因為他聽話嘛。在他當政期間，古巴和美國的合作進一步加深，還簽署了《軍事互助條約》。不過，古巴老百姓可不滿意。1953年7月26日，100多個革命者在聖地

歐洲文藝復興運動

拜占庭帝國滅亡
1500—

1600—

工業革命
1700—
法國大革命
1800—

共產黨宣言
1850—

日本明治維新

普法戰爭

1900—

中華民國
第一次世界大戰

第二次世界大戰

1950—

越戰爆發

兩伊戰爭

東西德統一

2000—

牙哥「造反」，結果被鎮壓下去，很多人戰死了，領頭的人被送上了法庭。這位領頭的大高個叫斐代爾・卡斯楚（1926—2016），是個出身於種植園主家庭的律師，可謂古巴的「高富帥」。他造反不是因為沒飯吃活不下去，純粹是看巴蒂斯塔這麼禍國殃民太過分，為拯救祖國才不惜流血。在法庭上，卡斯楚發表了一篇著名的演講《歷史將宣判我無罪》。在演說中，卡斯楚毫不客氣地把巴蒂斯塔稱為「殺人魔王」、「暴君」，並宣告：我卡斯楚對於虐待、拷打和殺戮都全無畏懼，儘管對我來吧！此後，卡斯楚被判處15年徒刑，但在次年被特赦。

　　1955年，斐代爾・卡斯楚和弟弟勞爾・卡斯楚（1931—）跑到墨西哥，在那裡組織了一支革命隊伍。在墨西哥，他遇到了一位阿根廷醫生。這位醫生身世顯赫，母系祖上乃是西班牙在南美秘魯的總督，曾經跟聖馬丁大戰過若干年；父系祖先也差點當上巴拉圭的督軍。雖然他擁有高收入卻不甘錦衣玉食的生活，一心要拯救苦難的世界人民。他的名字叫切・格瓦拉（1928—1967年）。兩位偉大的美洲革命者的風雲際會，代表著巴蒂斯塔的日子要不好過了。

　　經過1年多的訓練，卡斯楚在1956年11月帶著82人離開墨西哥，在古巴登陸。結果因為風浪大，在船上耽誤了幾天，一上岸就被巴蒂斯塔的隊伍堵住一陣猛揍，83個人被打得只剩下12個人逃進山區。但是就是依靠這12個人，卡斯楚兄弟和格瓦拉建立了一個根據地，頻頻用游擊戰擾襲巴蒂斯塔的軍隊，每次零敲碎打，殲敵幾個、十幾個、幾十個，並宣布要推翻獨裁者，實行土地改革，恢復公民權利。這時候，巴蒂斯塔在古巴早已神憎鬼厭，卡斯楚打了幾個月游擊戰，全國的義士們紛紛揭竿而起，一時間烽煙遍地，連巴蒂斯塔的總統府都被起義的大學生圍攻了。巴蒂斯塔雖然調兵遣將，到處鎮壓，但明顯已經無法控制這熊熊野火。卡斯楚又先後頒布了《土改宣言》和《農民土地權》，讓廣大底層老百姓都看到了希望，各階層弟兄們也潮水般地湧去投奔卡斯楚的隊

伍。到1958年，卡斯楚的兵馬已經從當初的12個人擴展到了好幾千人，又開闢了幾個分基地，革命之火蔓延數省。

1958年5月，巴蒂斯塔調集上萬軍隊，配備飛機、坦克、大炮，向馬埃斯特臘山區的游擊隊發動總攻。當時總部的游擊隊只有300多人，但是他們充分發揮熟悉地形的優勢，敵進我退，敵駐我擾。政府軍人數雖多，裝備雖好，卻都不願意為獨裁者賣命。革命者趁機對俘虜洗腦，使得政府軍的士兵紛紛開溜。到7月底，政府軍的圍攻全線潰敗。此後，革命軍趁勢反攻，一路攻城掠地，以少勝多。全國各地的其他起義軍也是風起雲湧，遍地開花。沒幾個月，巴蒂斯塔在古巴的統治就土崩瓦解了，巴蒂斯塔趕緊外逃。1959年1月2日，格瓦拉率軍進入首都哈瓦那，古巴革命取得勝利，卡斯楚成為國家領袖。之後，卡斯楚進行了一些改革，首先由政府徵購6000畝以上的土地，避免土地過於集中，同時實行全民義務教育、免費醫療制度。

美國人在幹什麼呢？他們完全沒料到巴蒂斯塔在絕對優勢下這麼快就倒台，所以沒有來得及出兵干涉。卡斯楚也並不打算反美。1959年4月，他親自訪問美國，希望繼續得到美國的支持。當時的美國第34任總統艾森豪（1890—1969年）是軍人出身，性子有點急，看巴蒂斯塔被這傢伙給趕走了，心頭有些不爽。於是他給了卡斯楚一個白眼，還把支援古巴的顧問和專家都撤走了。他想用這個敲打一下卡斯楚，叫這「小毛頭」乖一點，以後好好學習前任，當美國的跟班。

誰知道卡斯楚一看美國佬這麼不講道理，行，你不仁我不義。1960年，古巴和蘇聯達成了一個貿易協定。艾森豪一看大怒，命令美國公司制裁古巴。古巴被美國制裁了，總得吃飯，只好進一步和蘇聯加強合作。於是乎，美國家門前的這個小兄弟，生生被推入了蘇聯的懷抱。蘇共總書記赫魯雪夫高興壞了，趕緊大力援助卡斯楚，要什麼給什麼。古巴和美國相互報復了一陣，1961年正式斷交。

明朝

哥倫布發現新大陸
— 1500

— 1600
清朝　五月花公約

— 1700

美國獨立
— 1800

門羅主義

美墨戰爭
— 1850
日本黑船事件

中美天津條約

南北戰爭

購買阿拉斯加

美西戰爭
「門戶開放」政策
— 1900

中華民國

經濟大蕭條

日本偷襲珍珠港

— 1950　韓戰

甘迺迪遇刺

911事件
— 2000

這下子美國人才有些慌了。家門口被蘇聯插上一根釘子，怎麼看怎麼不爽。美國軍方大叫著：出兵！但現在畢竟是「二戰」後了，擅自入侵古巴，國際上說不過去啊。1961年上台的美國第35任總統甘迺迪（1917—1963年）琢磨了一下：要是能夠由巴蒂斯塔的「流亡政府」向我們美國求援，我們就可以名正言順派兵了。問題是，現在「流亡政府」的政客都在美國啊，呼叫美國救援可以，總不能呼叫美國軍隊直接幫你打回老家吧。

最後，甘迺迪想出一條連環妙計：首先組織在美國的古巴「反動分子」殺回老家，發動一次突襲，佔領一個古巴機場。然後，讓「流亡政府」迅速坐飛機到這個機場降落。這樣，「流亡政府」就是從古巴國內向美國求救，然後美國就可以出兵了。只要有了理由，打卡斯楚還不是手到擒來嗎？

於是，美國組織了1000多名古巴反動分子，編成一個「突擊旅」，全副美式裝備、美國教官，包括重炮、坦克、摩托化行軍方式。4月17日，美軍運輸機和登陸艦把這個旅運輸到了古巴的豬玀灣灘頭。美軍的戰鬥機提前出動，對著古巴的軍用設施狂轟濫炸。搞笑的是，這些美軍飛機上塗著的是古巴的標誌，意思是「不是美國打古巴，是古巴內戰呢」。

按甘迺迪的設想，這些人堪稱精銳，又有美國海空軍掩護，還怕拿不下一個小小機場嗎？結果，他還真低估了卡斯楚等人的實力。卡斯楚和格瓦拉得到消息，立刻率領軍民，與突擊旅展開了激戰。古巴的空軍起飛，擊落了五架美國戰機，古巴的海軍艦艇擊沉了兩艘運送補給的船隻。突擊旅打了3天，就被卡斯楚全殲——戰死100人，其餘全當俘虜了。

卡斯楚一看美國人這麼兇殘，大為憤怒，加快了進入蘇聯陣營的步伐。他的政黨「7·26」運動，也與一些進步政黨合併，改組成古巴共

產黨，美國家門口的這塊小園子徹底「赤化」了。1962年，「古巴導彈危機」發生。美國人發現，蘇聯居然在古巴安裝了中程導彈！就是說，理論上蘇聯可以從古巴直接炸美國本土了，那真是防不勝防啊！甘迺迪咬緊牙關，派出8個航母編隊封鎖了古巴，要求蘇聯立刻撤走導彈。蘇聯則嚴厲抗議美國侵略古巴。兩大霸王針鋒相對，戰爭一觸即發。一時之間，「第三次世界大戰」的核戰爭陰霾籠罩全球。過了幾天，蘇聯的赫魯雪夫撤走了導彈。戰爭威脅解除了，卡斯楚卻更氣憤：你蘇聯怎麼縮回去了。從此他明白一個道理，萬事還得靠自己。

之後，格瓦拉開始了他新的革命征途。但最終於1967年10月被叛徒告發，在玻利維亞犧牲。

格瓦拉犧牲後，卡斯楚沉痛哀悼這位戰友。他很清楚，國家要強大，首先要保證民生。他利用古巴本國的資源，加上蘇聯提供的大筆援助，在古巴大辦學校，普及教育，短時間內掃清了文盲；他實行全民免費醫療，使得古巴的人均壽命超過了美國；他建設了很多公房，廉價租給老百姓，並規定每個人只能擁有一處房產，保障全國大部分老百姓都有自己的住房。一時之間，小小的古巴在龐大的「美帝」眼皮子底下過得有滋有味，成為加勒比海乃至整個拉丁美洲的神奇國家。

「冷戰」結束，蘇聯垮台，古巴失去強大的後援，人民經濟一時之間便出現下滑。但卡斯楚不愧是一位懂得審時度勢的領導人，他迅速調整政策，改革經濟體制，加大與外國的交流，並致力於和美國的關係正常化。風景如畫的海灘，以及廉價而高效的醫療服務，讓許多歐美人都跑古巴去「醫療旅遊」，連球王馬拉度納戒毒也是去古巴休養。今日的古巴，儘管困難重重，但依然在沿著自己的道路頑強前進。

歐洲文藝復興運動

拜占庭帝國滅亡

1500—

1600—

1700—

工業革命

法國大革命　1800—

共產黨宣言　1850—

日本明治維新

普法戰爭

1900—

中華民國
第一次世界大戰

第二次世界大戰

1950—

越戰爆發

兩伊戰爭

東西德統一

2000—

霸氣！後院的鎮壓

　　古巴是美國後院裡的一根釘子，這對美國來說是唯一的例外。對其他拉美國家，美國可不會這麼疏忽。只要出現不利於己的苗頭，絕對一巴掌拍死。尤其對那些號召要搞社會主義、傾向蘇聯的領導人，美國絕對不能讓他們活下去！

　　比如中美小國瓜地馬拉，從20世紀初就落入了美國聯合果品公司的控制。不但國民經濟掌握在聯合果品公司手中，連交通運輸和電力供應也都由其把持。香蕉收購價格，聯合果品說了算；運輸費用，也是由聯合果品來制訂。這麼一來，全部利潤都到了聯合果品的荷包裡。瓜地馬拉本地企業只能苟延殘喘，廣大民眾食不果腹，還被政府逼著去為聯合果品工作，不然就以「流民罪」抓起來。聯合果品公司不但霸佔了大片土地，還自建軍隊、員警，在別國領土上耀武揚威。瓜地馬拉歷任統治者也只能乖乖地聽美國的話，整個國家簡直墜入了無底深淵。

　　1931年起，獨裁者烏維科（1878—1946年）當上了瓜地馬拉總統，實行法西斯統治，濫殺政敵，並把80多萬畝土地給了聯合果品公司，以換取美國主子的支持。為此，民眾多次發動反抗，但都被鎮壓下去。到1944年7月，這個獨裁者終於眾叛親離，全國群眾上街抗議，軍隊也倒戈相向。烏維科見大勢已去，只好下台逃亡。隨後，瓜地馬拉民眾又發動「十月革命」，推翻其繼任者龐塞，建立了一個民主政府，阿雷瓦洛博士以85%的選票當選總統。他頒布憲法，取消各種歧視，保證民眾自由和工農基本權利，取締了大種植園，限制外國公司的壟斷，並開始從聯

合果品公司手中逐步奪回權力，和蘇聯建交。

這當然讓美國很是不爽。不過當時正值「二戰」末期、「冷戰」初期，美國一時分不出精力，只能在1950年大選中扶持代理人參加競選。結果「人民解放陣線」推舉的阿本斯（1913—1971年，是1944年起義的領導人）以三分之二的得票當選。

阿本斯上台後，推行更為激進的改革，除了推廣教育、公共醫療、社會保險等民生專案外，還對聯合果品公司下手。他把美國企業控制的鐵路收歸國有，收回各港口的主權，要求外國公司必須遵守瓜地馬拉法律，保障工人的工作條件。當企業和工人發生衝突，瓜地馬拉政府堅決地站在本國工人後面，支持他們的合法權益。不僅如此，阿本斯還進行土地改革，沒收地主佔有的過多土地和閒置土地，分給無地農民種植。受苦受難的瓜地馬拉農民如今得到保障，幹勁十足，國家經濟飛速發展。10年之中，國民經濟總產值提高了3倍，人均收入提高46%，最低工資增加了15倍。以前國家經濟被聯合果品公司控制，土地全部種了水果用來出口，糧食和棉花則必須進口，裡外受盡盤剝，現在糧食、棉花不但自給自足，還能部分出口。落後的單一種植園經濟結構得到改變，本國資本家的投資增長13倍。瓜地馬拉成為這段時期內，整個拉美國家中發展得最快的國家。

瓜地馬拉人民高興了，美國老大不高興。阿本斯不光經濟上動了聯合果品公司的乳酪，政治、外交上更試圖反抗美國對全美洲的控制，不但拒絕參加美國建立的泛美洲組織，甚至在朝鮮戰爭問題上批評美國。對美國來說，這樣的國家要是不趕緊收拾，只怕整個美洲都要不聽話了！於是乎，美國一面大肆廣播，說阿本斯是蘇聯的「走狗」，瓜地馬拉的資本主義改革是在蘇聯授意下進行的；一面由聯合果品公司出錢，中央情報局出槍、出方案，還支持瓜地馬拉的舊軍官阿馬斯組織了一支軍隊。1954年，阿馬斯率軍殺回瓜地馬拉，美國同時收買了大批瓜地馬

明朝

哥倫布發現新大陸
— 1500

— 1600
清朝　　五月花公約
— 1700

美國獨立
— 1800

門羅主義

美墨戰爭
— 1850
日本黑船事件

中美天津條約

南北戰爭

購買阿拉斯加

美西戰爭
「門戶開放」政策
— 1900

中華民國

經濟大蕭條

日本偷襲珍珠港

— 1950　韓戰

甘迺迪遇刺

911事件

— 2000

拉政府的軍官,內外夾擊。阿本斯猝不及防,只得宣布下台。阿馬斯在美國支持下成為新的獨裁者,廢除了1945年的憲法和土地改革,把大片土地又從農民手中奪回來還給聯合果品公司和大地主們,又給了「洋大人」很多新的優惠。曾經滿懷希望的瓜地馬拉革命,至此被美國徹底鎮壓。

再說多明尼加,多年來其政壇一直被美國把持。1930年,親美的特魯希略將軍建立了獨裁統治,不但瘋狂鎮壓內部反對者,更於1937年發動種族滅絕,砍殺了二、三萬居住在多明尼加的海地人。美國對此不聞不問。後來特魯希略因為做事太愣,終於和美國鬧翻,美國中央情報局就在1961年策劃刺殺了特魯希略。接下來的民主選舉,左派人士胡安・博什(1909—2001年)上台。美國擔心胡安上台後多明尼加會變成第二個古巴,就支持軍人發動政變,建立了軍政府。多明尼加民眾紛紛起來抗爭,更組建起義軍反抗軍政府。美國總統詹森見代理人不管用,索性直接調派4萬海軍陸戰隊殺奔多明尼加,將起義鎮壓下去。

然後又輪到了智利。智利在拉美國家中,本來是僅次於巴西和阿根廷的強國,可是到20世紀60年代末,由於土地兼併嚴重、外債累累,廣大人民極度貧困,國家動盪。在1970年的大選中,宣傳社會主義的「人民聯盟」在競選中獲勝,阿葉德(1908—1973年)當選。阿葉德上台後,開始搞偏左路線的改革,沒收地主佔有的過多土地,對大型工礦企業和銀行國有化,對企業的過多利潤加稅。同時,阿葉德大幅增加社會福利,包括改革醫療衛生體系、教育體系,增加工人工資等。在外交上,阿葉德和古巴領導卡斯楚往來密切,更是犯了美國的大忌。

美國從一開始就對阿葉德很看不順眼,曾試圖支持阿葉德的對手們聯合起來反對他,甚至早在阿葉德就職前就曾考慮過支持軍人造反,但因勝算太小而放棄了。阿葉德當政之初,智利經濟形勢一片大好,失業率下降,窮人收入增加,正是人心所向的時候,美國也不敢貿然下手。

但等到1972年，由於國際銅價下降，以及先前的高福利花錢過多，智利經濟瀕臨崩潰。於是，很多智利人又開始上街遊行反對阿葉德。美國人大喜。他們一方面動用經濟手段，繼續壓制智利，增加混亂。另一方面，他們還支持總司令皮諾契特將軍（1915—2006年）發動武裝政變。

1973年9月11日，皮諾契特率領軍隊殺上街頭。一時之間，炮火連天，叛軍和支持總統的工人武裝在街頭廝殺，打得天昏地暗。工人武裝畢竟抵不過全副武裝的軍隊，於是漸漸落了下風。有人勸阿葉德流亡國外，阿葉德堅定地說：「智利總統絕不逃跑，他知道怎樣履行一個戰士的職責！」當天上午9點鐘，阿葉德走上陽台，向全國發表了最後的談話：「我絕不辭職。我將用一切方式進行抗爭，哪怕以生命為代價……智利萬歲！智利人民萬歲！……我相信，自己不會白白犧牲；我相信，這至少給大家上了一堂道德課，是對犯罪、懦弱和叛國的斥責！」之後，叛軍向總統府進攻，大炮轟鳴，戰鬥機也發射了10多枚導彈。在一片濃煙和爆炸中，阿葉德總統中彈身亡（一說是自殺）。就在那幾天，支持阿葉德總統的工人、學生和農民，約有1萬人被叛軍殺害。此後，皮諾契特在智利進行了17年的獨裁統治，對民眾以武力鎮壓，對反對者加以拷打、虐殺，甚至在美國中央情報局支持下，串聯各國軍政府，聯手追殺文官政敵，其代號為「禿鷹行動」。在這個「惡棍」的統治下，智利底層民眾生活困苦，赤貧人數達到全國總人數的一半。

到了1979年，加勒比海上又起波瀾。尼加拉瓜爆發革命，革命者推翻了親美的獨裁者索摩查，尋求蘇聯和古巴支持；獨立沒幾年的小島國格林納達也發生革命，新政府倒向蘇聯一方。美國見後院又燃起了這兩把火，趕緊噴水。他一面扶持索摩查的舊部，在尼加拉瓜對抗政府軍，打內戰；一面對格瑞那達施加壓力。過了幾年，尼加拉瓜內戰還是打得難分難解，而格瑞那達呢，開始還有點成效，可是到1983年10月，革命政府又發生內部政變，強硬派上台，原本試圖和美國緩和關係的領導人

明朝

哥倫布發現新大陸
— 1500

— 1600
清朝　五月花公約

— 1700

美國獨立
— 1800

門羅主義

美墨戰爭
— 1850
日本黑船事件

中美天津條約

南北戰爭

購買阿拉斯加

美西戰爭
「門戶開放」政策
— 1900

中華民國

經濟大蕭條

日本偷襲珍珠港

— 1950　韓戰

甘迺迪遇刺

911事件
— 2000

被處決。

這下子，美國總統雷根再也不能容忍：要是不給他們點顏色看看，格林納達就要變成第二個古巴了！他召集將軍們，要出動大軍，入侵格林納達。美國打別國總要找個藉口，這次藉口是「防止島上的美國人被抓為人質」。相比美國來說，格瑞那達是個名副其實的「彈丸之地」，面積只有300多平方公里，人口才10多萬，總兵力只有2000政府軍和2000民兵，裝備有輕武器和輕型火炮、裝甲車，既沒有坦克重炮，也沒有飛機軍艦。島上還有一支古巴工程兵，但也不過幾百人。美國就是要用牛刀殺雞，收拾下這個不聽話的小國給其他國家和國際社會看。雷根出動的大軍包括1艘航空母艦、1艘導彈巡洋艦在內的15艘艦艇，空軍戰機和艦載機230架，陸軍和海軍陸戰隊7000多人，另外還有巴貝多、牙買加等加勒比僕從國的員警幾百人。

雙方實力如此懸殊，那戰果也就沒有任何懸念了。10月25日，在空軍狂轟濫炸的掩護下，美國海軍陸戰隊1000多人空降格瑞那達的珍珠機場。同時，陸軍別動隊在格瑞那達的薩斯機場傘降，遭到格瑞那達軍隊的猛烈抵抗，待下午援軍到達後才完全控制當地。而海豹突擊隊則佔領了總督府，在其友軍配合下，於次日早上殲滅包圍總督府的古巴、格瑞那達軍隊。此後美軍各部在島上縱橫馳騁，到28日佔領格瑞那達首都聖喬治及全島要點，殲滅大部分格瑞那達和古巴軍，又用了五天清剿殘部，將分散躲藏的格瑞那達領導人抓獲，大獲全勝。在這場戰爭中，美軍傷亡百餘人，其中戰死18人；古巴和格瑞那達軍4000多人被擊潰敗，其中古巴戰死69人，其餘都被俘；格瑞那達軍戰死40多人，其餘大部分逃散。

美軍僅僅8天就把格瑞那達打了下來，但這一恃強凌弱的舉動，在聯合國也引起譁然大波，尼加拉瓜提出「美國侵略」案，安理會表決時，總共15票中有11票贊成，連美國的「鐵桿」盟友英國都投了棄權

歐洲文藝復興運動

拜占庭帝國滅亡
1500—

1600—

工業革命
1700—
法國大革命
1800—

共產黨宣言
1850—

日本明治維新

普法戰爭

1900—

中華民國
第一次世界大戰

第二次世界大戰

1950—

越戰爆發

兩伊戰爭

東西德統一

2000—

票，美國只好動用其1票否決權。等佔了格瑞那達後，美國趕緊把英國女王任命的總督抬出來，由他負責組織親英、美的政府，美國大軍這才撤出格林納達。

至於那個敢譴責美國的尼加拉瓜，雷根自然也不會放過。當時尼加拉瓜執政的是「桑解陣」（即桑迪諾民族解放陣線，旗號得自20年代率軍反對美國入侵的桑迪諾將軍），這個組織用20年的游擊戰，推翻了統治尼加拉瓜的獨裁者索摩查家族（此家族在美國支持下，前後統治尼加拉瓜40多年）。從1980年起，「桑解陣」大行改革，教育免費、醫療普及、分配土地給窮人，又在外交立場中傾向蘇聯。於是雷根政府出錢、出槍扶持反對武裝和「桑解陣」打內戰，還把尼加拉瓜的港口都布上水雷，以及實行貿易禁運。在美國的壓迫下，「桑解陣」難以抵擋。1990年，「桑解陣」在大選中輸給了美國支持的反對黨聯盟，黯然下台。

另一個中美洲小國巴拿馬也挨了美國的耳光。巴拿馬是在1903年受美國唆使，從哥倫比亞獨立出來的，此後就成了美國的小弟。尤其是連接太平洋、大西洋的巴拿馬運河，被美國「永久佔領」，這是巴拿馬人心頭最深的痛。隨著巴拿馬人的國家觀念越來越強，要求收回運河的抗爭此起彼伏，從來就沒停過。1977年，美國被迫和巴拿馬簽訂新條約，定在1999年把運河還給巴拿馬，但又規定美國有權單方面在運河動武，這讓巴拿馬人很是不滿。

1983年，諾瑞嘉將軍（1940—2017）發動政變，當上了巴拿馬總統。這位諾瑞嘉當年是受過美國情報部門培訓的，算是美國的「自己人」。可是當他坐到巴拿馬總統的位置上後，一心想做出一番驚天動地的大事業，而要拚事業，在他看來最好的辦法就是儘快收回巴拿馬運河的主權。這樣，諾瑞嘉就和美國起了衝突。加之1989年5月，諾瑞嘉在全國大選中輸給了反對黨。他輸了選舉就掀了桌子，直接宣布選舉無效，繼續霸著總統寶座。美國這時候正在全球推廣它的「民主自由」，當即

明朝

哥倫布發現新大陸
— 1500

— 1600
清朝　　五月花公約
— 1700

美國獨立
— 1800

門羅主義

美墨戰爭
— 1850
日本黑船事件

中美天津條約

南北戰爭

購買阿拉斯加

美西戰爭
「門戶開放」政策
— 1900

中華民國

經濟大蕭條

日本偷襲珍珠港

— 1950　　韓戰

甘迺迪遇刺

911事件
— 2000

歐洲文藝復興運動

拜占庭帝國滅亡
1500—

1600—

1700—
工業革命
法國大革命
1800—

共產黨宣言
1850—

日本明治維新
普法戰爭

1900—

中華民國
第一次世界大戰

第二次世界大戰

1950—

越戰爆發

兩伊戰爭

東西德統一

2000—

對「獨裁者」諾瑞嘉進行經濟制裁。

諾瑞嘉呢，一不做二不休，宣稱巴拿馬已經和美國處於戰爭狀態，大張旗鼓地要把巴拿馬運河主權收回來。此後，駐紮在運河的美軍和巴拿馬軍發生了好幾次槍擊事件，12月16日，一個美國兵被打死。美國第41任總統老布希（1924—）立刻調集大軍，於12月20日入侵巴拿馬。

巴拿馬比格瑞那達大一點，但也不過100多萬人口，軍隊和民兵加起來有2萬來人。而美軍入侵的部隊就有2萬多人，運河區還駐紮了1萬多人可以作為內應。兩者實力懸殊，一打起來，巴拿馬軍很快土崩瓦解。美軍20日凌晨開始進攻，幾個小時就佔領了巴拿馬首都的大量要地，24小時後巴拿馬正規軍就全部潰敗，只剩下民兵和一些民眾還在自發抵抗。到23日，民兵也都停止抵抗。整個戰爭中美軍僅傷亡300多人（其中陣亡20多人），巴拿馬軍民死了幾百人，受傷和被俘約5000人。此後，美國扶持了一個親美的巴拿馬政府。

大家都以為美國打了這一仗，估計又要賴著巴拿馬運河不還了。其實不然，到1999年，美國總統柯林頓還是如約將運河歸還給了巴拿馬。

至於可憐的諾瑞嘉，他兵敗後倉皇逃到梵蒂岡大使館。美軍把大使館團團包圍，用高音喇叭拚命放著《無處可逃》。1990年1月初，梵蒂岡頂不住壓力，逼著諾瑞嘉出去向美軍投降。此後，諾瑞嘉被美國法院以「敲詐勒索」和「走私毒品」兩項罪名判刑30年，後來因為表現好，在2010年獲釋。可悲的是，美國轉手就把諾瑞嘉引渡到了法國，繼續審判他。法國法庭以「洗錢罪」判諾瑞嘉7年有期徒刑。

反覆！巴西的哀樂

明朝

哥倫布發現新大陸
— 1500

— 1600
清朝　五月花公約

— 1700

美國獨立
— 1800

門羅主義

美墨戰爭
— 1850
日本黑船事件

中美天津條約

南北戰爭

購買阿拉斯加

美西戰爭
「門戶開放」政策
— 1900

中華民國

經濟大蕭條

日本偷襲珍珠港

— 1950　韓戰

甘迺迪遇刺

911事件

— 2000

　　不光是北美洲的那些小國家受到美國控制，就連南美「老大」巴西也難逃美國的天羅地網。瓦爾加斯（1883—1954年）在1930年的一次政變後成為巴西的獨裁者。在政治立場上，瓦爾加斯的唯一要求是保住自己的權力。他曾多次鎮壓巴西共產黨，鎮壓工人運動，甚至不惜和本國納粹組織聯手。但當納粹組織有可能經由選舉上台時，他又立刻改變憲法，並對企圖政變的納粹組織嚴厲打擊。

　　這些做法有的上不得檯面，都是瓦爾加斯確保自己權力地位的手段而已。等到權力收攏得差不多了，瓦爾加斯開始按他心中的標準建設國家。他為了保護廣大勞動者的利益，規定了最低工資、8小時工作制、帶薪休假、辭退要補償等，還組建了工會。他大力發展工商業，建設了鐵路、礦山、鋼鐵公司、水電站，同時與阻礙工業化的大種植園主集團堅決抗爭。他還開辦學校、發展航空產業、興辦報紙和電台，使得巴西向現代化國家邁進。「二戰」期間，巴西在他的領導下加入了反法西斯陣營，極大提升了國際地位。瓦爾加斯不但給婦女選舉權，還規定男女同工同酬，而且女員工要有6週的帶薪產假。

　　瓦爾加斯雖然是個獨裁者，但在他治理下的10多年間，巴西的工業化得到發展，基層人民生活水準也得到提高，因此瓦爾加斯也深受民眾支持。到1943年，瓦爾加斯覺得國家建設得挺不錯了，該還政於民了。他採取了種種的民主措施，如大赦政治犯、允許政黨活動，並計畫舉行大選。他還把被鎮壓了10多年的共產黨領袖放出了監獄，又與蘇聯建立

了外交關係。

誰知道，就因為瓦爾加斯停止鎮壓共產黨，引起了美國的猜忌。想不到啊想不到，這瓦爾加斯居然是個親共分子！要是南美頭號強國都跑到蘇聯那邊去了，美國的後院那還能安寧嗎？於是美國支持巴西的保守分子和軍人集團，在1945年10月發動了一次政變。領導巴西度過20世紀30年代經濟危機和「二戰」歲月的瓦爾加斯總統黯然下台。

1946年，杜特拉當選巴西總統，他繼續努力推進瓦爾加斯發展工業化進程的政策，但卻對廣大底層民眾的苦難生活視而不見，巴西的社會矛盾越加尖銳。同時，杜特拉秉承美國的旨意，再次對共產黨大舉鎮壓，把合法參選的共產黨議員都轟出議會，這樣就引起了民眾不滿。於是在1951年，瓦爾加斯在民眾的歡呼聲中，以壓倒性優勢再次當選。他繼續自己以前的方針：一手發展工業，一手關心勞工福利。這兩手都要花錢，瓦爾加斯就準備向富裕階層多收些稅。這麼一來，他又一次遭到了這幫既得利益者的反對。再加上難以根除的腐敗，使得瓦爾加斯政府蒙上了一層陰霾。

1954年8月2日的一次政治謀殺成了壓倒瓦爾加斯政府的最後一根稻草。一個反對瓦爾加斯的記者遭到槍擊，而警方調查結果顯示，兇手很可能是瓦爾加斯的侍衛隊長。這下，軍隊全部跳出來了。8月24日，他們再次發動政變，宣稱罷免瓦爾加斯的總統職務。這一回，71歲的老總統沒有像上次一樣平靜地接受。相反，他用手槍自殺了。在遺書中，瓦爾加斯憤然陳言：「……我奉獻我的生命，用這種方式和你們永遠在一起……我一直以來在向掠奪巴西的人宣戰，向搶劫人民的人作戰……我安詳地邁向不朽的第一步，我將會被載入史冊。」

失去了可敬的領導人，巴西政局陷入混亂。選舉不斷地舉行，但經常被軍方打斷。1961年當選總統的古拉特（1918—1976年）曾試圖進行改革，想把多餘土地分給窮人，想讓文盲也獲得選舉權，還想把主要

資源收歸國有。但這幾點都影響了寡頭和特權集團的利益，更得罪了美國。於是，美國切斷了對巴西的貸款，同時開始給反對古拉特的組織提供經費。1964年3月，軍隊再次發動政變，推翻了古拉特。美國派出了整整一個航母編隊停泊在桑托斯港外，以備發生萬一時直接出兵支援叛軍。在內外壓力下，古拉特閃電般地被轟下了台。

　　此後，在美國支持下，巴西形成了軍政府的專制統治。軍人們用鐵腕推動工業化進程，卻完全不管民眾的疾苦。於是一方面巴西的工業化程度在提升，中產階級在壯大，但另一方面國內貧富懸殊加大，寡頭們肥得流油的同時，城市赤貧人口不斷增加，形成了世界上規模最大的貧民窟。巴西的國有產業和企業紛紛被賣給外國公司，物價飛漲。當權的軍人們瘋狂鎮壓左派分子和民主人士，與古巴、中國等社會主義國家斷交，出兵配合美國干涉多明尼加等國內政。成千上萬的人被以「顛覆罪」送上軍事法庭，研究所被關閉，學生會被解散，工會被整肅，農會被禁止。軍人頭領們還憑藉個人的愛好禁書、焚書，連司湯達的《紅與黑》都在被禁之列。直到1985年，巴西才結束了軍人專制，恢復民主選舉。

明朝

哥倫布發現新大陸
— 1500

— 1600
清朝　　五月花公約
— 1700

美國獨立
— 1800

門羅主義

美墨戰爭
— 1850
日本黑船事件

中美天津條約

南北戰爭

購買阿拉斯加

美西戰爭
「門戶開放」政策
— 1900

中華民國

經濟大蕭條

日本偷襲珍珠港

— 1950　　韓戰

甘迺迪遇刺

911事件

— 2000

阿根廷！別為我哭泣

　　美洲最發達的國家，無疑是美國。曾經有另一個美洲強國，經濟水平接近美國，如今卻一落千丈。它就是南美第二號強國阿根廷。阿根廷的領土面積排世界第八（約277萬平方公里），土壤肥沃，單說豐富的淡水資源就能讓世界上大多數國家羨慕，此外還有大量的石油、天然氣、銅、金、鈾、鉛、鋅、硼酸鹽、黏土。阿根廷在南美獨立較早，依靠發達的畜牧業和農業，阿根廷經濟從19世紀晚期就開始騰飛。到「一戰」前，阿根廷的人均GDP和美國相當，而且阿根廷的百萬富翁比例在全球各國中名列前茅——當然，這反過來也說明了其國內貧富差距懸殊。1930年，阿根廷發生政變，親納粹勢力上台，國內政局從此陷入動盪。但整體來說，經濟發展還是不錯的。「二戰」初期阿根廷利用「中立」地位，同時和兩邊做生意，賺了不少。

　　1946年，出身農民家庭的斐隆（1895—1974年）成為總統。斐隆最初是以軍隊將領從政，他比起其他將軍，有一個最大的優勢，就是懂得團結工人。他大聲疾呼：「富人窮奢極欲，窮人食不果腹，這樣的國家會很危險！必須給人民自由，給人民平等！」

　　依靠工人的支持，他當選為總統，之後也真對得起工人們的信任。他提拔了一批工人階級出身的官員，增加工資，減少工時，推廣社會保險。他還修建了50萬棟住宅，分給窮人當社會住宅，又興辦了大量的學校、醫院。這些都讓工人們對斐隆總統大為愛戴。同時，斐隆深知，儘管阿根廷靠農業成為富國，但長此以往，單靠農業為主的經濟，早晚成

為俎上魚肉，要想強國就必須建立自己的工業。他利用「二戰」期間累積的財富，再加上戰後初期糧食漲價的機會，開始了工業化的進程，建設鐵路、輸油管，帶領阿根廷在現代化的路上行進。

斐隆在1945年喪妻，他的第二任妻子伊娃（1919—1952年）也是位女中豪傑。這位窮裁縫家庭出身的女孩子，曾經當過舞女、交際花，現在卻成為斐隆的賢內助。她面對廣大民眾，毫不避諱自己的過往經歷：「你們的苦楚，我都嘗過；你們的貧困，我經歷過。斐隆救過我，也會救你們；斐隆會愛護窮人，就像他愛我一樣！」斐隆當選總統之後，伊娃活躍於社會活動中，尤其為了婦女的選舉權問題而奔走四方。因為積勞成疾，她在33歲時便因癌症去世。她死後，70萬民眾從阿根廷全國各地趕來參加她的葬禮。20世紀70年代，美國明星瑪丹娜主演了音樂劇《伊娃》，一開始阿根廷人大為不滿，怎麼能讓這麼一個荒唐的女人來演我們心目中的聖女？他們大概忘了伊娃原本也是混跡娛樂圈的。後來電影拍出來後非常感人，大家都看得眼淚直流。其中的主題曲《阿根廷，別為我哭泣》更是風靡世界。

依靠斐隆夫婦和全國人民的共同努力，阿根廷的經濟在20世紀50年代初達到相當於當時德國、奧地利、義大利的水準，比日本要強得多。阿根廷人獲得了3個諾貝爾獎，這也離不開斐隆打下的基礎。

但是斐隆也面臨著風險。他發展工業，勢必得壓縮農業，因此得罪了大地主們；加強勞工利益，必然讓大資本家不滿；為了發展工業，「二戰」時的積蓄已經花光了，接下來怎麼辦？斐隆只能緊縮財政，於是工人無法加薪，他們也不滿意了。另外，斐隆採取的一些世俗化改革，比如允許離婚，保護私生子權益，寬容同性戀，妓女合法化，更是激怒了天主教教會。斐隆為了確保自己的權力，嚴厲打擊政敵，而他的政府官僚腐敗問題也很嚴重。1955年，教會支持的一次軍事政變推翻了斐隆的統治，斐隆倉皇逃出阿根廷。

轟走了斐隆，阿根廷的問題沒有得到絲毫好轉，軍人和政客你爭我奪，政變頻繁。1973年，阿根廷舉行民主大選，斐隆跑回來參選。老百姓發現他走後國家還不如以前，因此很多人又把票投給了他。更誇張的是，大約出於對伊娃的尊敬，斐隆的第三任妻子、夜總會歌手伊莎貝拉當選為副總統。然而此刻的斐隆年近八旬，再也不復當日雄風。國內嚴重的衝突使他左右為難，無力回天。次年，斐隆去世，其妻伊莎貝拉以副總統身份繼任，成為阿根廷第一位女總統。可惜這位女總統本領有限，更鎮不住這個爛攤子，1976年政權再度被軍人政變推翻。

軍人政變推翻了伊莎貝拉，可他們自己也拿不出什麼好辦法。國內經濟繼續下滑、物價飛漲，老百姓怨聲載道。軍人們拿出鐵腕鎮壓百姓，屠殺左翼人士，幾年裡殺了兩萬多人。可是光靠屠刀怎麼能維持統治，這麼下去，眼看軍政府要垮台了。這時偏偏發生了馬島戰爭。阿根廷方面稱為馬爾維納斯群島，19世紀即被英國軍隊佔領，為此，兩國一直有領土糾紛。總統加爾鐵里將軍（1926—2003年）命令軍隊於1982年4月進佔馬島，幾乎兵不血刃，就在馬島插上了阿根廷國旗。一時間，國內萬眾歡呼，加爾鐵里威望大震。

千算萬算，加爾鐵里錯估了英國政府的決心。就在阿根廷收復馬島的次日，以英國首相柴契爾夫人為首的戰時內閣迅速成立，並調派數十艘戰艦，編成一支特混艦隊，耀武揚威地殺奔阿根廷而去。很快，兩方在馬島一帶展開大戰。

阿根廷雖然是本土作戰，但對手畢竟是老牌帝國主義國家英國，海、空軍皆佔有明顯優勢，陸軍部隊也更加精銳。4月下旬，英軍首先收服南喬治亞島。5月2日，英軍擊沉阿根廷海軍美制主力艦「貝爾格拉諾將軍號」巡洋艦。3天後，阿根廷的3架法制「超級軍旗」戰鬥機用「飛魚」導彈擊沉了英國驅逐艦「謝菲爾德」號，報了一箭之仇。隨後，英軍從5月下旬開始展開大規模登陸戰。阿根廷海、空軍儘管拚命阻擊，

終究是實力稍遜，島上部隊很快被切斷後援，遭遇了英軍優勢兵力圍攻，終於在6月14日投降。此後，阿根廷無力扭轉局面，戰爭進入收尾階段。馬島戰爭，英軍傷亡千餘人，損失飛機30多架，艦船6艘；阿軍傷亡1000多人，被俘1萬餘人，損失飛機100架，艦船5艘。英軍以慘重代價，將馬島重新奪回。而阿根廷的軍政府則因此戰滿盤皆輸，被迫下台。雖然在1983年的大選中，激進黨的阿方辛（1927—2009年）當選總統，總算是結束了軍人專制。但他無法清算軍人過去迫害民眾的罪過，對於經濟治理也拿不出太好的辦法。阿根廷繼續經濟衰退，債台高築。到1989年，阿根廷的外債高達640億美元，通貨膨脹率高達5000%。70年前的世界第8大經濟實體，如今成了一個負債累累的窮國。

明朝

哥倫布發現新大陸
— 1500

— 1600
清朝　五月花公約
— 1700

美國獨立
— 1800

門羅主義

美墨戰爭
— 1850
日本黑船事件

中美天津條約

南北戰爭

購買阿拉斯加

美西戰爭
「門戶開放」政策
— 1900

中華民國

經濟大蕭條

日本偷襲珍珠港

— 1950　韓戰

甘迺迪遇刺

911事件

— 2000

歐洲文藝復興運動

拜占庭帝國滅亡
1500—

1600—

1700—
工業革命
法國大革命
1800—

共產黨宣言
1850—

日本明治維新

普法戰爭

1900—
中華民國
第一次世界大戰

第二次世界大戰

1950—

越戰爆發

兩伊戰爭

東西德統一

2000—

魁北克！楓葉旗之憂

當南邊拉丁美洲的國家在被折騰的時候，北邊的加拿大人也有他們的煩惱。

100餘年來，南邊的美帝國主義做夢都想把加拿大吞併過去，而加拿大依靠大英帝國的支持，保持了獨立。到「一戰」時兩國同屬協約國，總算站在了同一陣營。等到「二戰」時，加拿大和美國同在北美洲，屬於盟軍的大後方，兩國的關係就越發親密了。1949年，加拿大加入「北約」，1958年又和美國簽訂了「北美防空協定」。美國的資本和產品源源不斷地輸入加拿大。這麼下去，加拿大人敏感的神經又繃起來了：這美帝國主義吞我之心不死，別又藉機搞什麼陰謀吧？他們一面繼續與美國合作，一面採取措施，多元化發展本國經濟。畢竟加拿大領土遼闊，人均資源極為豐富，而且民眾教育水準高，所以發展得順風順水。到1970年，加拿大人均國民生產總值（GDP）近4000美元，僅次於美國和瑞典排名世界第三。從1976年起，加拿大當之無愧地與美國、日本、英國、法國、聯邦德國、義大利並稱為世界七大最發達的工業化國家，號稱「G7」。

「二戰」結束時的加拿大，儘管擁有獨立國家的地位，但離完全獨立自主的國家還有一段距離。比如，沒有自己的國旗，旗幟是用英聯邦的米字旗；再比如，加拿大的國會只有一般的立法權，卻沒有修改憲法的權力，加拿大憲法還是《英屬北美法》，修憲權力仍掌握在英國國會手中；再如，加拿大依然尊奉英國女王為國王，名義上的國家元首是英

王任命的總督。

　　加拿大人對德高望重的女王還是願意承認的，國家元首叫總督也無所謂，反正擁有實權的總理是選出來的。但沒有自己的國旗、沒修憲權，這就有些讓人不高興了。於是在1964年12月，加拿大議會通過以「楓葉旗」作為國旗，次年由英國女王伊莉莎白二世正式頒布。

　　1982年，加拿大自己的國會通過了新的《1982年憲法法案》，並由英國女王簽署，取代之前的《英屬北美法》，成為加拿大憲法。實際上，《1982年憲法法案》和《英屬北美法》具體條款有多大差別不重要，重要的在於這是經加拿大人自己的議會討論出的。從此，加拿大作為一個獨立國家，該有的實權全有了。

　　加拿大一邊從英國爭取獨立地位，一面自己也受困於內部憂患，那就是魁北克省獨立的問題。在18世紀中期以前，加拿大是法國殖民地，民眾全是法裔。後來在「七年戰爭」中加拿大被割讓給英國後，英裔民眾人數逐漸超過法裔，但英裔、法裔的矛盾始終存在。尤其是魁北克省，法裔佔了八成以上，在被「英國人統治」的國度，總有受欺負的感覺。很多魁北克人一心想著脫離加拿大，成為一個獨立國家。

　　其中有人很偏激，要搞「武鬥」，成立了恐怖組織「魁北克解放陣線」。這個組織在1963年建立，解放陣線把切・格瓦拉當作偶像，決心用武力反擊「英國統治者」實現獨立。他們一開始就用炸彈作為宣傳工具，攻擊英語區的公共場所。七、八年間，他們一共實施了200起暴力活動，造成5人死亡。他們還想炸掉美國的自由女神像。

　　1970年10月，「魁北克解放陣線」發動總攻擊，綁架了英國貿易專員詹姆士・克羅斯和魁北克副省長兼勞工部長皮耶・拉波特。「魁北克解放陣線」提出了他們的條件，包括釋放政治犯、支付50萬加元的贖金、公開廣播和出版該組織的宣言書、提供線人名單、重新僱傭被解僱的工人等等。他們還揚言：「你們要是不同意，我們就組織10萬名工人

明朝

哥倫布發現新大陸
— 1500

— 1600
清朝　　五月花公約

— 1700

美國獨立
— 1800

門羅主義

美墨戰爭
— 1850
日本黑船事件

中美天津條約

南北戰爭

購買阿拉斯加

美西戰爭
「門戶開放」政策
— 1900

中華民國

經濟大蕭條

日本偷襲珍珠港

— 1950　　韓戰

甘迺迪遇刺

911事件
— 2000

的武裝起義！」他們還殺害了副省長拉波特。這回可鬧大了，加拿大政府立刻出動軍隊、員警，全省戒嚴。最後經過討價還價，「魁北克解放陣線」釋放了克羅斯，這就是「十月危機」。「十月危機」給魁北克帶來了嚴重的恐慌情緒，「暴力獨立」失去了人心，絕大多數魁北克人也反對這種血淋淋的暴行，「魁北克解放陣線」很快衰落了。不過他們的零星活動一直沒有斷過，2001年他們炸了7家麥當勞，還逼得「三間咖啡連鎖店」把魁北克分店的英文名改成法文名。

「武鬥」行不通，聰明人就搞「文鬥」。「魁北克人黨」於1968年成立後，公開宣稱要獨立。8年後，該黨在1976年魁北克省的大選中獲勝，成為魁北克省的執政黨，勒維克（1922—1987年）成為省長。這位省長新官上任後，鬥志昂揚，拿出了全副本領施展自己的獨立抱負。他首先把法語定為官方語言，魁北克境內的所有公示牌都是用法語寫的，加拿大其他省的人進來固然不方便，那些只會英語不會法語的外國人到了魁北克也得抓瞎。

他們在1980年舉行了一次全民公投，要大家投票，是不是脫離加拿大獨立建國！有很多魁北克人都忍不住了，問他們：「當初我們就是因為不想被美國欺負，所以各省才聯合建立了加拿大，現在要是分離出去了，力量不是又弱了嗎？再說你一個省獨立了，經濟怎麼辦？」勒維克說：「這沒什麼，我們可以政治上獨立，經濟上繼續一體化嘛。」大家聽到都笑了，原來這是又想吃肉又不想挨揍啊。最後公投的結果是，40%的人贊成獨立，60%的人反對。加拿大逃過分裂一劫。

1994年，魁北克人黨又競選上台，在1995年再次公投，結果又失敗了。但這次支持獨立的投票者已經達到49.4%，比反對的票數只差了1.2個百分點。魁北克人黨宣布，只要時機成熟，他們還會發動第三次公投，繼續為獨立戰鬥到底。

當然，支持獨立的魁北克人畢竟是少數，多數人還是願意為了加拿

大聯邦而努力的。比如加拿大總理皮耶・杜魯道（1919—2000年）就是一位魁北克的法裔人。他是一位極有魅力的知識分子型領袖，也是一個相當睿智的人。正是他帶領加拿大度過了歷史上最混亂的日子。

年輕的時候，杜魯道曾支持工人罷工，還因為思想「左傾」被美國禁止入境。他還曾去莫斯科參加「社會主義者會議」，其間因為朝史達林塑像扔雪球被短期拘捕。20世紀60年代後杜魯道轉為自由主義者，並成為魁北克省的議員和司法部長。

杜魯道為人豪放不羈，不拘小節，有時穿著拖鞋去議會，還對政治對手說髒話。但同時，他又是一位富有包容心的政治家。他曾說「政府不應該管臥室裡面的事」，因此廢除了「同性戀犯罪」的條款，並放寬了離婚的條件。

同時，他堅定認為魁北克應該留在加拿大。1968年杜魯道參加加拿大總理選舉。在大選前夕的遊行中，有些主張魁北克獨立的暴徒向「叛徒」杜魯道投擲石頭和酒瓶，一時間秩序大亂。旁邊的助手趕緊想要擋住他，杜魯道擺擺手：「別怕，讓他們鬧，看他們能鬧成什麼樣？」他鎮定自若地盯著下面幾個暴徒。這事情太震撼了，次日，杜魯道輕鬆地當選了加拿大總理。

杜魯道當選不久，就遇上了「十月危機」。杜魯道一面出兵戒嚴，一面和「魁北克解放陣線」討價還價，終於解決了此次危機。

在外交方面，杜魯道認為加拿大應該有自己的國際舞台，不能綁在美、英的戰車上。杜魯道還和美國的眼中釘、肉中刺——古巴領導人卡斯楚關係不錯。他甚至考慮退出「北約」。為了這個，杜魯道和美國總統尼克森關係很糟糕，尼克森甚至用髒話罵過杜魯道。但後來尼克森在回憶錄中表示，他認為杜魯道是個很出色的領導人，將其與戴高樂等並列。

到1984年辭職，杜魯道共擔任總理16年。他曾被評為「最偉大的加

明朝

哥倫布發現新大陸
— 1500

— 1600
清朝　五月花公約
— 1700

美國獨立
— 1800

門羅主義

美墨戰爭
— 1850
日本黑船事件

中美天津條約

南北戰爭

購買阿拉斯加

美西戰爭
「門戶開放」政策
— 1900

中華民國

經濟大蕭條

日本偷襲珍珠港

— 1950　韓戰

甘迺迪遇刺

911事件
— 2000

歐洲文藝復興運動

拜占庭帝國滅亡
1500—

1600—

1700—
工業革命

法國大革命
1800—

共產黨宣言
1850—

日本明治維新

普法戰爭

1900—

中華民國
第一次世界大戰

第二次世界大戰

1950—

越戰爆發

兩伊戰爭

東西德統一

2000—

拿大人」第三名。杜魯道的最大成績，就是前面說的，在1982年從英國國會手中把憲法修改權拿了過來，使得加拿大從此成為一個完整獨立的國家。不過，他的魁北克老鄉們卻不太給他面子。在1980年的聯邦大選中，杜魯道的自由黨以絕對優勢碾壓其他政黨。魁北克總共被分配了75個聯邦議席，自由黨拿到了74個。但在省議會選舉中，一心獨立的魁北克人黨卻佔了多數。

1982年，魁北克人黨主導的魁北克省省議會卻拒絕了加拿大的新憲法。這可不是個美中不足的小問題，它為日後埋下了很大的隱患。

「雙語」問題

作為一名法裔加拿大人，杜魯道也要為法語文化爭取權利。他推行「雙語」政策，想把英語和法語都列為聯邦的官方語言。這個舉措的初衷是好的，想讓英、法兩種文化在加拿大平等，但實踐起來卻很麻煩。英語人士認為這純粹是吃飽了撐著，浪費國家資源；法語人士呢，他們不領情，還覺得這樣的話，法語文化有可能被英語文化「同化」。

第八章：新世紀曙光——當代美洲

（西元20世紀末21世紀初）

　　拖垮了蘇聯，美國成為世界唯一的超級大國。拉美各國也都為自己的明天展開了拚搏。墨西哥的印第安農民起義，委內瑞拉的鬥士查維茲，巴西的無產階級總統魯拉，還有在2011年成立的拉美及加勒比國家共同體，紛紛宣告了一個更加多彩的新世紀已經到來。

霸權！一家獨大

美國自「二戰」之後，帶領西方世界和蘇聯鬥了幾十年。到20世紀80年代後期，美國終於壓得蘇聯虛火上竄，亂了陣腳，蘇共總書記戈巴契夫全線回縮。1989年東歐劇變，1990年華約解體，1991年蘇聯解體，威脅美國世界霸主地位的蘇聯東歐的社會主義陣營土崩瓦解。這時候，美國風頭已然蓋過蘇聯，眼看就能當上名副其實的全球老大了。

老大就要有老大的樣子。過去幾十年為了和蘇聯「冷戰」，美國在亞洲、非洲、拉丁美洲扶持了不少獨裁者。只要他們肯乖乖地給美國當差，擋住蘇聯，哪怕他們貪污腐化、鎮壓民主，美國也都照樣「給糖吃」。現在不行了，得教這幫小兄弟都知趣點，免得給老大找麻煩。於是美國開始在各國推行西式民主，敲打獨裁者們。還有極端勢力，美國過去利用他們擾亂蘇聯，給了不少援助，現在也該收拾一下了。最好還要有個機會，讓美國在全世界面前耍一下威風。因此「第一次伊拉克戰爭」來了。

1990年，伊拉克10萬大軍越境而過，把科威特給打敗了。美國總統老布希一看，高興得跳了起來：顯威風的機會來了。這伊拉克侵略他國，那是人人得而誅之，美國打他，正是順天應人，名正言順。於是乎，美國出兵50餘萬，航母艦隊8支，加上英國、沙特等盟友的20餘萬兵力，浩浩蕩蕩陳兵波斯灣。蘇聯這時候已經氣息奄奄，戈巴契夫只能空喊幾聲「大家別急嘛，多商量商量」的空話。1991年1月17日，多國部隊發動空襲，「波斯灣戰爭」正式爆發。這次戰爭與以往幾十年的「大

明朝

哥倫布發現新大陸
— 1500

— 1600
清朝　　五月花公約

— 1700

美國獨立
— 1800

門羅主義

美墨戰爭
— 1850
日本黑船事件

中美天津條約

南北戰爭

購買阿拉斯加

美西戰爭
「門戶開放」政策
— 1900

中華民國

經濟大蕭條

日本偷襲珍珠港

— 1950　韓戰

甘迺迪遇刺

911事件

— 2000

歐洲文藝復興運動

拜占庭帝國滅亡
1500—

1600—

1700—
工業革命
法國大革命
1800—

共產黨宣言
1850—

日本明治維新

普法戰爭

1900—
中華民國
第一次世界大戰

第二次世界大戰

1950—

越戰爆發

兩伊戰爭

東西德統一

2000—

炮轟鳴、坦克碾壓」的戰法完全不同，聯軍幾千架飛機狂轟濫炸1個多月，直接就把伊拉克的大炮、坦克全部炸成了廢鐵。而伊拉克只能發射幾個飛毛腿導彈來反擊盟軍基地，跟「撓癢癢」差不多。等炸得差不多了，聯軍這才出動地面部隊，如同刀切豆腐，把伊拉克陸軍殺得稀里嘩啦。薩達姆從沒見過揍人還能揍這麼狠的，趕緊宣布無條件撤軍。

這一戰，美軍不光是大獲全勝，而且第一次展現了現代化電子戰、資訊戰的威力。薩達姆枉稱有百萬大軍、幾千輛坦克，在美國飛機面前就只有任人魚肉的份，根本沒有反擊力。打了一個多月（其中地面戰僅幾天），伊拉克軍隊就傷亡10多萬人，盟軍才傷亡數百。這種「不對稱戰爭」，把世界上連蘇聯在內的其他國家全嚇傻了。

就在這年年底，蘇聯解體了。從此以後，美國在地球上成了超級大國。別說歐洲的英、法、德、義只能乖乖地叫美國老大，就連蘇聯解體後的國際地位繼承國俄羅斯，其總統葉爾欽也帶領國家向美國靠攏。

站在地球之巔，美國意氣風發，它頂著世界員警的帽子，在亞洲干涉台海局勢，在東歐插手前南斯拉夫地區戰爭，在波士尼亞戰爭和科索沃戰爭中對塞爾維亞狂轟濫炸，在中東不時地把薩達姆拎出來摑幾記耳光，構建對伊朗的包圍網，又支持車臣的恐怖分子擾亂俄羅斯。真是威風八面，所向披靡，當世無二。「波斯灣戰爭」後比爾·柯林頓（1946—）當美國第42任總統時，這位高個子帥哥在美國所有總統中的智商名列前茅，在他的主持下，美國一方面到處耍威風，一方面抓住全球化的時機，引領信息產業大潮，經濟發展還不錯，幾年裡居然將財政赤字變為盈餘，被稱為「美國經濟的黃金時期」。

柯林頓卸任後，上台的第43任總統，是小布希（1946—）。2001年9月11日，「蓋達」組織的首領賓·拉登派恐怖分子劫持客機撞擊美國紐約的世貿大樓，造成9000餘人死傷，史稱「9·11事件」。賓·拉登出身在沙特豪門，建立的「蓋達」組織原本是為了反抗蘇聯入侵阿富汗，

當年也曾從美國拿了不少支援。如今養虎反噬，美國的屁股被狠狠地捅了一刀。小布希勃然大怒，當即出兵進攻賓・拉登的老巢阿富汗，先把本・拉登的盟友——阿富汗塔利班組織打得稀里嘩啦，並扶持反塔利班的阿富汗軍閥組成聯合政府。然後美國更出動10萬大軍，在阿富汗大肆清剿塔利班和「蓋達」組織。剿了10年，光美軍都死了幾千，終於派特種部隊把躲在巴基斯坦的賓・拉登擊斃了。

賓・拉登是被擊斃了，美軍在阿富汗時，塔利班尚且「滿地開花」，到處搞路邊炸彈；美軍一走，塔利班頓時強力地反攻，最後鬧得阿富汗政府又要和塔利班和談。而且塔利班還衝出阿富汗，蔓延到巴基斯坦等國。至於「蓋達」組織更別說了，賓・拉登雖死，蓋達不滅，連帶著西亞和非洲好些國家都出現了蓋達。比如殺人如麻的伊斯蘭國（IS）就是從「蓋達」組織的伊拉克分支中誕生出來的。

2003年，小布希拿出以所謂的「薩達姆勾結蓋達組織」和「薩達姆藏有違禁武器」等罪名，出動十幾萬大軍再次殺奔波斯灣而去。可憐的薩達姆一再辯白「我們沒有勾結蓋達」、「違禁武器不是兩伊戰爭時你給的嗎，我們早銷毀了」，誰聽你的！這時候的伊拉克和美軍實力差距，比12年前波斯灣戰爭的時候還要大。沒多少天，美軍勢如破竹，殺入伊拉克首都巴格達。到年底，薩達姆就被逮住。整個伊拉克都被美軍控制了，薩達姆勾結蓋達、藏違禁武器的罪證總該找出來了吧？美軍在伊拉克挖地3尺，只有石油，沒有罪證。小布希聳聳肩：那又有什麼關係？反正薩達姆是個獨裁者，他以前殘酷鎮壓自己的人民，幹掉他沒錯。2006年，薩達姆就被絞死了。薩達姆死後，伊拉克戰亂不絕，反美勢力一直到處活動，美軍在伊拉克前後也死了好幾千人。

美國由於同時打了兩場大戰，花的軍費如流水。柯林頓時期的政府財政是有盈餘，到小布希時期變成了嚴重赤字，幾年下來債台高築。當然對美國來說，這其實也無所謂，反正美元是世界貨幣，實在不行多印

明朝

哥倫布發現新大陸
— 1500

— 1600
清朝　五月花公約

— 1700

美國獨立
— 1800

門羅主義

美墨戰爭
— 1850
日本黑船事件

中美天津條約

南北戰爭

購買阿拉斯加

美西戰爭
「門戶開放」政策
— 1900

中華民國

經濟大蕭條

日本偷襲珍珠港

— 1950　韓戰

甘迺迪遇刺

911事件

— 2000

歐洲文藝復興運動

拜占庭帝國滅亡
1500—

1600—

1700—
工業革命
法國大革命
1800—

共產黨宣言
1850—

日本明治維新

普法戰爭

1900—

中華民國
第一次世界大戰

第二次世界大戰

1950—

越戰爆發

兩伊戰爭

東西德統一

2000—

些鈔票，叫全世界買單就是了。

接下來上台的是第44任總統歐巴馬（1961—）。說起來，歐巴馬本是黑白混血，可是按照美國的「一滴血」理論，哪怕你僅有六十四分之一的黑人血統，你也算黑人。所以歐巴馬當選，也可以看作是美國黑人民權運動的一次成功。

為了節省軍費，他開始從伊拉克、阿富汗撤軍，為此得了個諾貝爾和平獎。可是他同時又在中東和北非地區發動了「阿拉伯之春」，一時間突尼西亞、利比亞、葉門、埃及、敘利亞等國紛紛中招，不是爆發了暴亂就是內戰。利比亞總統、世界「最強」上校格達費的軍隊被「北約」炸得七葷八素，自己被反對派逮住活活打死了，之後利比亞就陷入長久混亂之中。埃及總統穆巴拉克也下台被審判，但之後民主選舉上台的穆斯林兄弟會，轉眼又被埃及軍方推翻了。

還有敘利亞，統治者阿薩德父子長期以來和美國不和，美國早就想收拾他們了，趁機支持反對派掀起叛亂。眼看阿薩德就要落到和格達費一樣的下場了。不過，敘利亞政府軍好歹和以色列對抗了幾十年，戰鬥力遠勝利比亞，而作為國家元首，阿薩德也比格達費要可靠許多。他有好幾個盟友，比如美國人最討厭的伊朗，比如伊拉克的什葉派，還有一位重量級大哥——俄羅斯。

蘇聯解體後，俄羅斯總統葉爾欽對美國頗有好感。美國可不領情，美國認為「衰弱的俄羅斯才是最好的俄羅斯」，於是俄羅斯辛辛苦苦營造的「獨聯體」被美國挑唆得四分五裂，「北約」不但沒有解散，反而不斷東擴，壓縮俄羅斯的生存空間。俄羅斯終於明白了，跟美國來軟的沒用！於是，普丁在2000年上台後，先後以鐵腕手段打贏了車臣戰爭、南奧塞提亞戰爭，又從烏克蘭手中奪回克里米亞，全方位跟美國叫板。在俄羅斯的支持下，阿薩德挺了過來，甚至逐漸發動反攻。中東地區的風雲，還是變幻莫測，甚至有人將其視為「新冷戰」的開端。

折騰！經濟的創傷

事實上，由於西班牙、葡萄牙的殖民統治政策，拉丁美洲各國一向存在產業結構畸形的毛病，在獨立後的100餘年中飽受折磨，到了20世紀中後期依然如此。為了工業化改革，各國都進行了努力，但工業化需要進口的設備的錢，依然是個無底洞。拿不出那麼多現金，怎麼買技術、買設備呢？發達國家滿臉帶笑：「沒問題，缺錢我們借你啊。」於是「冷戰」時期的拉美國家工業化道路的結果，都是債台高築，一步一個血腳印。到了20世紀70年代初，拉美各國看似工業化初見成效，甚至GDP增長數字很好看，但身後背負的巨額債務，已經成為一個火藥桶。另一方面，20世紀70年代的歐美發達國家的熱錢不斷湧入拉美，炒房、炒地，看似一片繁榮，其實更是埋下了隱患。

到了1980年，由於伊朗爆發革命，以及兩伊戰爭爆發，世界油價高漲，於是歐美市場需求緊縮，而美國聯準會卻把基準利率從11.25%提高到了19%。拉美各國先前欠下的高額外債，頓時成了催命符。什麼也顧不得了，拉美各國只能拚命借高利貸，為還舊債借新債，哪管新債怎麼還。這種搞法當然是飲鴆止渴的行為。很快，病毒般增值的外債壓垮了拉丁美洲，各國政府紛紛破產，物價飛漲，民眾收入逐年下降。1975年拉美各國的外債為750億美元，到1982年就達3000多億美元，佔到該地區GDP的一半！每年需要支付的利息，則從120億美元增加到660億美元，拉美國家政府當年的收入，要拿四分之三來還利息！到1990年，拉美各國的外債高達4000億美元以上。

明朝

哥倫布發現新大陸
— 1500

— 1600
清朝　五月花公約
— 1700

美國獨立
— 1800
門羅主義

美墨戰爭
— 1850
日本黑船事件
中美天津條約
南北戰爭
購買阿拉斯加

美西戰爭
「門戶開放」政策
— 1900

中華民國

經濟大蕭條

日本偷襲珍珠港
— 1950　韓戰

甘迺迪遇刺

911事件
— 2000

歐洲文藝復興運動

拜占庭帝國滅亡
1500—

1600—

1700—
工業革命

法國大革命
1800—

共產黨宣言
1850—

日本明治維新

普法戰爭

1900—

中華民國
第一次世界大戰

第二次世界大戰

1950—

越戰爆發

兩伊戰爭

東西德統一

2000—

　　面對被如山一般的債務壓垮的拉美國家，美國操控的世界銀行苦口婆心地開出一劑良方：「欠債沒關係，你們可以施行新自由主義經濟嘛。」就是說，政府完全不干預經濟，把所有產業包括教育、醫療等關係人民福利的產業，統統拋入市場去自由競爭，國有企業統統私有化。

　　這個方案，對於原本有較強大的，以市場經濟為基礎的國家有些效果，但對於本身就在國際貿易中處於食物鏈下游的落後國家，無疑是脫光了躺在案板上等人宰割。因此整個20世紀80年代，拉丁美洲的GDP年平均成長率僅為1%，失業率一再創新高，貧困家庭比率增加了10個百分點，同時物價飛漲，貨幣貶值，通貨膨脹率常年保持在3位數，在1990年甚至達到4位數以上。

　　到了20世紀90年代初，隨著東歐劇變、蘇聯解體，以及全球化浪潮帶來的商業機會，拉美各國這才開始「復甦」。以阿根廷為例，1980年的GDP為767億美元，1989年只有766億美元，而到1997年則上升到3400億美元。可是，這只是整體數值，伴隨著新自由主義的興起，自然是大規模的私有化、貧富懸殊加劇。然而要論資本力量，誰能超越歐美大公司？於是乎，拉丁美洲幾十年辛辛苦苦搞的一些國有資產，最終紛紛轉移到歐美跨國企業的控制之下。

　　此外，原本就存在的權力腐敗問題，並不會隨著新自由主義的到來而消除，反而只是為貪官污吏提供了更多損公肥私的機會。外債如山、貧富差距加大、底層人民毫無保障、土地分配不公，這些問題用新經濟政策無法解決，只會讓問題愈來愈嚴重。20世紀90年代拉美的所謂復甦，只是GDP帳面數字上的增長，因為產業產權全控制在外國資本家手中，外國老闆拿大頭，本國資本家拿小頭。在這種「新經濟殖民」體系下，經濟就算凱歌高奏，賺的錢也只是進了資本家的手裡，老百姓最多只能混個溫飽；稍有風吹草動，下游國家只會成為轉移損失的垃圾桶。

　　果不其然，1997年爆發亞洲金融危機的同時，拉美國家也處於一片

哀嚎中。拉美國家經濟再度全面下滑，債務高築，人民（尤其是窮人）收入下降。到2004年，拉美各國外債進一步上升到7230億美元，整個拉美近一半的人口每天收入不到2美元，每天收入不到1美元的赤貧人口接近1億。

其中南美老二阿根廷算是比較慘的一個。它原本底子好，1970年的貧困率只有8%，但2002年卻增加到51%。從1997年到2002年，外資投資中有80%以上都是在併購阿根廷的企業。2002年爆發的阿根廷金融危機，使得阿根廷的GDP直接從3000多億美元下降到1000多億美元！在這種打擊下，阿根廷全國3000多萬人口中，不到15歲的童工竟然多達150萬人。

飽受苦難的拉美人民，難道真的找不到一條出路？

明朝

哥倫布發現新大陸
— 1500

— 1600
清朝　　　五月花公約
— 1700

美國獨立
— 1800

門羅主義

美墨戰爭
— 1850
日本黑船事件

中美天津條約

南北戰爭

購買阿拉斯加

美西戰爭
「門戶開放」政策
— 1900

中華民國

經濟大蕭條

日本偷襲珍珠港

— 1950　　韓戰

甘迺迪遇刺

911事件
— 2000

墨西哥！新世紀農民起義

歐洲文藝復興運動

拜占庭帝國滅亡
1500—

1600—

1700—
工業革命
法國大革命
1800—

共產黨宣言
1850—

日本明治維新
普法戰爭

1900—
中華民國
第一次世界大戰

第二次世界大戰

1950—

越戰爆發

兩伊戰爭

東西德統一

2000—

　　墨西哥挨著美國這個巨無霸，在19世紀中葉被它吞併了全國一半的土地，說起來都是血淚啊。然而到了世紀之交，墨西哥人發現，挨著美國倒也有些好處。起碼，現在世界主題是和平與發展，美國也總要講個睦鄰友好，不會再舞刀弄槍。相反，挨著這麼一個大個子，寒冬裡取暖也是好的。

　　果然，到了1994年，北美洲爆了一顆「炸彈」——北美自由貿易區掛牌成立。這個自由貿易區包括三個北美洲大國——美國、加拿大和墨西哥。說起來，美國是世界獨一無二的超級大國，加拿大是七國集團中的發達國家，而墨西哥則是個發展中國家。這三國湊在一塊，是為什麼呢？

　　對美國來說，此舉是為了壯大自己的聲勢。畢竟從「冷戰」後期以來，大家改行玩經濟。雖然美國一家獨大，但沒了蘇聯牽制，那些個盟友越來越不聽使喚了。歐洲建立了歐洲共同體，還要發行歐元，時時和老大搶風頭。日本呢，表面上聽話，其實不聲不響間也在挖老大牆腳，還在拉美建了不少工廠。這樣下去，自己這個世界員警反而成了孤家寡人，那怎麼行！於是美國拉上加拿大和墨西哥這一南一北兩鄰居，也算有個貼身隊伍。

　　至於說墨西哥經濟比較落後，雖然沒錯。但我不能提攜它嗎？現在已經不是19世紀搶佔領土的時候了，跟墨西哥進行自由貿易，我美國企業在墨西哥可以建血汗工廠，可以傾銷產品，擴大雙邊貿易。而且，把

墨西哥經濟提攜上去了，我周邊也多一個市場嘛。

至於墨西哥呢，覺得靠上美國這位老大也沒壞處，別的不說，進口美國的基礎工業技術設施就便宜多了，美國血汗工廠進來還能增加就業率，多好啊！於是彼此一拍即合。新成立的這個巨無霸包括大半個北美洲，GDP加起來比歐盟還高，地盤更是比歐盟大兩倍，頓時成為世界上最大的區域經濟合作組織。

說實話，對於處於第三世界的墨西哥而言，能夠加入美國牽頭的這個組織，確實好處多多。過去發展中國家在國際經濟生態中處於下游，根本就是被掠食的對象。而現在呢，墨西哥等於成了美國的周邊地區，美國對它的扶持、培養會更多，因此無論從經濟短期增長、就業機會看，還是從長期發展前景看，都會比以前更好。

誰知道，天有不測風雲。剛剛加入北美自由貿易區1年，墨西哥國內就爆發了嚴重的金融危機。

長期以來，墨西哥因為國內建設缺錢，為了吸引外國投資，把墨西哥貨幣新披索的存款利率加得很高。於是世界的財主們紛紛購買新披索來賺利息。這就使得新披索的匯率也很高。新披索對美元的匯率一升高，墨西哥商品的出口價格就增加（因為出口商賺進的是美元，支付國內的工資、原料等卻是用新披索），於是影響了出口收入。另一方面，儘管墨西哥吸引了大量的外資進入，但這些都是熱錢。墨西哥沒能把這些錢轉化為發展經濟的生產成本，反而炒得房價飛漲、股價虛高。就這樣，墨西哥GDP節節攀升，實際上全是靠著外國熱錢支撐的一片泡沫。就這樣，墨西哥政府還不敢讓新披索貶值，因為一旦新披索稍微貶值，外資就會紛紛撤資。那樣的話，墨西哥經濟就會立刻崩潰。

這種虛火上竄的狀態不可能長久維持。到1994年底，墨西哥政府再也堅持不下去了。1994年12月，新披索貶值近15.3%。這下，外國資本紛紛撤出，墨西哥外匯儲備在幾天天內幾乎被清空。這麼一折騰，墨西

歐洲文藝復興運動

拜占庭帝國滅亡
1500—

1600—

1700—
工業革命
法國大革命
1800—

共產黨宣言
1850—

日本明治維新
普法戰爭

1900—
中華民國
第一次世界大戰

第二次世界大戰
1950—

越戰爆發

兩伊戰爭

東西德統一

2000—

哥立馬又是物價飛漲、失業人口暴增、經濟負成長。眼看幾年前的悲劇又要重新來一輪了。

所幸，這時候墨西哥抱上了美國的大腿，美國可不能眼看著「兄弟」垮台，給剛成立的北美自貿區丟臉啊。尤其當時正是柯林頓當政，經濟還不錯。柯林頓大筆一揮，把美國的外匯穩定基金拿了一大半出來，購買墨西哥新披索。這塊大磚頭一砸下來，新披索暴跌的態勢當即停止。國際上其他大頭們一看，美國都出動了，看樣子這新披索還得漲啊！也立刻紛紛跟進，於是，新披索停止崩潰，墨西哥的經濟得救了。

除了讓美國砸錢救命外，自貿協議給墨西哥帶來的好處還很多。簽了自貿協議後，美國的企業紛紛到墨西哥去辦血汗工廠，降低了人工成本，增加了利潤。而墨西哥人呢，也獲得了較多的就業機會和工資收入。畢竟，美國人開的即使是血汗工廠，比起墨西哥本地老闆，工資給付更遵紀守法，而墨西哥向美國出口的貿易也大增。在2014年，墨西哥對美國出口汽車170萬輛，首次超過日本，成為美國的第二大汽車供給國，並預計將在1-2年內拿下在加拿大的「冠軍」寶座。當然，也有人認為，美國人這招壞著呢——所謂的墨西哥汽車出口美國，其實都是美國汽車公司到墨西哥開的加工廠，墨西哥工人負責的都是低等技術工作。工資雖然高，卻是斷送了墨西哥本土汽車製造業的未來。

墨西哥的GDP總量，1995年和2014年都是排全世界第15位，但是增長的比率卻遠遠超過同為拉美大國的巴西和阿根廷，更超過美國、原宗主國西班牙等發達國家。墨西哥的有錢人和中產階級真是太高興了。

不過，也有人對此不滿。那就是墨西哥農民，尤其是那些生活困難的底層印第安農民。自從工業化一來，農產品售價一直高不了，農民屬於國內產業鏈的底層。在美國，反正政府有錢，大把大把補貼農民就是；但在墨西哥，政府補貼卻是很少，簽訂北美自貿協議後，乾脆把補貼停了。於是，廉價的美國農產品迅速向墨西哥傾銷。對於市民和企業

來說，糧食便宜了是好事，可是賣糧為生的農民就活不下去了。

於是，在1994年元旦，也就是北美自貿協議簽訂的當天，在墨西哥最南部、最貧困的恰帕斯州，一群印第安農民發動了20世紀全世界「最後一次農民起義」。他們建立了一支游擊隊，以本世紀初的革命者「薩帕塔」命名，名為「薩帕塔民族解放軍」。3000名武裝戰士揭竿而起，迅速佔領了該州不少城鎮。墨西哥政府迅速調動大軍鎮壓。「民族解放軍」與武裝的政府軍血戰12天，傷亡慘重，後來在教會的調停下停火。但1年後，政府軍違背停火協議再次進攻，把「民族解放軍」趕出了他們控制的村子，「民族解放軍」轉入山區。此後，雙方在1996年正式簽署和平條約，「薩帕塔民族解放軍」控制著山區，建立了自治政府，而墨西哥政府一直不承認他們。

「薩帕塔民族解放軍」為什麼要造反呢？他們起事的緣由是抗議墨西哥政府簽署《北美自由貿易協議》，認為這將進一步加大墨西哥的貧富懸殊，尤其是農民和印第安原住民的生活將被摧毀。不過問題的根源，還在於墨西哥底層民眾遭到了政治和經濟雙重壓迫。他們認為，墨西哥應該實現真正的民主，尤其要保障底層人民、原住民的權益。

這支「民族解放軍」真正發起的武裝抗爭主要是在開始那兩週，之後主要從事的是宣傳抗爭，包括建立自己的網站，向全世界發出呼籲。所以，他們與其說是一支起義軍，不如說是一個搞了幾天武裝抗爭的「壓力組織」。在他們的努力下，墨西哥政府於2001年修改憲法，讓原住民享有更多權益。那年，薩帕塔游擊隊戴著面紗，列隊進入首都墨西哥城，在國會裡發表演說，受到了民眾的熱烈歡迎。

2014年，在紀念起義20週年的聚會中，「民族解放軍」將領霍滕西亞說：20年前我們一無所有，人民沒有醫療服務或教育；沒有人可以叫得出政府官員的名字……若那些政府官員沒有履行其職責與義務，沒有人可以罷免他們……沒有任何政府官員真正為民服務；但是，現在我

明朝

哥倫布發現新大陸
— 1500

— 1600
清朝　五月花公約

— 1700

美國獨立
— 1800

門羅主義

美墨戰爭
— 1850
日本黑船事件

中美天津條約

南北戰爭

購買阿拉斯加

美西戰爭
「門戶開放」政策
— 1900

中華民國

經濟大蕭條

日本偷襲珍珠港

— 1950　韓戰

甘迺迪遇刺

911事件

— 2000

歐洲文藝復興運動

拜占庭帝國滅亡
1500—

1600—

1700—
工業革命
法國大革命
1800—

共產黨宣言
1850—

日本明治維新
普法戰爭

1900—

中華民國
第一次世界大戰

第二次世界大戰

1950—

越戰爆發

兩伊戰爭

東西德統一

2000—

們的人民在地方上的市級和區級擁有屬於他們的自治政府；無論所做的是對是錯，這是根據人民的決定和意願所選出來的政府機構，若有必要可以隨時被替換；建設屬於我們的自治、民主、自由、平等和公義的社會，沒有人可以阻止它。

「民族解放軍」的擔憂不無道理。事實上，儘管藉由北美貿易協議，墨西哥經濟在20年中得到增長，但國內貧富懸殊的狀況依然非常嚴重，全國1億多人口有半數處於貧窮線之下，即使在拉美地區都算差勁的。總之，墨西哥這個拉美國家還有很長的路要走。

查維茲！反美鬥士

墨西哥靠著美國老大罩著，度過了90年代的難關。拉美其他國家卻被世界銀行的「新自由主義」整得「上吐下瀉」。這麼一來，大家覺得再聽那幫歐美資本家的話，只會吃更多的苦頭！於是在許多拉美國家，左派政黨上台，政府「左轉」。這裡面最有代表性的，莫過於委內瑞拉總統查維茲（1954—2013年）了。

查維茲出生在一個知識分子家庭，查維茲的父親是位教師，後來當上了州長。他從小就很崇拜南美獨立英雄玻利瓦爾。在中學時，他是一名棒球高手，憑藉這項技能進入軍校，並加入軍隊。目睹當時社會貪污盛行，貧富懸殊，年輕的查維茲非常憤慨。他和一群弟兄發起了「玻利瓦爾革命運動」，奉行「玻利瓦爾主義」，提倡愛國主義、全民選舉，反對帝國主義的經濟控制，反對貪污腐敗，並且尋求完成玻利瓦爾當年的夢想——在拉丁美洲建立統一聯盟。

為了實現這個目標，身為空降兵營長的查維茲在1992年發動了一次軍事政變，企圖抓住總統佩雷斯，結果失敗，查維茲進了監獄。兩年後，查維茲被赦免出獄。作為政治家，坐政治監獄其實是在豐富閱歷，查維茲也變得成熟許多。1998年，他組建了左派政黨「第五共和國運動」，參加選舉。由於他的個人魅力，也由於他提出的口號能夠得到人民擁護，查維茲的支持率飛速攀升。當年年底，查維茲當選總統。

上台之後，查維茲立刻停止了新自由主義的經濟政策，開始推行國有企業，加強醫療、教育建設，保障窮人利益。這種改革當然會引起部

明朝

哥倫布發現新大陸
— 1500

— 1600
清朝　　五月花公約

— 1700

美國獨立
— 1800

門羅主義

美墨戰爭
— 1850
日本黑船事件

中美天津條約

南北戰爭

購買阿拉斯加

美西戰爭
「門戶開放」政策
— 1900

中華民國

經濟大蕭條

日本偷襲珍珠港

— 1950　　韓戰

甘迺迪遇刺

911事件

— 2000

歐洲文藝復興運動

拜占庭帝國滅亡
1500—

1600—

1700—
工業革命
法國大革命
1800—

共產黨宣言
1850—

日本明治維新
普法戰爭

1900—
中華民國
第一次世界大戰

第二次世界大戰

1950—

越戰爆發

兩伊戰爭

東西德統一

2000—

分利益集團的不滿。2004年4月11日，右派政黨發動了軍事政變，把查維茲抓了起來，關在一個島上。眼看過去百餘年來在拉美上演上百次的鬧劇又要重演，但這回時代卻不同了。首都20萬個民眾聚集到總統府，要求政變者釋放查維茲。同時，忠於查維茲的特種部隊也殺奔島上，很快救出了總統。右派政黨看武的不行就來文的。

2004年，他們又發動一次投票，要罷免查維茲。結果全國59%的老百姓都反對罷免查維茲，反對派只得作罷。

查維茲得到大多數民眾擁戴，意氣風發，於是大刀闊斧，接連頒布了多項改革計畫，比如「魯濱遜計畫」（普及教育）、「瓜依凱布洛計畫」（維護印第安人權益）、「雷巴斯計畫」（發展中等教育）、「蘇克瑞計畫」（發展高等教育）、「返回農村計畫」（土地改革）和「全國健康計畫」（醫療衛生改革）等。總之就是拿出國家資源來，抑制私人富豪，保障多數人利益。

這些政策不但激起國內大資本家們的不滿，也讓美國不太高興。更過分的是，查維茲一心想組「拉美聯盟」，推出了「玻利瓦爾替代計畫」，而美國則想推「美洲自由貿易協議」，查維茲這明顯就是在跟美國老大唱反調。查維茲還成立了南方石油公司，把巴西、阿根廷拉了進來，甚至建立了覆蓋全拉美的南方電視公司，跟美國有線電視新聞網（CNN）對抗。查維茲在近處跟古巴建立好關係，與卡斯楚情同父子，在亞洲跟中國大做生意，出口大量石油給中國，換來中國的援助，這些都讓美國如鯁在喉。在2011年，查維茲終於推動成立了「拉美和加勒比國家共同體」（簡稱拉共體），33個國家入盟，更增強了說話的分量。

風風火火幹了10多年，查維茲取得了顯著成就。委內瑞拉貧窮人口佔比從40%下降到30%，失業率從15%減少到7%，文盲減少了100萬，許多農民獲得了土地。到2007年，委內瑞拉提前還清了國際貨幣基金組織和世界銀行的30億美元外債。委內瑞拉的人均GDP從4105美元增加到

2010年的13657美元，比靠美國罩著的墨西哥還強。這在拉美地區是一個不錯的水平。反映國家貧富懸殊程度的吉尼係數，在1999年是0.478，2011年則下降到0.394。委內瑞拉成為拉美收入分配最平均的國家。因為這個，查維茲得到了很多窮人的歡迎。

不過，查維茲的許多作法也是有爭議的。比如他在2009年提議修改憲法，讓總統和各級官員都可以無限期連任。這項提案最終獲得通過，美國指責說這投票中間有疑慮，查維茲是在為自己終身獨裁鋪平道路。查維茲雖然致力於社會公平，但對於腐敗這一大敵卻未能加以清除。而任何改革一旦離開了廉政，很容易變成貪官污吏上下其手的盛宴。這些都使得委內瑞拉的繁榮蒙上了一層陰影。

外部環境也不容樂觀。對於拉美國家而言，21世紀的經濟發展本來就面臨著雙重悖論：右翼的新自由主義經濟制度，只會使固有的貧富懸殊愈演愈烈，使得國內經濟愈加受制於人；但如果要進行左翼宣導的社會改革，一則巨大的成本從何而來，二則改革觸動既得利益者的權利會遭到阻力，三則改革必須要持續一個較長週期，一旦在這個週期中因為資金不足導致改革受挫，或者民眾的預期沒有得到滿足，改革者就可能被右派政黨趕下台，導致人亡政息，反覆折騰。偏偏世界老大美國對社會主義深惡痛絕，左派政黨要在拉美進行改革，美國已經不需要出兵干涉了，只要在經濟上勒一勒繩子，立刻能使你國內雞飛狗跳，多半撐不過下次選舉。

委內瑞拉也是如此。查維茲能取得這樣大的成就，一方面是民心所向，另一方面也因為21世紀初石油價格飆升，委內瑞拉作為世界上數一數二的產油大國，單靠賣石油就能輕易獲得大筆金錢，查維茲正是靠著這些錢才能克服阻力，進行他的全民福利改革。但是，美國對這個不聽話的拉美「刺頭」始終虎視眈眈。誰也不能保證油價只漲不跌。查維茲本人有魄力，有手段，在台上能夠控制住這一切，但換一個領導人又會

明朝

哥倫布發現新大陸
— 1500

— 1600
清朝　五月花公約
— 1700

美國獨立
— 1800

門羅主義

美墨戰爭
— 1850
日本黑船事件

中美天津條約

南北戰爭

購買阿拉斯加

美西戰爭
「門戶開放」政策
— 1900

中華民國

經濟大蕭條

日本偷襲珍珠港
— 1950　韓戰

甘迺迪遇刺

911事件
— 2000

歐洲文藝復興運動

拜占庭帝國滅亡
1500—

1600—

1700—
工業革命
法國大革命
1800—

共產黨宣言
1850—

日本明治維新
普法戰爭

1900—

中華民國
第一次世界大戰

第二次世界大戰

1950—

越戰爆發

兩伊戰爭

東西德統一

2000—

如何呢？

　　2012年，委內瑞拉再次大選。這回，國內的右翼政黨早在幾年前就團結起來，期望掀翻這個政治強人。結果，查維茲再次以54%的得票率第四次當選總統，可惜不到半年，他就因為癌症去世。繼任的是他的「學生」馬杜洛（1962—）。馬杜洛在任期間，和美國關係更加緊張，兩邊劍拔弩張。馬杜洛要限制美國在委內瑞拉的外交官人數，並把美國前任總統小布希和副總統錢尼列為「恐怖分子」。美國則在秘魯駐紮了由幾千名特種兵組成的精銳部隊。

　　更嚴重的是，因為歐洲的烏克蘭危機爆發，美國和俄羅斯開始對抗。美國使出了終極武器——打壓石油價格。2014年下半年，原油價格迅速腰斬，從2014年7月的100美元/桶左右，跌到年底的50多美元/桶，過了年繼續下跌，2015年底只剩40美元/桶出頭。而委內瑞拉的經濟，起碼要油價達到85美元/桶才能維持。這下可真要命了。就算查維茲在位，他也無法把油價給拉上去，更何況馬杜洛。於是，委內瑞拉的收入銳減，原本的高福利成了泡影，物價瘋漲，基本生活用品奇缺，商店裡連衛生紙都不夠。委內瑞拉甚至和鄰國商量直接用石油換衛生紙。首都的報紙也因為缺乏紙張，從日報改為週報。這一切引得民眾怨聲載道。

　　在2015年年底的議會選舉中，反對派「民主團結聯盟」獲得了112個議席，而查維茲和馬杜洛的「統一社會主義黨」僅取得51個席位。這就意味著，被反對派把持的議會很可能會要求提前終止馬杜洛的總統任期（原本到2019年）。屆時，查維茲的革命將夭折。

金磚！南美的旗手

20世紀80年代，南美老大巴西儘管已經是世界十大工業強國之一，但它和鄰國一樣，也正遭受著新自由主義思想的各種折磨。經濟對出口依賴巨大，崩潰的風險隨時懸在頭上；貧富懸殊，土地集中在大地主手裡，政權也被他們把持，廣大窮人饑寒交迫，毫無希望。據統計，在1960年，佔全國人口10％的最富有的人佔有全國39.6％的財富；而佔比50％的最窮的人佔有17.4％的財富。而到1990年，前者增加到了53.2％，後者縮水到11％。國家發展的收益全被官商勾結、腦滿腸肥的權貴階層裝進荷包，廣大無產階級只能默默忍受生活水準不斷下降的厄運。全國三分之二的人口每天攝入的熱量不足聯合國規定的最低標準（2480卡），全國失業人口高達1300萬，嬰兒死亡率奇高（5％以上）。外債高達1000億美元，每年利息都超過100億美元。

所幸，巴西比起其他南美兄弟還有自己的優勢。地大物博，人口眾多，使得巴西不但可以賣資源換錢，而且發展自己的獨立工業化體系潛力也相當大。長久來說，巴西的內部鬥爭也並不像很多國家一樣激烈。巴西人民勤勞勇敢，只需要有一位有能力、有良知的領導者，選擇正確的建設路線，便可以發揮這些優勢，解決困難，奔向富強之路。

1985年，巴西的軍政府獨裁結束，又開始舉行了民主選舉。內菲斯（1910—1985年）取得壓倒性的優勢，在全民歡呼聲中當選總統，甚至競選對手的黨員也高呼他的名字。悲劇的是，就在就職典禮的前夕，這位總統因為急性腸炎，死在了手術台上。

明朝

哥倫布發現新大陸
— 1500

— 1600
清朝　五月花公約

— 1700

美國獨立
— 1800

門羅主義

美墨戰爭
— 1850
日本黑船事件

中美天津條約

南北戰爭

購買阿拉斯加

美西戰爭
「門戶開放」政策
— 1900

中華民國

經濟大蕭條

日本偷襲珍珠港

— 1950　韓戰

甘迺迪遇刺

911事件

— 2000

歐洲文藝復興運動

拜占庭帝國滅亡
1500—

1600—

1700—
工業革命

法國大革命
1800—

共產黨宣言
1850—

日本明治維新

普法戰爭

1900—

中華民國
第一次世界大戰

第二次世界大戰

1950—

越戰爆發

兩伊戰爭

東西德統一

2000—

繼位的是副總統薩爾內（1930—）。薩爾內在任期內採取了一些措施加強巴西的民主建設。他讓文盲擁有選舉權、讓女性擔任政府官員，也讓黑人擁有更多權利。在外交方面，薩爾內奉行獨立外交政策，溫和對抗美國強權。他加強和伊拉克、安哥拉、伊朗、利比亞、古巴等國的聯繫，並且保護巴西國內的新興產業，比如電腦產業。

這些事當然讓美國不高興。美國一不高興，就會用經濟手段懲罰。而巴西本來就面臨很嚴重的經濟問題，廣大人民沒吃沒穿、生活成本增加，這些又引發了城市的暴動。巴西首都聖保羅人口達2000萬，擁有光鮮亮麗的高樓大廈，但同時也有數不清的慘不忍睹的貧民窟。而這些，並不是進行了民主改革就會迎刃而解的。

薩爾內知道癥結在哪裡——土地。巴西土地量大質優，然而從殖民時代開始就分配極為不均。這造成了兩方面問題：一是廣大窮人土地太少，不能養活自己，只能大批擁入城市，成為在垃圾堆找食物的貧民；二是大地主佔有的土地過多，無法充分開發，嚴重浪費。

要解決這一問題，只能實行土地改革，分給窮人土地。可是大地主們絕對不會同意。窮人走投無路，乾脆自己動手搶佔土地。地主呢，他們組織了武裝民團，一陣槍炮又把窮人打了回來。保守勢力還修改憲法，杜絕了一切土地改革的可能性。於是，薩爾內任內這幾年，雖然在政治上頗有成效，可是在經濟上卻毫無建樹，甚至導致了經濟的進一步惡化。

1989年再次競選，這次競爭呼聲最高的有兩位，費爾南多·科洛爾（1949—）和魯拉（1945—）。魯拉是個窮苦農家的孩子，五年級就輟學打工，還在工廠裡被切掉一根手指頭。因為沒錢，他的妻子在懷孕8個月時得不到救治，母子雙雙撒手人寰。目睹一屍兩命的悲劇後，魯拉成為一名激進的工人運動領袖，曾被軍政府抓起來坐過監牢。後來，他領導數十萬的工人群眾，為推翻軍政府統治立下了汗馬功勞。

而科洛爾呢，卻是出身豪門的大少爺。他家是官宦世家，而且擁有1家報紙、1家電視台和3家電台。不僅家境殷實，科洛爾本人儀表堂堂，風度翩翩，口若懸河，野心勃勃。他在軍政府時代就曾當過市長、州長，如今則要問鼎總統寶座。

為了達成夙願，科洛爾煞費苦心，制定了細緻入微的競選策略，拿出各種宣傳手段，把自己包裝成一位清正廉明、義正詞嚴的反腐鬥士。他還喊出了口號：「誰當小偷，誰就得坐牢！」把大部分剛學會投票的巴西選民唬得一愣一愣的。相反，魯拉很明確地提出了土地改革、漲工資、控制物價、文官領導軍隊等具體措施，雖然是誠實的態度，卻也得罪了不少利益集團。最終，公子哥兒科洛爾依靠一堆空話擊敗了誠實的魯拉，當選總統。

科洛爾靠著誇誇其談上台後，馬上原形畢露，他根本就沒有施政綱領。在他「盲人瞎馬」般的指揮下，巴西經濟很快縮水好幾個百分點，物價每月上漲16%，教育和醫療體系崩潰，失業率高得前所未有，而外債則增加到1200億美元。

到1992年，又曝出一樁極大的醜聞，原來科洛爾利用總統職權，包庇商人法利亞斯，以國家政策換取利益，讓奸商撈了大筆不義之財，而奸商法利亞斯則給了科洛爾一筆幾千萬美元的賄賂。這下，整個巴西憤怒了。百萬人上街遊行，抗議這個無恥到家的騙子。科洛爾以前的政敵則嘲笑說：你們這些傢伙，現在才明白啊？這傢伙早在當市長、州長的時候就損公肥私慣了，你們居然還信他說的什麼反腐。在全國人民的咆哮聲中，科洛爾試圖靠電視演講挽回形象，又掏出大筆錢企圖賄賂議員逃過一劫，可惜計謀一一破產，他只得下台，「光榮」地成為整個美洲第一個被彈劾下台的總統。他的總統職位，由副總統佛朗哥（1930—2011年）暫代。

1994年，巴西再次進行總統選舉。窮孩子魯拉又參加了，可是這回

明朝

哥倫布發現新大陸
— 1500

— 1600
清朝　五月花公約

— 1700

美國獨立
— 1800

門羅主義

美墨戰爭
— 1850
日本黑船事件

中美天津條約

南北戰爭

購買阿拉斯加

美西戰爭
「門戶開放」政策
— 1900

中華民國

經濟大蕭條

日本偷襲珍珠港

— 1950　韓戰

甘迺迪遇刺

911事件

— 2000

歐洲文藝復興運動

拜占庭帝國滅亡
1500—

1600—

1700—
工業革命
法國大革命
1800—

共產黨宣言
1850—

日本明治維新

普法戰爭

1900—

中華民國
第一次世界大戰

第二次世界大戰

1950—

越戰爆發

兩伊戰爭

東西德統一

2000—

他遇上了新對手——大學者卡多索（1931—）。卡多索比魯拉要大10多歲，也曾因反對軍政府而坐牢，而且很早就是名聲顯赫的教授。魯拉的威望無法跟他比，再次落選。

卡多索上台後，採取措施平抑物價上漲，使得巴西經濟趨向穩定。他本人也在1998年大選中再度擊敗魯拉，獲得連任。但是，卡多索採取的政策依然是傾向新自由主義的一套，並沒有解決根本問題。巴西經濟一開始節節攀升，卻在1998年忽然遭遇了金融危機。一時間，巴西的國家外匯儲備冰消雪融，貨幣雷亞爾貶值70%，兩年之間經濟下滑三分之一，此後幾年也是跌跌撞撞。這個龐大的南美巨人眼看又要趴下了。

2002年，困境中的巴西再次舉行大選。這次，窮孩子魯拉終於當選，成為巴西有史以來第一位出身於無產階級的國家元首。對巴西民眾來說，這是他們對新自由主義徹底失望後的選擇，而西方世界卻怕得發抖，生怕「左傾」的魯拉會大行社會主義。金融大鱷索羅斯連連警告：要是這「窮鬼」當選，巴西經濟要跟阿根廷一樣崩潰！拜他這句話所賜，巴西經濟在魯拉當選之初，真的出現了一定的動盪和下滑。

然而魯拉很快穩住了陣腳。這個窮孩子在之前已經3次參選總統失敗，但失敗沒有打垮他，反而給了他機會，讓他用12年的時間旁觀3位總統的執政，總結他們的成敗得失。他不再是那個一門心思鬧革命的激進左派青年，而是一位56歲的成熟政治家。沒錯，他憎惡新自由主義，反感歐美列強對拉美國家命運的操縱，但他也不會走向另一個極端。

因此，魯拉採取了相對溫和的改革措施，在現有經濟框架下，逐漸改掉弊政，完善社會。他充分發掘巴西的富饒資源，一面提高最低工資，一面透過政策鼓勵新興產業，以及採取政府補貼等手段，創造更多的就業機會，用這種方式幫助赤貧人口擺脫困境。他降低銀行利率，讓更多的錢進入投資中。他增加出口，獲得更多外匯收入。他改革稅制，把原本巴西的「累進遞減」（就是越富的人繳稅越少）改成「累

進遞增」，讓富人多承擔一些義務。他擴大基礎設施投資，既增加了就業機會，也改善了民眾生活環境，教育、衛生、住房方面也都得到了改善……

魯拉的這些政策，讓窮人看到了改革的決心和希望，讓富人不再畏懼，國際社會也對這個成績給予高度認可。大家覺得巴西確實有實力，國際信譽也上去了。正好又趕上好時機：美國總統小布希窮兵黷武，拳打塔利班，腳踢薩達姆，這兩場局部戰爭使得20萬美軍常駐海外，以致物資消耗如流水般，巴西企業有了大量訂單，數錢都數得手軟了。有了錢，魯拉可以進一步增加社會福利，縮小貧富差距。到2006年他的第一屆任期任滿時，巴西貧窮人口已經減少了五分之一以上。於是魯拉獲得了多數民眾的支持，獲得連任。

連任後的魯拉繼續大力實行改革。到他卸任為止，2000多萬巴西人從貧窮階層轉為中產階層，人民有錢了，國內市場也就繁榮了，於是企業有更多的錢賺，國家經濟也得到提升，從而進入良性循環。巴西的外匯存底達到了1兆美元。國債也從佔GDP的55%降低到35%，而通膨率從12%降低到4%。

在國際關係上，魯拉不願意當美國的「乖寶寶」。他有意加強和南美國家的合作，互通有無，擰成一股繩相互幫助。巴西在1991年參與組建了「南方共同市場」，到魯拉上台時已經集合了阿根廷、烏拉圭、巴拉圭、智利、玻利維亞，六國攜手並進。魯拉後來又拉了秘魯、厄瓜多、哥倫比亞等國進來。南美國家聯合起來後，政治、經濟力量都大了，在面對歐美發達國家的時候，說話也更有分量。

同時，魯拉從一開始就加強和中國、印度、俄羅斯合作。在他上台後，四國往來密切。於是有好事者把這四個國家：Brazil（巴西）、Russia（俄羅斯）、India（印度）和China（中國）的首字母放在一起，拼湊成一個單詞BRIC（與英文磚頭——brick類似），稱作「金磚四

明朝

哥倫布發現新大陸
— 1500

— 1600
清朝　五月花公約

— 1700

美國獨立
— 1800

門羅主義

美墨戰爭
— 1850
日本黑船事件

中美天津條約

南北戰爭

購買阿拉斯加

美西戰爭
「門戶開放」政策
— 1900

中華民國

經濟大蕭條

日本偷襲珍珠港

— 1950　韓戰

甘迺迪遇刺

911事件

— 2000

歐洲文藝復興運動

拜占庭帝國滅亡
1500—

1600—

1700—
工業革命

法國大革命
1800—

共產黨宣言
1850—

日本明治維新

普法戰爭

1900—

中華民國
第一次世界大戰

第二次世界大戰

1950—

越戰爆發

兩伊戰爭

東西德統一

2000—

國」。2008年—2009年，四國建立了峰會機制，「金磚」正式成為一個國際經濟實體。四國無論是領土面積、人口、GDP，都是全球排行前十的大國，還包括三個領土前5強和兩個人口最多的國家，站在一起還是很夠分量的。到2010年，非洲老大南非（South Africa）也加了進來，於是這個組織的單詞變為「BRICS」，改稱為「金磚國家」。巴西加入了這麼一個組織之後，在國際上的影響力和各方面的發展機會自然進一步增加。

不過，魯拉並未因為其偏左的路線，就存心和美國作對。事實上，雖然委內瑞拉總統查維茲、古巴領導人卡斯楚、玻利維亞總統莫拉萊斯、伊朗總統阿赫瑪迪內賈德這些反美的兄弟都跟魯拉關係很好，但同時美國總統小布希和歐巴馬也都是魯拉的好朋友。歐巴馬的老師昂格爾就出生於巴西，還當過魯拉的首席戰略官。正是依靠在各種國際勢力之間遊刃有餘的周旋，魯拉才能避免衝突，尋求共贏。而美國《新聞週刊》則這樣評價巴西的國際戰略：「當聯合國維和部隊在海地與街頭匪幫發生衝突時，巴西人沒有要求增兵，而是在戰區舉辦了一場足球友誼賽，派去了羅納迪諾和羅納度等球員。」

在魯拉的帶領下，巴西這條大船乘風破浪，勇往直前，不但穩居世界經濟實體前十寶座（2014年為第七），穩壓加拿大成為美洲第二，而且在國際事務中發揮著越來越重要的作用。魯拉2010年屆滿後，他支持的羅賽芙（1947—）競選成功，成為巴西歷史上的第一位女總統，並在2014年成功連任。就在2014年，巴西舉辦了世界盃足球賽，這也是巴西歷史上第2次舉辦世界盃，可惜本國成績不盡如人意，僅獲得第四名。2016年，巴西承辦了第31屆夏季奧運會，這也是歷史上南美洲國家首次舉辦奧運會。儘管巴西目前還存在種種問題，但至少希望已經在遠方閃爍光輝。

前進！不倦的海潮

明朝

哥倫布發現新大陸
— 1500

— 1600
清朝　五月花公約

— 1700

美國獨立
— 1800

門羅主義

美墨戰爭
— 1850
日本黑船事件

中美天津條約

南北戰爭

購買阿拉斯加

美西戰爭
「門戶開放」政策
— 1900

中華民國

經濟大蕭條

日本偷襲珍珠港

— 1950　韓戰

甘迺迪遇刺

911事件

— 2000

　　500多年前，當美洲大陸還孤懸於兩洋之間，與歐亞大陸隔絕時，在此生存的那些印第安人，做夢也想不到，在今後數百年，這片大陸將遭受如此多的苦難動盪，發生如此多的故事。其後，那些懷揣著黃金夢來到這裡的征服者，那些想擺脫貧困到新大陸拓展一番事業的殖民者，那些被繩捆索綁懷著絕望與痛苦來此的黑奴，他們也一定想不到，自己的後裔會生活在如此多姿多彩的一塊土地上。

　　如今的美洲，發達、強大、充滿霸氣。世界經濟前20強裡面，有4個是美洲國家（美國、巴西、加拿大、墨西哥）。但同時，也有一票拉美國家，建國都快200年了，依然面臨著種種經濟的、政治的困境，在左傾與右傾的道路上搖擺不定。國家與國家之間的不平衡，同一國家內地區之間、階層之間、種族之間的不平衡，依然在製造痛苦和災難。

　　美利堅合眾國，傲立於北美，霸氣充溢全球。依靠全世界第四大的領土面積，第三的人口數，第一的經濟總量和最強的軍事、科技實力，手握全球性貨幣的美元，美國依然將是未來一段時間內的全球第一名。只是，實力的優勢，能否滿足其稱霸野心？凌駕於他國之上的霸道，與其宣導的是否背道而馳？

　　多年前，新大陸承載著舊世界人們的希望；如今，在這塊已然不新的大陸上，人們依然追尋著自己的希望。

附錄：美洲大事年表

史前、古代

約西元前2萬年：原始人類跨過白令海峽到達美洲大陸

約西元前10世紀：奧爾梅克文明達到巔峰，瑪雅文明開始形成

西元4世紀：瑪雅文明進入巔峰

西元9—10世紀：瑪雅文明從中美洲遷入猶加敦半島

西元11世紀：阿茲特克人開始南遷，印加王國建立

西元14世紀：阿茲特克人到達墨西哥城

西元15世紀：阿茲特克稱霸墨西哥，印加稱霸南美

1492年：哥倫布到達西印度群島

1493年：哥倫布在海地建立第一個永久定居點

1494年：教皇亞歷山大六世劃定西經46度的「教皇子午線」

1497年：卡博托發現紐芬蘭

1500年：佩德羅・卡布拉爾發現巴西

1507年：《世界地理概論》正式將新大陸命名為「亞美利加」

1517年：西班牙人遭遇瑪雅人

1518年：科爾特斯離開古巴前往征服阿茲特克；第一船黑奴從非洲直

接運到美洲

1519年：麥哲倫穿過麥哲倫海峽；科爾特斯進入阿茲特克首都特諾奇提特蘭（墨西哥城）

1520年：傷心之夜

1521年：科爾特斯滅亡阿茲特克

1524年：韋拉扎諾探索北美東岸

1530年：皮薩羅第三次離開巴拿馬前往印加

1532年：皮薩羅生擒印加皇帝阿塔瓦爾帕的卡哈馬卡之戰；葡萄牙人在巴西建立首個殖民點

1533年：皮薩羅佔領印加帝國首都庫斯科城

1534年：卡蒂亞到達加拿大魁北克，為加拿大命名

1572年：末代皇帝阿馬魯被俘斬首，印加帝國滅亡

1597年：瑪雅文明覆滅

16世紀：英、法、荷、西、葡的加勒比混戰

1604年：法國人德蒙在加拿大芬迪灣建立第一個殖民點

1607年：第一批英國移民在維吉尼亞建立詹姆斯鎮殖民點

1608年：法國人尚普蘭在加拿大魁北克建立殖民點

1620年：五月花號到達今日麻塞諸塞州

近代

1675年：北美菲利普王之戰

1689—1697年：英法北美「威廉王之戰」

18世紀初：「新法蘭西」到達巔峰

1702—1713年：英法北美「安妮女王之戰」，法國割讓紐芬蘭島、哈得孫灣等地給英國

1721—1735年：巴拉圭土生白人起義

1740—1748年：英法北美「喬治王之戰」

1749年：委內瑞拉土生白人起義

1750年：烏拉圭耶穌會與印第安人起義

1753—1763年：英法北美「法國印第安人戰爭」，法國割讓加拿大及密西西比河以東給英國

1765—1766年：英屬北美反對《印花稅法》

1767—1770年：英屬北美反對《唐森德稅法》

1770年：波士頓慘案

1773年：波士頓傾茶事件

1774年：第一次大陸會議

1775年—1783年：美國獨立戰爭

1775年：萊辛頓的槍聲；第二次大陸會議

1776年：《獨立宣言》通過

1777年：薩拉托加大捷

1781年：新格拉納達起義；約克鎮大捷

1783年：凡爾賽條約簽訂，美國獲得獨立，英國將密西西比河以東土地割讓美國

1786年：美國謝司起義

1787年：《美國憲法》誕生

1789年：喬治‧華盛頓當選首屆美國總統；法屬海地發生動亂

1791年：賓夕法尼亞抗酒稅暴動

1801年：杜桑‧盧維杜爾宣布海地獨立

1802年：拿破崙把路易斯安那地區賣給美國

1804年：海地正式獨立

1807年：葡萄牙王室遷往巴西

1810年：伊達爾戈發動多洛雷斯呼聲；阿根廷獨立

1811年：巴拉圭獨立；委內瑞拉第一共和國建立

1812—1814年：第二次美英戰爭

1813年：委內瑞拉第二共和國建立

1817年：委內瑞拉第三共和國建立

1818年：智利獨立

1819年：西班牙把佛羅里達賣給美國；哥倫比亞獨立

1821年：阿古斯汀率領墨西哥獨立；秘魯獨立；葡萄牙國王約翰六世離開巴西，王子佩德羅一世為攝政

1822年：委內瑞拉、巴拿馬加入大哥倫比亞；聖馬丁與玻利瓦爾的瓜亞基爾會議，聖馬丁退隱；巴西帝國獨立，佩德羅一世稱巴西皇帝

1823年：中美洲聯合省脫離墨西哥；美國總統門羅發出《門羅宣言》

1824年：玻利維亞獨立；巴西帝國完全獨立

1825年：厄瓜多加入大哥倫比亞；第一次烏拉圭戰爭爆發

1826年：西班牙殖民軍在南美洲徹底失敗

1828年：烏拉圭獨立

1829年：委內瑞拉退出大哥倫比亞

1830年：厄瓜多退出大哥倫比亞

1831年：巴西皇帝佩德羅一世退位，其子佩德羅二世繼位

1835年：墨西哥德克薩斯州獨立

1836年：墨西哥獨裁者安納兵敗被俘，承認德克薩斯獨立

1837年：上下加拿大叛亂

1838年：尼加拉瓜、哥斯大黎加、洪都拉斯、瓜地馬拉從中美洲聯合省獨立

1839—1852年：第二次烏拉圭戰爭

1840年：巴西皇帝佩德羅二世親政

1841年：薩爾瓦多宣布獨立，中美洲聯合省正式消亡

1844年：多明尼加脫離海地獨立

1845年：德克薩斯加入美國

1846年：美墨戰爭爆發；美國獲得奧勒岡地區

1848年：墨西哥戰敗，承認德克薩斯為美國領土，割讓加利福尼亞、新墨西哥；加拿大總督布魯斯支持建立責任政府

1850年：美國國會通過《追緝逃奴法》

1853年：美國從墨西哥購買到梅西亞河谷地區

1854年：美國國會通過《堪薩斯-內布拉斯加法案》

1857年：美國法院判決史考特案

1859年：約翰・布朗起義

1860年：共和黨林肯當選美國總統

1861年：美國南部11州宣布獨立，建立南部同盟，南北戰爭爆發

1862年：林肯頒布《公地放領法》

1863年：林肯頒布《解放黑奴宣言》

1864年：墨西哥皇帝馬西米連諾一世在拿破崙三世扶持下登基

1865年：南部同盟投降，南北戰爭結束；林肯遇刺；關於廢奴的美國憲法修正案通過

1864—1870年：血腥的巴拉圭戰爭（巴西、阿根廷、烏拉圭對巴拉圭），巴拉圭慘敗

1867年：美國從沙俄購買阿拉斯加；加拿大自治領建國；馬西米連諾一世被胡亞雷斯槍決，墨西哥恢復共和國

1868—1878年：第一次古巴革命

1876年：迪亞斯成為墨西哥獨裁者

1878—1884：智利、秘魯、玻利維亞的南美太平洋戰爭，智利獲勝

1885年：加拿大西北叛亂

1888年：巴西廢除奴隸制

1889年：巴西政變，皇帝佩德羅二世退位，巴西帝國改為共和國

1895年：古巴第二次革命爆發

1898年：美西戰爭爆發，西班牙戰敗，美國獲得菲律賓、波多黎各等地，吞併夏威夷，古巴名義上獲得獨立

1903年：美國策動巴拿馬從哥倫比亞分離

1911年：墨西哥獨裁者迪亞斯被革命推翻，墨西哥陷入內戰

1913年：韋爾塔勾迪亞斯餘黨政變，墨西哥總統馬德羅被害

現代與當代

1914年：巴拿馬運河通航；第一次世界大戰爆發

1917年：美國、巴西加入協約國；卡蘭薩頒布墨西哥憲法

1918年：第一次世界大戰結束

1919年：美國、巴西參加巴黎和會，建立國聯，最終美國未參加國聯，巴西數次任非常任理事國

1921年：美國主導華盛頓會議

1929年：世界性經濟危機從美國爆發

1930年：瓦爾加斯成為巴西獨裁者

1931年：英國通過《威斯敏斯特法案》，加拿大成為英聯邦獨立國家

1933年：羅斯福新政開始

1932—1935年：玻利維亞和巴拉圭的大廈谷戰爭，巴拉圭獲勝

1939年：「二戰」全面爆發，加拿大支持英國作戰

1941年：美國通過《租借法案》，日本偷襲珍珠港，美國參戰

1942年：巴西等美洲國家對德、日宣戰

1945年：法西斯陣營崩潰，二戰結束；聯合國建立；美國支持巴西軍人政變推翻瓦爾加斯

1946年：冷戰開始；斐隆首次成為阿根廷總統

1947年：「杜魯門主義」出籠

1949年：北約成立，加拿大加入

1950年：朝鮮戰爭爆發

1954年：美國鎮壓瓜地馬拉革命；巴西總統瓦爾加斯自殺

1955年：越南戰爭爆發；斐隆被軍事政變推翻

1956年：卡斯楚、切・格瓦拉等人登陸古巴，開始革命戰爭

1958年：西印度聯邦建立

1959年：古巴革命勝利

1961年：牙買加退出西印度聯邦；「豬玀灣事件」美國僱傭兵被古巴革命軍殲滅

1962年：牙買加、千里達和托巴哥獨立；西印度聯邦解體

1964年：加拿大通過以楓葉旗為國旗

1965年：美國鎮壓多明尼加革命

1966年：巴貝多、蓋亞那獨立

1967年：切‧格瓦拉死於玻利維亞

1973年：巴哈馬獨立；美國支持智利皮諾契特將軍政變，殺害民選總統阿葉德

1974年：格瑞那達獨立

1975年：蘇利南獨立

1978年：多米尼克獨立

1979年：中美建交；聖露西亞、聖文森及格瑞那丁群島St.Vincent獨立

1980年：加拿大魁北克省第一次獨立公投，得票四成

1981年：貝里斯、安地卡及巴布達獨立

1982年：阿根廷軍政府與英國爆發馬島戰爭，阿根廷戰敗；加拿大獲得修憲權

1983年：聖克里斯多福與尼維斯獨立；美軍攻佔格瑞那達，扶持傀儡政權

1985年：巴西結束軍政府統治

1989年：華約解體，東歐劇變，美國取得冷戰勝利；美國入侵巴拿馬

1991年：美國領導波斯灣戰爭擊潰伊拉克；蘇聯解體

1994年：北美自由貿易區成立；墨西哥薩帕塔解放軍起義；墨西哥金融危機

1995年：加拿大魁北克省第二次獨立公投，支持獨立的投票者近半

1998年：查維茲當選委內瑞拉總統；巴西金融危機

2001年：賓‧拉登襲擊美國世貿大樓；美軍出兵阿富汗

2002年：阿根廷爆發經濟危機；魯拉當選巴西總統

2003年：美軍出兵伊拉克

汲古閣 11
你一定想看的美洲史

作者	楊益
美術構成	騾賴耙工作室
封面設計	斐類設計工作室
發行人	羅清維
企劃執行	張緯倫、林義傑
責任行政	陳淑貞

企劃出版	海鷹文化
出版登記	行政院新聞局局版北市業字第780號
發行部	台北市信義區林口街54-4號1樓
電話	02-2727-3008
傳真	02-2727-0603
E-mail	seadove.book@msa.hinet.net

總經銷	知遠文化事業有限公司
地址	新北市深坑區北深路三段155巷25號5樓
電話	02-2664-8800
傳真	02-2664-8801
網址	www.booknews.com.tw

香港總經銷	和平圖書有限公司
地址	香港柴灣嘉業街12號百樂門大廈17樓
電話	（852）2804-6687
傳真	（852）2804-6409

CVS總代理	美璟文化有限公司
電話	02-2723-9968
E-mail	net@uth.com.tw

出版日期	2021年09月01日　二版一刷
定價	380元
郵政劃撥	18989626　戶名：海鴿文化出版圖書有限公司

原著由華中科技大學出版社授權給海鴿文化出版圖書有限公司在臺
灣、香港、澳門地區發行中文繁體字版本，該出版權受法律保護，
非經書面同意，不得以任何形式任意重製、轉載。

國家圖書館出版品預行編目（CIP）資料

你一定想看的美洲史 ／ 楊益作.
-- 二版. -- 臺北市 ： 海鴿文化，2021.07
面 ； 公分. -- （汲古閣；11）
ISBN 978-986-392-385-5（平裝）

1. 美洲史

750.1　　　　　　　　　　　　　　110010145